编辑小组　　陈红彦

　　　　　　谢冬荣

　　　　　　萨仁高娃

　　　　　　赵大莹

　　　　　　曹菁菁

　　　　　　孟　化

　　　　　　戴　季

责任编辑　　景　晶

封面设计　　程言工作室

◎ 韩永进　主编

讲座丛书
第一编

文津演讲录

WEN JIN YAN JIANG LU

之十四

國家圖書館出版社

图书在版编目(CIP)数据

文津演讲录. 十四／韩永进主编. --北京:国家图书馆出版社,
2017.2

(讲座丛书. 第一编)

ISBN 978-7-5013-5788-8

Ⅰ.①文… Ⅱ.①韩… Ⅲ.①社会科学-文集 Ⅳ.①C53

中国版本图书馆 CIP 数据核字(2016)第 063788 号

书　　名	文津演讲录之十四	
著　　者	韩永进　主编	
编辑小组	陈红彦　谢冬荣　萨仁高娃　赵大莹　曹菁菁	
	孟　化　戴　季	
责任编辑	景　晶	

出　　版　国家图书馆出版社(100034　北京市西城区文津街7号)
　　　　　　(原书目文献出版社　北京图书馆出版社)

发　　行　010-66114536　66126153　66151313　66175620
　　　　　　66121706(传真)　66126156(门市部)

E-mail　　nlcpress@nlc.cn(邮购)

Website　www.nlcpress.com→投稿中心

经　　销　新华书店

印　　装　河北三河弘翰印务有限公司

版　　次　2017年2月第1版　2017年2月第1次印刷

开　　本　880×1230(毫米)　1/32

印　　张　9.75

字　　数　250千字

书　　号　ISBN 978-7-5013-5788-8

定　　价　45.00元

前　言

国家图书馆古籍馆,曾经被众多的读者亲切地称为"老北图",在20世纪50年代,就因成功地举办学术讲座而为社会各界人士所称道,老舍等一代文化巨匠都曾作为这里的主讲人传道授业、答疑解惑。2001年新年伊始,国家图书馆分馆(现古籍馆)为继承"老北图"的优良传统,为适应知识经济时代对图书馆扩展文化功能,全方位、多角度传播文化信息的客观要求,举办了以传播中华传统文化为主旨的名人系列讲座。昔日曾亲耳聆听老一辈学界泰斗教诲的莘莘学子,如今也作为各学界的骄子走上这神圣而庄重的讲坛。

数年来,我们举办了文史、政经、音乐、美术等系列讲座数百场,听众数万人次。从他们渴望的目光里,我们感到了肩上的重任;从他们满意的笑容中,我们感到了由衷的欣慰。许多专家学者和读者通过讲座,成了图书馆的朋友,他们对我们的工作提供了可贵的指导和无私的帮助,而更多的人则经此渠道记住了国家图书馆,记住了国家图书馆古籍馆。这是对我们工作的最大的褒奖。

为了感谢各界朋友的支持,我们选出部分讲座内容,汇集成册,系列出版,给主讲人和听讲者一个留念,给不巧未曾听讲者一份补偿,也给我们的工作一个小小的总结。

所选讲稿,主讲人多为年近古稀的学界名流、文坛泰斗。

1

他们用毕生心血,焚膏继晷,皓首穷经,故而成绩斐然,蜚声士林。当然,这里所选的部分,并不能代表更不能涵括讲座的全部内容,而且我们自己所做的努力,在全面提高中华民族的文化水平这一宏伟大业面前,也显得微不足道。但我们坚信,只要我们锲而不舍、矢志不渝,在中国文化事业的发展史上,将会留下我们探索的足迹。

编者

目 录

鲁洪生

《周易》的智慧

鲁洪生，1951年4月出生。辽宁省东港市人。首都师范大学文学院教授、博士生导师，中国诗经学会常务理事。主要从事中国先秦两汉文学、中国古代文学理论的教学与研究。主撰或参撰、参译出版了《诗经学概论》《读懂〈周易〉》《周易的智慧》《先秦两汉文学研究》《中国古代文学名篇导读》《诗经百科辞典》《诗经析释》《先秦大文学史》《历代赋辞典》《儒家教育九面观》《二十世纪大博览》等著作20余种。

感谢"文津讲坛"提供这样一个机会，我们大家一起来研读《周易》。

《周易》是中国文化之首。这"首"呢，至少有两个意思，一个是开始，传统文化从这儿开始；再一个是重要，后来的文化都不同程度受到它的影响。这也就是为什么现在越来越多的人关心《周易》的主要原因。

用两个小时来讲《周易》，这是一件很困难的事。我凭着我的经验给大家选了一些题目。研读《周易》最起码要解决六个问题：《周易》到底是怎样性质的一部书？它是怎样发生的？内在结构如何？它为什么可以"推天道，明人事"？它的思维方式是怎样的？它由天到人推出了怎样的"天道"，又由"天道"推出了怎样的"人事"？最后这个问题最重要。所以我把重心放在最后一个问题上，前面的问题作为铺垫。

一、《周易》的性质

第一个问题我只能简单说，没有办法展开论证。现在对《周易》的评述太多了，有人认为它是算卦书，是迷信的，是伪科学；有人认为它是政治讽谏书，含有一定的积极因素；有人认为它是哲学书，中国哲学的源头；有人认为它是历史著作，通过它可以了解《周易》产生那个时代之前的历史；甚至有人认为它是科学著作，它是早期的科学现象记录。前不久，台湾学者曾仕强先生在中央电视台"百家讲坛"又提出一个新的看法,认为《周易》是一部探索宇宙奥秘、人生奥秘的著作,这个评价,目前看来是最高的了。面对这些不同的评价,你怎么看?都是对《周易》的评价,差异却是这样大,要么说是伪科学,是迷信的;要么说是科学的著作,九天九地,怎么解决?

解决这个问题首先要判断它的性质,应该以什么为标准?是尊重作者本来的创作动机呢,还是根据它内容的社会作用呢,还是看不同时代读者的感受呢?这是不同的角度。正确的做法应该尊重作者本来的创作动机,它可以是错的,但是不能用你后来的正确来代替它最初的错误,它最初想说什么,就应该尊重它。

第二,应该研读一下《周易》的文本。很多学者的话,破绽明显,实际上是并没有认真地读过《周易》的。如果我们尊重《周易》作者的本来动机,至少应该知道,现在看到的《周易》,其实是分做两部分的。一部分相传是"文王拘羑里而演《周易》"的那一部分,《周易》古经部分。它是六十四卦,每一卦有一句卦辞,六句爻辞,前面的两卦又分别多出一句爻辞,加起来是四百五十句话。这是《周易》最初的、原本的面貌。到了孔子那个时代,相传孔子又重新解读《周易》古经,做了《易传》。我说相传,是这里边有一个疑问,想引起大家思考。因为《易传》多次引用"子曰",引用"子曰"实际就是破绽了,如果真是孔子本人做,他不会用"子曰"这种表述方式的。"子"是先生,"子曰"就是先生说。谁能自己称自己为先生呢?所以相传孔子做的,意义重大。孔子是圣人,《易传》和古经的位置平等了。在以后的科举考试当中,把相传孔子做的《易传》也当做经典来考。这就是造成今天对《周易》解读出现那么大分歧的一个原因。很多都在盲人摸象,要么评价《周易》古经,要么评价《易传》,把对《周易》古经或《易传》的认识，当成是对《周易》整部书的认识，都是以偏概全。严格操作，应该把两部分分开来，研究《周易》古经就力求接近《周易》古经本来的意思；研究《易传》就力求去接近《易传》本来的意思，这两个之间是有区别的。

如果尊重《周易》古经的话，就要把《周易》古经放在它产生的那个时代来看。那个时代还是把天命观作为权威思想的一个时代，大家相信天命的存在。《周易》比之前已经进步了许多，但仍旧相信天命的存在。天命能够帮助预测未来。当时最神圣最灵验的是龟卜，《周易》不过是用蓍草来占筮罢了，是众多的占卜方法的一种。从《周易》本身的文字来看，它最初创作时就是一部算卦书，它的每一卦、每一爻都是预测未来吉凶的。

伴随着对《周易》感悟的逐步加深，就会发现它在借天的权威来预测未来的过程中，实际是引人向善的。清华大学校训"自强不息，厚德载物"，大家都熟悉，就是出自《易传》。"自强不息"是对第一卦乾卦卦辞的感悟，是激励为君者要"自强不息"。"君子终日乾乾，夕惕若厉"，"乾乾"就是健健，就是"自强不息"。"厚德载物"出自第二卦坤卦，坤卦讲为臣之道。那么君臣怎样配合这个国家才会发展、社会才会和谐呢？为臣的要各尽其职，起到辅佐的作用，所以"地势坤，君子以厚德载物"。"自强不息"是能力的提升，"厚德载物"是道德的修养。德才兼备，德才这两条在任何时代都不会改变，所以《周易》确实是引人向善。用《易传》中的话来说，就是"圣人以神道设教，而天下服矣"，"神道"就是天道，用天道做工具，目的是什么呢？设置教化，效果怎么样呢？"天下服矣"，不仅老百姓服，就连天子面对着"天"的预测也得服。所以它内容上确实包含着讽谏的成分，借天的权威来说自己的政治观念，这是《周易》的大智慧。在宗法等级制的背景之下，如果直接对君主说我认为你应该如何做，是没用的，君主高兴了还行，君主不高兴就可以拉出去，直接处理了。所以打着天的旗号，君王得老老实实。故而《周易》实际是宗法等级社会制度背景之下，在不得已情况下的一种言说、一种讽谏的智慧，借天的旗号来言说自己的政治观念。"天"在这里既是一种信仰，更是一种工具。

第三，说《周易》是哲学书，也有一定道理。但《周易》古经不是直接讲哲理的，它的哲理蕴含在象数预测之中。而《易传》则更多的侧重在哲理上了。围绕着《周易》的研究，大概可以分为两大派，一个叫象数，一个叫义理。象数侧重的是算卦，义理侧重的是哲学。《周易》古经侧重在象数，是象数之中有义理。《易传》则侧重在义理，是义理建立在象数基础之上。用今天比较客观公允的话说，就是《周易》是通过算卦的形式来对君主进行讽谏，其中包含了一定的哲学成分。

至于说它是历史书、科学书，那都不是作者本来的目的。作者写《周易》并不是想记述历史，并不是真的具有了某种科学的观念，那是客观的作用。

曾仕强先生的话也需要做一点调整，就是探索宇宙奥秘、探索人生奥秘并不是并列的关系。探索宇宙奥秘是手段，是方法，目的是在"推天道，明人事"。"推天道"，就是通过天象来格天象背后所蕴含的哲理，古人叫做"格物"，格出义理之后再把义理和人事联系起来，最终目的是推导人事，也就是说"天道"是论据，推导出的"人事"是论点。用前边引的清华大学校训做例子，说"天行健"，论据。"天"是象，格这"天"这"象"，格出什么抽象的义理呢？重点在运行的规律上，天的运行是刚健的，春、夏、秋、冬有序交替，没有片刻停留。出于为君之道的需要，人要向它学习，学什么？学"健"，换个说法就是"自强不息"，论点。"地势坤"，大地是象，格这大地。出于为臣之道的需要，出于不同的义理的需要，它对同一物可以格出不同的意思，面对大地，格出的意思是顺承，"坤"就是顺承的意思。从社会政治角度来说是君臣之间的关系；在家庭当中是夫妻的关系。所以坤卦既是讲为臣之道，也是讲为妻之道。这也就是为什么中国以后的文学创作中可以用儿女之情、男女之事来写君臣之义。在《周易》就奠定了这样一个基础，只要相似相关就可以作为同一类，就可以联系、类推。"地势坤"，大地顺承蓝天，自然界和谐，那么现实政治体制当中，为臣的应该顺承、辅佐君主，故而"君子以厚德载物"。所以把曾仕强先生的话稍微调整一下是这样的：《周易》通过探索宇宙奥秘来探索人生奥秘，它最终的目的，是讲"安身立命"之学。它最初是为大人谋，为天子、诸侯、贵族谋，主要是出于治理社会的需要。

二、《周易》的发生与内在逻辑结构

1. 三重忧患与解决智慧

那么《周易》到底是怎么发生的呢？《易传》作者说："作《易》者，其有忧患乎？"说《周易》源于忧患。其实任何文化都是源于忧患。忧患源自方方面面，归纳一下大致可以落到三重角度上。第一重，人自身内心世界的矛盾、冲突，欲望和实现欲望的能力之间的冲突。用佛学的话来说，贪、嗔、痴、疑、慢，都属于内心的纠结，就是不能够智慧的、理性的分析、对待生活。这都是内心的，有道德的因素，也有智力的因素。第二重，源自人和社会。每个人都生活在社会之中，而每个人都是更多的站在自己利益的角度上来考虑问题，这就难免造成人与他人，人与社会之间更深刻的矛盾冲突。第三重，人和自然界之间的矛盾冲突。在《周易》那个时代，更多的还是考虑生死问题,面对死亡的思考。至于对自然环境的保护,虽然有,但还不像现在这么强烈。西方学者之所以关注甚至崇拜中国古代的《易经》,很大程度上跟这点有关系,他们居然能在《周易》当中发现环保意识,这让我们自己一方面震撼,一方面惭愧,我们自己没注意到。

忧患是源自多方面的,是尖锐的,怎么解决?《周易》的智慧是通过个体道德的提升来解决这三重忧患。那么道德又是通过什么来提升的呢? 三阶段:首先得向"天"学习,"天"是人的道德楷模,"推天道,明人事"。向"天"学习的目的是为了提升修养,提升修养的目的是为了道德实践。一切从学习开始。所以说科教兴国也是大智慧,它能认识到科教和国家兴旺之间的逻辑关系。

我先用大家比较熟悉的《大学》当中所谓的"八德"来讲这三阶段,先把道理讲清,然后再理解《周易》。"八德"是"格物、致知、诚意、正心、修身、齐家、治国、平天下",归纳一下,可以合并为三个阶段。

"格物"是第一个阶段,就是向天学习,"物"就是天象。古人认为天象背后蕴含着抽象的天意,天意不是直接表达出来的,而是通过象显现出来的。古人又认为"天人"是合一的,"天"是大人,人是"小天"。人的"天性"就是"天道"的一种表现。"格"本意是感悟,"格物"意思是感悟物性到至深。这是古人治学的重要方法。修养不同的人,对同一物的感悟是不一样的;不同环境、不同主题之下,对同一物的感悟也是不一样的。比如刚才说"天行健",在讲为君之道这种主题的时候,它突出"天"运行是刚健的;但出于社会等级划分需要的时候,格出的是天在上、地在下的天尊地卑的伦理观念。当天地这么组合的时候,又格出了天势向上、地势向下,两者不会形成交感,不利事情的发展,这就是否卦,否卦是闭塞不通。同样一个"天"，意思是不同的。这并不是一种科学的思维方式。它并不能通过某一物，指向某一个必然的义理，这个物和这义理之间只是相似、相关的关系，而不是一种逻辑的必然。

古人说"水有八德"，从水中可以格出八种道德来。你无法断定他究竟想格的是哪个特点，需要通过已知的明确信息去推测未知的朦胧信息。它并不必然指向某一种意义。老子说"上善若水，水善利万物而不争"，侧重的是水往低处流，灌溉农作物，奉献不居功，所以为君要向水学习。而孔子说"智者乐水，仁者乐山"，智者是修养到比较高的阶段，善于权变的人。"权"，《论语·子罕》说："可与共学，未可与适道；可与适道，未可与立；可与立，未可与权。"权就是权衡，是比较高的修养。它有规定，但是又不是一定之规。孔子谈到忠、孝，但是又反对愚忠、愚孝。说"信"，人"言而无信，不知其可也"，强调诚信的重要性，但是又说"言必信，行必果，硁硁然小人哉"。这就是说忠信也是有一个标准的，如果以国家民族大义为标准，应该强调忠信；如果以几个人的、小集团的利益为标准，那是江湖义气，就是"硁硁然小人"了。孟子说的最通俗，从义理上规定"男女授受不亲"——礼法上规定男女在七岁的时候就不能够同席而坐了。但现在情况是嫂子掉在水里了，在嫂子的生命和"男女授受不亲"的规定之间权衡，在这个特定时间应该怎么做？救不救嫂子？要救就要拉手，所以要权变。智慧的人能够两害相权取其轻，两利相权取其重，权衡利弊。所以智慧的人没有固定的行为标准，要顺势而为，"时止则止，时行则行，动静不失其时"。那么从这个角度去格"水"，水有没有这个特点？水有没有一个固定的形状？没有。装在什么形状的容器里，它就是什么形状。水无定势，顺势而为，这就是智慧。这么来格。所以要读懂《周易》，要读懂中国传统文化，一定从这儿开始。这种思维方式一直延续到现在。

去年高考的作文题《我有一双隐形翅膀》，孩子不会写，哪儿来的翅膀？说这题出得不好。你不能够怪罪出题的人，你只能顺应他。要从解释题目入手，翅膀原本长在鸟身上，起什么作用？帮助鸟飞翔，飞向远方。鸟的理想是捕虫，翅膀帮助鸟实现理想，"格"到这儿就够用了，这叫探索宇宙的奥秘。根据相似、相关的规律，类推到人事，很自然地引出我也有一双隐形翅膀，帮助我飞翔，实现理想。今年的作文题仍旧是这么个思路。《仰望星空和脚踏实地》，仍旧是"格"，仍旧是写"象"。仰望星空，应该是理想远大。目前看来，在独生子女时代，最需要的是什么？毅力，持之以恒地坚持。毅力加理想，走向成功。有可能的话，去把王国维关于做大学问的三个境界的话语背下来。王国维讲，"昨夜西风凋碧树，独上高楼，望尽天涯路"，重点在独上高楼，站得高看得远，这不就是仰望星空吗？这不就是理想远大吗？第二阶段，"衣带渐宽终不悔，为伊消得人憔悴"，本来写的是男人对女人的思念，现在完全可以表达做学问的境界。"衣带渐宽终不悔"，写的是结果，为什么瘦啊？因为想对方，茶饭不思，可以类推到为了实现理想而艰苦拼搏。这个过程，就是毅力，就是锲而不舍、持之以恒。第三个境界，"众里寻他千百度，蓦然回首，那人却在灯火阑珊处"。第二个阶段是量的积累，第三个阶段是积累到一定程度上，会有豁然贯通、顿悟的感觉。

在学习《周易》的过程之中，会有从一点点的积累到一定程度突然间眼前一亮的感觉。"格物"这么格，一切都可以格。就连这杯子都可以格，怎么格？孔子说"君子不器"，君子不能像器皿一样。因为器皿的作用太单一了，而且被动，用到它，它发挥作用，不用它，它就没用。君子不能像器皿一样，命运掌握在别人手里，要争取主动权，就必须得有多种准备，不当官，照样可以著书立说，传授子弟。唐太宗也格"器"，怎么格？"用人如器"，器有大小精粗，人也有高低贤愚，小器小用，大器大用。这就是古人的智慧。这种思维方式虽然不是科学的，但在当时那种"天人合一"的背景之下，大家是接受的，它的效果是明显的，一直到现在中国人还是这么考虑问题。

　　"格物"是第一阶段。"格物"的目的是什么？"致知"。"知"，可读 zhī，也可读四声，智慧。这智慧里包含着道德，也包含着能力。"诚意"怎么格出来呢？春夏秋冬有序交替，天什么时候骗过人？强调诚意的重要性。生活在社会之中，人与人之间的交流以什么为基准？诚信！在市场经济的文化背景之下，诚意显得格外重要。它用天的运行是有诚信的、从来不骗人的，来树立人的道德榜样，人要向天学习。所谓的"天人合一"归根到底是强调"天人合德"。"天人合一"既是理论依据，也是道德标准，又是理想社会的归宿，是终极目的。这"天人"之间是和谐的，所以大人者修养最高处，叫"与天地合其德，与日月合其明，与四时合其序，与鬼神合其吉凶"。"正心"，在天是按规律运作，在人事是依社会公德、规范行事，这叫"正"。社会的公德在《周易》那个时代是"礼"，"礼"是按照天道来制定的，所以遵循"礼"就等于遵循"天"。这是第二阶段，向"天"学习的目的是提升人的道德，知道按规律办事的重要。

　　提升人的道德的目的又是什么呢？"齐家、治国、平天下"。这三者不管是纵向说、横向说，都能说得通。横向说，不管"齐家、治国"还是"平天下"，都要以道德提升为基础。纵向说，治好一家才能够治好一国，治好一国才有可能治好天下。但都是建立在道德的基础上，以德治国。现在来看，这个命题很重要，所以提出道德资本家，以德治国，如果和法治思想结合起来，就更好了。在法治的前提下，强调道德的作用，这才是一个理想的社会观念。

《易经》说"《易》有太极，是生两仪，两仪生四象，四象生八卦"，这属于探索宇宙奥秘的阶段，是对"天"的感悟和认识。为什么探索宇宙的奥秘？因为这八卦能够预测未来的吉凶。实际《周易》仅仅是一种提示，一种可能，而不是必然，不是最终的结果，一切皆在变化中，你可以趋吉避凶。如果预测的是吉，继续努力；如果预测的结果是凶，改变现在的做法就改变了未来的结果。所以继续努力也好，改变现在做法也好，主动权在人的手里，人的智慧、道德综合形成的这种素养来决定你的未来。"八卦定吉凶"骨子里讲的是如何趋吉避凶，只有道德提升、能力提升、智慧提升才可能趋吉避凶。那么趋吉避凶的目的又是什么呢？"吉凶成大业"。如果掌握了趋吉避凶的智慧，就能够成就"大业"。"大业"是什么？"齐家、治国、平天下"。

所以把中国文化拉远看，就这么简单。从学习开始，道德提升，道德提升就是内圣，道德实践就是外王。故而看一个人的未来发展空间，看一个企业的未来发展空间，看一个国家的未来发展空间，看什么？就看现在对教育的投入。现在的努力决定未来的结果。

当个体的道德提升之后，能不能在一定程度上内心平和？《周易》的最高境界是把矛盾冲突一分为二，"一阴一阳之谓道"，走向合二为一，走向平和，贪婪、嗔痴、傲慢、嗔怒都会在一定程度上淡化、消解。《周易》第六卦《讼》卦，就是化解人与人之间的矛盾。

面对自然，面对生死，《周易》中蕴含智慧。《周易》派生出中国文化的四种人生观,甚至是文化的终极思考——面对死亡的思考。它认为自然是春、夏、秋、冬,人是生、老、病、死,自然规律,是无法抗拒,无法防备,无法躲避的,所以保持心情快乐,能活多长是多长,这引出了"老庄"一派。社会黑暗,个人渺小,无力改变,道家"知其不可奈何而安之若命"。这"命"就是在《周易》里讲的客观因素,当主观上无力改变它,只能顺从。所以在老庄这里,特别是庄子,就更多地用减法,即阴阳之中的阴性的发展、放大。减到什么程度呢?减到零。因为天道最初起始点是"无"。太极生两仪,两仪是阴阳,那么阴阳之前的太极是什么呢?有学者说是元气,混沌未分。有人说不对,元气已经是物了,"物物者非物",在物之前,应该有一个"无"的阶段,所以太极也叫无极。老庄说太极最初的状态是"无",在"无"这个状态,天与人是一样的。《庄子》第一篇《逍遥游》就讲了,一切都不是逍遥的,逍遥应该怎么样?"若夫乘天地之正,而御六气之辩,以游无穷者,彼且恶乎待哉"!无所凭借。有凭借就有束缚。"列子御风而行",也是有凭借,要是没风就起不来,所以有凭借就没自由。类推到人事,有追求就有束缚,所以减去追求,"至人无己,神人无功,圣人无名",忘掉自我的存在。忧患源于自我意识太强,如果减到忘掉自己的存在呢,"天地与我并生,万物与我为一"呢?就没有忧愁。无功,不要追求什么功名,越是追求就越可能产生追求不到的失落。无名也是一样的。追求那虚名,生不带来,死不带去,追求不到,痛苦就产生了。《红楼梦》之"红楼"意味着现实人生的繁华、欲求,"梦"是大梦醒后,大彻大悟,"白茫茫大地真干净",一切皆空。《好了歌》说得很明白,"人人都晓神仙好,惟有功名忘不了",那你看"古来将相今何在?荒冢一堆草没了",功名有什么用?荒冢一堆,谁也免不了,这是规律。"人人都晓神仙好",这是主观理想。现实呢？"只有金钱忘不了。终朝只恨聚无多，及到多时眼闭了"。小沈阳说"人生最痛苦的事，是人死了，钱还没花完"，深刻！赵本山说"还有更痛苦的事，人还活着，钱没了"。两种不同人的痛苦。庄子告诉你，怎样才能消解这痛苦呢？随遇而安。把它当做一种客观的因素，面对它，顺应它。《周易》讲"乐天知命"，用一种快乐、积极的人生态度去面对天命。所以庄子妻子去世的时候，他居然可以"箕坐鼓盆而歌"，敲着盆，欢送妻子的离去。因为他认为气聚为生，气散为始，生是死的结束，死是生的开始，二十年之后又是一位窈窕淑女。如果用这样一种态度面对人生的话，还有什么痛苦？这是道家。

儒家的是什么？儒家是把阴阳之中的"阳"的方面放大。儒家也感叹人生的短暂，但是渴望在短暂人生里建立无限功业。孔子弟子问生死问题，他说"未知生焉知死"，死不是个人能决定的，你能决定的是什么？现在你如何活着。儒家在这一点上最让人敬佩，是中国文化里最为闪光的，就是积极进取的人生观。人生短暂，人生能力有限，但我一定尽力拼搏，"知其不可而为之"，哪怕实现不了，我也在拼搏的过程之中显现我人生的价值。特别是那"三不朽"——"立德、立功、立言"，生命短暂，但是在短暂人生创建的德、功、言，留向永恒。所以古人非常注重身后历史对自己的评价，雁过留声，人死留名。这样的人生观是积极进取的人生观。而中国古代知识分子是两种人生观的糅合，"达则兼善天下，穷则独善其身"，这是孟子的原话。

第三种人生观是佛家的。佛家传入虽然晚，官方是东汉时期传入，民间是西汉时期就有了，但是它的境界更高，普度众生啊！可太难实现。它是三世报，现世是由前世决定的，现在的修养决定来世。中国文化当时主要处在一种农耕文化,种瓜就想得瓜,种豆就想得豆,说来世,太遥远了,所以佛教也在改革,更多讲现世报。现在的情况是由先前的努力决定的,现在的努力决定未来,这是一种观念。而且佛家给了一个虚构的极乐世界。中国人务实,所以它始终没有成为一种主流的文化。基督教虚设一天堂,天堂也好,极乐世界也好,什么人才能上天堂?到极乐世界?有德之人。文化归根到底很多方法是相似的。通过个体的道德提升,决定未来。过程虽然有荒唐的成分,观点还是包含着精华的,要具体分析。

第四种就是现实的、世俗的。充分认识到人生的短暂,痛苦也一生,快乐也一生,那为什么不快乐呢?所以"花开堪折直须折,莫待无花空折枝"。

这四种人生观在理论上可以分得很清楚,其实在现实人生,这四种人生观,不同比例地糅合在一起,形成具体人生的不同性格侧面。

2.《周易》的内在理论结构

下边来看《周易》的内在理论结构。作《易》者的主观目的,是"彰往察来",彰显往事、预测未来。往事是历史,中国人以史为鉴。《周易》每句卦辞、爻辞,都分为两部分,一部分是象,象里边有天象,有人象,人事构成的象有历史的,有现实的,还有个体身体结构的。通过象来格出抽象的义理,预测吉凶。象和抽象占断,构成一个组合。所以《周易》的最大智慧体现在前瞻性。事情还没有发生,就可以大概推之它未来结果的走向。它的前瞻性不是胡来的,是有规律可循的。

在这里重点要讲六句话。

(1)天人合一(哲学基础,也是终极目的)

第一句,"天人合一"。这既是理论依据,又是道德标准,还是社会理想。天人为什么是合一的呢?古人认为,人是天的组成部分，是按照天的规则繁衍的，所以人的生存也应该顺应天的规律。所谓天道，也是格出来的。"道"本来的意思是道路，不过它有特点，即只有一个方向，别无岔道。也就是说你想到达目的地，这条路是必由之路，在这个意义上，格出来一个抽象意义：道理、规律。中国人很早就感悟到，天的运行是有规律的，事情都得按照这个规律的运行去发展。人生也是有规律存在的。人是"天"的一个组成部分，部分必须服从整体。在东汉董仲舒那里，已经说"天"是大人，也有喜怒哀乐之情，人是"小天"，要学会顺从。到了宋代朱熹，说得更明确，他说根本就不该说"天人合一"，一说"合"，好像它们还是两物，应该说"天人一体"。古代人是这样认识社会的，这种认识当中有合理的成分。西方的天文学家，通过黑洞理论证明宇宙的发展确实经历一个从无到有的过程。中国人的这种论断，"太极生两仪"，老子说的"道生一，一生二，二生三，三生万物"，都是从无开始的。物理学家分析物质的构成，分子、原子、质子，分析到最后的时候发现，不同物的粒子的结构居然是相同的，从这个角度来看，"天人合一"有没有一定的科学依据？有啊！

西方的科学家通过脑电图、心电图能够测出当人精神上产生善念时，生理上会产生有助于身体健康的良性的反映；当产生恶念时，生理上会产生有损于身体的负面的、恶性的反映，这是精神物质之间的辩证关系。医生们都有临床经验，知道胃出血和心情有关。心情是一种抽象的精神意识，而胃出血是一种生理表现，两者之间怎样联系的？内在的精神在生理上会有所反映。台湾高僧静空法师说，很多病都是人自己造成的，尤其是抑郁症。学完《周易》之后，就会知道"时止则止，时行则行"，决定人未来的因素很多，同样的条件之下，不同人的努力，结果不一样。孔子到晚年非常喜欢《周易》,喜欢到什么程度?"居则在席,行则在橐",形影不离,韦编三绝,串连竹简的熟牛皮都断烂多次。他的目的是感悟。子贡很不理解,问为什么你到晚年喜欢这种书了?孔子说我喜欢《周易》跟他们不一样,他们是用来算命,我是从中读出了它的义理。读出什么了?"道德焉求福","仁义焉求吉",就在同样的时、命客观条件下,主观因素起着作用。道德修养决定你的未来。古人说的道德跟我们今天说的道德不完全等同,古人说的道德,是从"天"得到的那种抽象的感悟。所以按照"天道"做事,才能够心安,心安才可能愉悦。故而孔子弟子宰我问老师,为什么父母去世要守孝三年?孔子说,你想想,在你三岁之前,不能独立行走的时候,是不是父母整天抱着你?那么在父母去世之后,你就不能够回报三年吗?不回报三年你能心安?心安那你就不用守三年了。关键在心安。心安才理直,理直才气壮。

"天人合一"有一定的合理的成分,中国文化建立在这四个字上。在《周易》里叫"大和"。故宫的"太和殿"是源自《周易》的"大和",一作"太和"。那就是和谐社会的最高境界。大同社会这么说:"大道之行也,天下为公,选贤与能,讲信修睦"。什么叫"大道之行"?就是自然规律运行。人事和自然规律融为一体,那才叫大和。《周易》里边涉及打猎,用打猎来格,告诉你一种道理。"三驱",就是它不是四面合围,而是三面驱逐,网开一面,这么打猎。所以身体健壮的都跑了,老弱病残留下,弱小的还放生。《周易》那个时代才多少人,野物该有多少,真是物质极大地丰富,但是它没有忘了给子孙后代留着。这前后智慧上有差距的。"天人合一",原来我们是简单地否定,现在要承认其中有些是合理的。这是中国传统文化的理论基础。

(2)太极两仪(本体论、认识论)

"太极两仪",这是第二句话。从世界自然构成的角度来说,一切都是由阴阳构成的。人有男女,自然当中有天地,事事分阴阳,它既不是唯物,也不是唯心。它是按照事物本来的构成来表述,是大智慧。

(3)阴阳刚柔(对立统一,辩证法)

第三句话,阴阳之间的关系。阴阳之间是什么关系呢?辩证统一。既是一分为二的,又是合二为一的。一阴一阳是分开说,但是它们合起来叫做"道"。"天道"就是建立在阴阳的观念基础之上。"一分为二"是过程,"合二为一"是理想,是目的。中国人用这种观念来解释历史。孟子说,社会是在一治一乱当中进行。治就是问题解决了,解决之后又会发生新的问题,乱了再解决,再治。《三国演义》开头,"话说天下大势,分久必合,合久必分"。回过来看中国的历史,看世界的历史,是不是这样?动态的,变化的。现在提个问题,作为六十四卦的结局,最后一卦,应该是用一个问题解决的卦来表示呢?还是用一个问题没有解决的来表示?我们一般以为,看电影,看小说,有好的结局就结尾了,《周易》不是。《周易·既济卦》,济是渡河,既济是已经渡过河了,问题解决了,是作为第六十三卦。最后一卦居然是《未济卦》,未济就是河还没渡过去,还在解决问题之中,这就是《周易》的智慧。问题的解决,是短暂的,它只是一个问题的结束,实际又是一个新的问题的开始。问题的解决是快乐,乐很快就会过去,更长时间是在面对新的问题。《周易》处处能显示这种智慧。

(4)万物交感(作用方式)

"交感",这是第四句话了。阴阳之间交感,扩展到万物之间也要交感。我们用"天地否"来举例子,了解《周易》的智慧。天在上边,地在下边,为什么就否了呢?看《周易》怎么说。

先介绍一下象数。就是讲义当中的八卦取象歌,"乾三连,坤六断,震仰盂,艮覆碗,离中虚,坎中满,兑上缺,巽下断",这是读懂《周易》的基础。对象数有了解,才可能读懂义理,因为义理建立在象数的基础之上。象数的规则太多了,主要有三个角度,符号的、卦象的、卦德的。阴爻阳爻构成符号,从符号中能格出义理。比如颐卦,上边是山,下边是雷,"山雷颐",山是"艮覆碗",阳爻在上,阴爻在下。"震仰盂"是阳爻在下,阴爻在上,也就是这六个符号中间是四个阴爻。这么一个符号,能格出什么意思来?格出这个符号整体结构就像人的嘴一样,"病从口入,祸从口出",养生跟养德、治国联系起来。艮本来是两山重叠,山意思是止,两山相重,那就更静止,卦辞是"艮其背"。什么意思?人的身体二百零六块骨头,哪个地方最静?别的地方都可以自由运作,让后背运作起来很难,就是"艮其背"。保持静态,要像后背一样,知道什么可以展现给别人看,什么不能够展现。有些事可以做,不能说;有些事做不到,但一定要说。这就是《周易》的智慧。

　　上边三个阳爻是天,乾卦;下边三个阴爻是地,坤卦。天地一组合,构成否卦的符号。从象的角度来格,讲这卦重点放在它的交感。古人将交感看得非常重要,接近于现在哲学上所说的矛盾冲突。矛盾冲突,有助于事物的发展。《周易》的性质是"推天道,明人事","圣人以神道设教,而天下服也"。否卦卦辞是"否之匪人",讲两种方向的发展,不能同心同德交流,不符合人道。"不利君子贞",君子算到这卦,不利。为什么呢?"大往小来"。两个单卦的组合,上边是阳,阳为大,下边是阴,阴为小,上为往,下为来,阳多象征大人、君子,阴多象征臣子、女子,甚至还象征小人,这就是君子和小人的关系。"大往小来","往"是疏远,"来"是重用。象辞是《易传》的部分,基本符合《周易》古经本来的意思。"不利君子贞",为什么呢?这是一个疏远君子、重用小人的时代,生不逢时。所以它的格更具体，更深刻。"天地不交"之象，天地向两个方向发展，它们之间不会交感。天地如果不交会有什么样的现象发生呢？万物不通。由天象推人事，天地不交变成上下不交，君主臣民不交感，不同心同德，结果"天下无邦也"，国将不国。还有比这更狠的话嘛？交感重要到这个程度。只有交流、交感才能同心同德。内阴外阳，从符号角度来说，下边是阴爻，上边是阳爻；内柔外刚，就是符号的德。象是能看到的，德是看不到的。所以符号、象、德这三个角度，准确地讲，是两个层次。符号和象都是能看到的，通过这"天象"悟出义理，用这义理和人事联系起来，才是终极目的。

阴柔阳刚象征人事，类推到人事变成了"内小人而外君子"。重用小人疏远君子，会怎么样？天下无邦，国将不国，你说有没有讽谏的意思，借"天"的权威，来告诫君主用人制度的重要。用人制度，决定了人们的利益驱动，用小人疏君子，引发的结果是"小人道长，君子道消"，大家都会去向小人学习。小人之道是什么？溜须拍马，阿谀逢迎，甚至用钱买官。君子之道是什么？凭借自己的才学、道德、能力。君子之道逐渐消歇，读书无用了。这就是《周易》借天象说人间之大事。

六十四卦实际是三十二对，《泰》和《否》卦是一对。《否》卦是从反面说，告诉你这样做的结果，明智的君主就会改变重用小人疏远君子的做法，那就会改变"天下无邦"的结果。泰卦是从正面来说，地在上面，天在下边，"小往大来"，疏远小的，重用大的，吉祥亨通。《彖辞》说"天地交"，天地之间有交感，地往下，天往上，两者之间有了交感，结果是"万物亨通"。类推到人事，"上下交"，君主与臣民之间交感、交往、交流，"其志同也"，志向相同，同心同德。内阳外阴，符号；内健外顺,卦德。乾卦的卦德是健,坤卦的卦德是顺。"内君子外小人",重用君子,疏远小人,君子之道就会得到刺激增长。大家向君子学习,小人之道逐渐消歇。诸葛亮《前出师表》当中,为什么反复叮咛要"亲贤臣,远小人"?就出自这里。无论是企业、学校,还是国家,要想科学地良性持久发展,关键是什么?用人问题!

交感,"天地氤氲,万物化醇",天地之间都有交感才能万物繁衍、生长;男女之间构精,万物才化生。用自然的规律来类推人事。古代把男女之事,提升到天地大义的高度来认识,关系到一个民族的未来。"归妹,天地之大义也",归妹就是女儿出嫁。"天地不交,万物不兴"啊,男女不交流,人类不兴啊,民族素质不提高啊。

(5)发展变化

第五句话,发展才会有前途。《周易》的易,有三个意思,最核心的意思就是变化,一切皆在变化中。"爻者,言乎变者也"。向好的方向发展,才是有前途的。静止的、退步的,都不可取。"日新之谓盛德,生生之谓易",每天都有新气象。人生的坎坷磨难和幸福快乐,哪一个时间更长、更多些?梁启超说,人生之不幸者,要占十之八九。但是《周易》,我做过统计,它的吉祥的判断居然占了百分之四十四点八九,中性的百分之二十八,凶的才百分之二十一,跟人的感觉完全不一样,这里就暗含着《周易》的大智慧。它为大人谋。首先肯定大人,给他一个美好的期待,有一种美好的心理感受时,才会比较容易接受你的理念。"生生之谓易","天地之大德曰生"。

(6)周而复始,物极必反(客观规律)

《泰卦·九三》爻辞:"无平不陂,无往不复。"

第六句话最重要,自然界是存在周而复始、物极必反的

21

规律的。这个规律是可以认知的，是通过象来格出来的，通过这个规律，可以预测未来。春、夏、秋、冬，冬天来了，春天也就不远了，这就是预测，用自然规律做理论依据。"无平不陂，无往不复"，陂字有三个读音，"pí""pō""bì"，后两个读音，都是山坡的意思。这句话是说，没有平地不变成坡地的，没有去了不回来的。《周易》最核心的意思是一切都在变化中。所以你的行为也要顺应时的变化而变化，不同背景下采用不同的策略，具体问题具体分析。所以说，六十四卦其实讲的是在六十四种情况之下，六十四种"时"，这"时"就是时机、背景，不同情况之下应该采取的策略。一切皆在变化之中，而这种变化是有规律的。

"易"的第二个意思是，世界上还存在一些事物是不变的。变与不变，不能放在同一个平面上来说，因为它并不是针对同一现象说的。变化是就现象而言，春、夏、秋、冬，变不变？变。不变是春、夏、秋、冬运行的规律。一个是表象的，一个是深层的。自然界存在着变化的现象，不变的规律。人世间也一样。生、老、病、死是在变化，生、老、病、死的规律却不变。由"天道"所推出来的公德、规则、礼不变。父慈子孝，兄友弟恭，夫义妻顺，君礼臣忠，规则不变。现象是变的，规律是不变的。人得依规律来行事。

第三个意思是简易，"大道至简"。《周易》道理我提炼出六句话，把这六句话理解了，基本上就能把握《周易》最核心的智慧。

我们回顾一下，这六句话是这样的：理论依据，天人是合一的；世界构成，世界是由阴阳构成的；阴阳之间的关系，对立统一，辩证的；阴阳之间的作用，阴阳交感，万物交感，推动事物的发展；第五句话，发展的事物才会有前途；第六句话最重要，事物的发展是有规律的，是周而复始、物极必反的，规律是可以认知的，可以根据规律来预测未来，预测未来的目的是指导当下，提升当下的趋吉避凶的智慧。我所梳理的，基本上是按照我们现在讲的马列主义哲学的教材，就是世界是物质的，物质是运动的，运动是有规律的，规律是可以认知的。比较一下，大的脉络是一致的。

三、由天道推导出人道

由天道能推出什么人道来？前边说"圣人以神道设教，天下服矣"，这话至少从四个要素去格。"圣人""神道""设教""天下服"，每一个要素的背后都是一种文化的显现。

"天人合一"，也就是你的实践以"天地"为标准，用《周易》的话讲就是"易与天地准"。《周易》里一切都以天地的规律为道德楷模、评价标准。人要向"天"学习，学习的方式是"格物"。通过"格物"了解天意，通过天意来类推人事。

《周易·系辞上》：

> 子曰："《易》其至矣乎！夫《易》，圣人所以崇德而广业也。知崇礼卑，崇效天，卑法地。"

崇德就是崇尚、提升道德。向天学习是第一阶段，崇德是第二阶段，广业是第三阶段，就是"齐家、治国、平天下"，崇德广业，内圣外王。重点在后边三句。"知崇礼卑"，智慧崇尚崇高，礼节崇尚谦卑。高有高的楷模，卑有卑的楷模。崇高之时，效仿天，谦卑之时，模仿大地。最终目的是要"天人合德"。"夫大人者，与天地合其德"，要能够"合德"，这是过程、手段，是外在的，有这个"合"才能构成最终和谐的"和"。和谐的"和"是终极目的。

第二句话，阴阳构成。事物都有两面性，辩证关系。《周易》中的每一句话，至少都可以当做两句话来读。它判断为吉的时候,意思是这么做就吉祥,言外之意是若不这样做,结果就凶险。如果判断这样做凶险的话,也包含着另外一层意思,改变现在的做法,结果就可以改变。任何结果都有两方面的原因在起作用,客观的、主观的。在相同的应试考制背景之下,同样的学校,同一班级,有的人能上大学,有的人上不了大学,什么原因起作用? 主观因素。所以从这个意义上来说,《周易》是靠天的力量来激发人的主观能动性,告诉你在一定的时、命背景下,命运由你自己来做主。这是大智慧。

世界是变化的,变化是有规律的,不以人的意志为转移。但是人意识到这种规律之后,可以改变人生的策略。《周易》讲"穷则变,变则通,通则久",当处在穷困之时,要通过个人的努力来改变穷困的状态。那么在事业有成时,又该怎么做呢? "日中则昃,月盈则食,天地盈虚,与时消息,而况于人乎?"太阳到了十二点,肯定是西斜,自然界始终在变。人认识到"天"这种规律,可以根据这个规律来调试自己的举措。当你飞黄腾达,接近十二点的时候,就要人为延缓这由盛而衰的转变。"天道"不可变,人事可以做适当的调整。比如说,我们现在 GDP 的发展,过去以为高就是好,事实证明,高未必一定是最优,因为生产了大量的商品,消费不了,就要有大量的库存,就会造成裁员,裁员之后老百姓没有收入,就没法消费,进入恶性循环。所以事实教训了我们,我们就要把这个速度适当调整,现在调整速度是百分之八到十,不能低于百分之八,低于百分之八就会有大量的人失业。这就是顺应规律,找到一个最佳的策略。

《周易》这个道理是用"天象"来表达。第一卦乾卦说"亢龙有悔,盈不可久也","亢"是飞得过高,飞得过高了,就会有让人后悔的事情发生。你的企业发展超越了你的能力限制,结果就很可怕。所以"盈不可久矣",要有这种清醒的认识。

知道这个变化，就要居安思危，"与时偕行，中行无咎"。"时"，客观，"时止则止，时行则行"，跟客观保持一致。"中行"就是按照规律来办事。最大的智慧在这儿。"见几而作，防微杜渐"，"几"是什么？征兆，萌芽。回去看第二卦第一爻，"履霜，坚冰至"，对这五个字有一种理性的感悟，对《周易》的主体精神就有充分的认识了。"履霜，坚冰至"，翻译过来是踩上霜花，就知道霜花之后会出现什么自然天象——坚冰。霜花什么时候出现？秋冬交界。这以后温度就要逐渐降低了，将来会有坚冰出现。从逻辑学的角度来说，这五个字的出现，源自归纳法，它建立在无数人的个体生活经验基础上。从哲学的角度来说，这是对量变、质变关系的认识。看霜花是量的积累过程，坚冰是质的变化。"天象"类推到人事，人生也存在一个量变的过程。这个解释是基本符合《周易》古经的。原文很长，但都是有道理的，说"积善之家，必有余庆，积不善之家，必有余殃"，能不能理解？"勿以善小而不为，勿以恶小而为之"，"积善成德，神明自得"，"千里之堤，溃于蚁穴"，都是智慧。它不是凭空的，从萌芽看未来，"一叶落而知天下秋"，是根据规律推演的。说"臣弑其君，子弑其父"，在当时的社会背景中，这是最严重的罪行，它如果和天象对应的话，对应的是霜花呢，还是寒冰？寒冰。冰冻三尺非一日之寒，有这么严重的罪行出现，不是临时性的、偶然性的犯罪，"非一朝一夕之故，其所由来者渐矣"！他已经理性地认识到霜花逐渐积累变成寒冰，罪行也有一个萌芽状态，逐渐积累导致弑君弑父。什么原因？由于"辨之不早辨也"，原因在于没能够在刚刚有萌芽的时候，就把他分辨出来。刚刚萌芽状态，要改变他是很容易的，但是已经成为弑君弑父，再想改变就晚了！所以《周易》的智慧，不是亡羊补牢，而是防微杜渐，有前瞻性。这才是《周易》的大智慧。"几者，动之微"，"吉凶之先见者也"，行动比较微小的萌芽，吉凶是未来结果，吉凶对应着寒冰，对应着弑君弑父，或者积善成德。"君子见几而作，不俟终日"。君子看到萌芽状态，就要采取行动，不要等待这一天终结，比喻不要等待这个结果出现。

在"讼卦"里还有一句，是"作事谋始"，跟这意思是一样的。事情开始阶段，就要考虑它将来可能的发展方向。所以《周易》由"天"到"人"，思维方式是类比的、整体的。《周易》是借助天来约束人性，约束权力，引人向善。

该讲的太多了，限于时间，我今天只好先讲到这里。谢谢大家！

彭 林

儒家经典的人文精神

　　彭林,清华大学人文社会科学学院历史系教授、博士生导师,中国礼学研究中心主任,中国社会科学院古代文明研究中心专家委员会委员,北京师范大学人文宗教高等研究院学术研究部主任,兼任国际儒学联合会理事、炎黄文化研究会理事。曾到中国香港、台湾及日本、法国访学。长年从事中国古代史与学术思想史的教学与研究,著有《周礼主体思想与成书年代研究》《中国礼学在古代朝鲜的播迁》等。曾多次受邀到中央电视台"百家讲坛""文明之旅"等栏目讲学。

读者朋友大家好！看到各位老年的、中年的、青年的朋友络绎不绝地走进会场，我心里感到非常温暖。今天是周末，天寒地冻，本该是一个在家里围炉取暖、喝茶聊天的休闲日子，大家不避严寒到这里来听我的讲座，让我万分感动，所以我想再一次向大家表示感谢！

　　今天向大家报告的题目是"儒家经典与人文精神"。

　　首先要讲的一个话题是"经典"。这让我想起十多年以前的一件往事，当时中韩刚刚建交，我有一个韩国朋友到北京来访问，我和一些朋友宴请他，在席间当大家得知韩国人家家都有汽车，甚至一家有两辆、三辆时，一些朋友露出了非常羡慕的神色。那时候我们经济才刚刚起步，百废待兴，中韩的经济落差确实非常大，但没想到这位韩国朋友的回答令我们所有的人都很吃惊。他说经济发展不是一个难题，韩国在 60 年代的经济跟我们中国相比，还略差，你们有长江大桥，有原子弹，韩国都没有。韩国的经济起飞用了 20 年完成，你们用不了 20 年，因为你们在我们后面，可以借鉴我们的许多经验。当时我们不信，但现在回过头来看，被他言中了。这位韩国朋友认为，衡量一个国家的强弱主要不是看经济，而是看她有没有自己的经典。他说韩国的历史走了几千年了，到今天还没有一部可以称得上是韩民族的经典，今天韩国人所崇拜的经典都是中国的经典。他很悲观地说，我们这个民族不知道还要过多少年才能出现属于自己民族的经典，而中国则是经典大国，中国无论在经学、史学、文学，在所有的领域都拥有自己的经典。在一二十年之前，这位韩国朋友就讲，中国是世界上的强国，真正意义上的大国，因为她在精神上无比强大。

今天就和大家聊一聊我们的儒家经典，我的学识有限，对于佛、道没有什么研究，能跟大家探讨的也就是儒家经典。当然儒家经典是中国学术的主干，我们把儒家的精神了解了，对于中国文化就能有基本的把握。世界上的民族林林总总，刚才讲到不是每一个民族都有经典，有经典的民族都是历史悠久的民族，都是文化灿烂的民族。要想了解世界上的某一个民族，最好的办法莫过于读她的经典：你想了解西方人吗？那你要读她的《圣经》；你想了解伊斯兰民族吗？那你应该读她的《古兰经》；要了解中国也是这样。

经典是一种文献，但不是每种文献都能称为经典，所谓经典是在长期的历史过程当中形成的。中国有几千年文明史，经典都是在这个长期的历史过程当中出现的，出现之后，历朝历代的人拿它和其他的文献进行不断地比较、选择、完善并最终沉淀下来的珍贵文献，才能叫经典。经典在我看来是民族文化的最高形态，是该民族价值观体系最集中、最权威的表述。任何文化的核心都是价值观，比如你为什么活着？你生命的最大价值是什么？你们这个民族的理想是什么？这些是文化的灵魂，而每一个民族对于价值观的表述都是把经典作为载体，只有它的表述才是最权威的表述，下面我们就来聊一聊。

首先要简单地提一下，国学的经典可以说浩如烟海。世界上没有一个国家像中国这样重视历史、重视自己的文化。世界上有四大文明古国，我们旁边有一个印度，印度是举世公认的文明古国，但是印度的文献、印度的经典比我们少得多。印度人甚至没有一种完整的历史观念，古代印度几乎没有什么历史书,有一些国外的人到印度去考察,很难根据(印度的)历史记载来复原每一个地方的原貌。后来有一个英国学者看到了一本书叫《大唐西域记》,他根据这本书的记载来寻找一些早已被废弃的城址和寺庙的遗址,大获成功。大家知道这本书是唐僧撰写的。

中国人的历史意识最强。在甲骨文时代就形成了一种记载事件的习惯,几千年来这种记载可以说浩如烟海。国家图书馆里面的古典文献像海一样丰富,对这些文献我们传统的分类方法是四部分类法。所谓"四部"就是经、史、子、集,所谓《四库全书》《四部丛刊》《四部备要》等等,都是指经、史、子、集这四部。这四部的重要性不是平行的,其中最重要的是经部,今天我们要讲的主要是经部。经部是中国历史文献的一个火车头,是我们中国人价值观体系的载体,也是我们中华民族生活方式的理论性的指导。中国人怎么生存?怎么生活?人跟人怎么相处?这些东西最本原的记载都在经部。

经部对中国文化、对中国人的精神生活的意义,相当于西方的神学。说到这里,我不免有一些感慨:近代以来中国的大学完全是模仿西方建设起来的,我们的学科体系照搬西方,西方有什么我们就有什么,西方没有,我们就没有。西方有史学,所以我们大学有历史系;西方有文学,所以我们有文学系;西方没有经学,所以我们所有的大学不许有经学。这样就把中国文化的灵魂、首脑砍掉了,今天我们到图书馆要找经学的书很困难,分类里面没有,我们只能到哲学里去找,可是经学跟哲学不是一个概念。正因为把经学去掉了,所以现在中国的学术界做学问就做得非常细碎,失去了自己的灵魂。

西方的大学没有经学,但是设有神学,有神学院,而我们不是基督教国家，没有神学院，可是也没有经学系。我觉得要复兴中国文化，这是第一个要解决的问题。我们讲到中国的经，大家可能都已经有这样一个概念，儒家的经典最早是六经。孔子拿《诗》《书》《礼》《乐》《易》《春秋》这六部经典来作为教学书目。经过秦始皇焚书坑儒之后，《乐》不见了，到了汉初只剩下五经，后来政府为了复兴学术，设五经博士。社会上有许许多多学者从事经学研究，并且为政府的决策提供参考。

钱穆先生曾经说，中国历史上汉代的政治和文化是最好的，汉代的经学也是最兴盛的。在此后经典的数量不断地增加，比如说原来孔子经典里面的《礼》，就是我们后来说的《仪礼》，到了西汉开始出现《周礼》这本书，再后来出现了《礼记》，所以《礼》有三部，我们称为"三礼"。孔子时候的《春秋》，到汉代以后也有三部，即《左传》《公羊传》《谷梁传》，我们称之为"春秋三传"。此外，《论语》开始进入经典的行列，《孝经》和《尔雅》也是。到了宋代，《孟子》最后进入经典。这样整个经典一共有十三部，我们称为"十三经"。今天我们到西安碑林，碑林里面有一套最大的碑刻，是唐代的《开成石经》，除《孟子》外的十二部经典都刻在石头上，让全国人民有一个标准的文本。

宋代以后，儒、释、道三教并行，那时候可以说佛教和道教兴盛的程度超过儒教，一直到今天都是这样。我们到陕西看法门寺，这里面原来供奉着一个佛指舍利，唐朝的时候从上到下都崇尚佛教，帝王经常把这个佛指舍利请到宫中供奉。供奉完以后把它送回去的时候，把大量的金银财宝送到法门寺里，我们今天看法门寺里不止有一个舍利，大量宫廷的贵重器物也在这个地方。

如果说得直接一点，唐朝的时候崇尚佛教的势头如果得不到抑制,我们的国家将要变成一个佛教国家。道教则是模仿佛教,仿照佛教建立起来的,这个时候就有人站出来,说我们不是一个没有自己文化传统的国家,中华民族有自己的道统,我们讲学问就要讲道。从尧、舜、禹、汤、文、武、周公以来,我们就逐渐形成自己的文化传统,不应该把自己的文化传统丢了。这个人说孔子的学问传到孟子再到现在这么多年,已经快要断了,他说我要站出来继承这个道统,让中国文化在我们的土地上长盛不衰地传下去,这个人叫韩愈。我们现在读《古文观止》,里面有一篇叫《原道》,就是讲这个道理。韩愈的一生以弘扬、传承中国固有的本位文化作为己任,他后来不做官,不求神仙,一辈子做老师,他把老师的职责定义为传道、授业、解惑,这个道是中国文化之道。他的这些东西到了宋代,被许许多多知识分子所认同。有时候大家感到儒家的经典太多、太难,我们要像佛教那样找一个方便法门,让文化程度低的人能够比较方便、比较快捷地了解儒家文化的精髓。人们发现,《礼记》里面的两篇,一篇叫《大学》,一篇叫《中庸》,非常好。这两篇应该单独抽出来,这两篇字很少,《大学》才千余字,《中庸》也不过两千余字。如果把这个读懂了,对中国文化就有了基本的概念。如果再详细一点,再往深里走一走,那还有两本书,一本是《论语》,梁启超先生讲,《论语》是两千年以来中国人思想的总源泉。如果说你喜欢中国文化,应该读读《论语》,把《论语》读通了,就会知道后面所有的东西都是在解释它,发挥它,它是一个根,一个泉。在孔子之后还有孟子。孔子有很多东西提到了,但是没有展开,或者说在现在的文献里没有展开的,在《孟子》里都做了充分的发挥,这四个加起来叫"四书"。把《大学》《中庸》提出来在唐朝就有人这样做。到宋代朱熹的时候,他用了很多年的精力来给"四书"做注解,这就是大家非常熟悉的《四书集注》。为什么叫集注？朱熹将汉以来所有的解释集中在一起并进行筛选，然后用最简练、精辟的语言给它做注解。这个注解在宋代的时候一般的人都能读懂，当然过了几百年之后，我们今天读起来稍稍有一点困难。常常有朋友问我，经典这么多，我很喜欢，可是我的基础不好，那该怎么办？我告诉大家，读四书就成，把四书读通了，够你受用一辈子。

常常有人说，能不能拜您做老师，我说要有一个门槛，你把刚才说的这几遍做完了，要下定决心，光嘴上说不行。今天来的都是国学的爱好者，国学怎么学？要自己去下工夫。所以这个过程不是很长的，看你下不下决心而已。

下面谈谈国学精神的一些基本内容。今天这个题目太大，我只能谈谈初阶，就是第一个台阶。这些年我们老是被一个问题所困扰，就是东西方文化孰优孰劣，哪个好？我们老在比较。东、西方文化的比较，我们一定要抓住最根本的点，这样才能把它认识清楚。在我看来，西方文化是宗教文化，在西方文化里，神是中心，教徒说话都要以上帝的名义来说，以上帝的名义来做。在西方文化里面有一个万能的无所不在的上帝，上帝主宰了宇宙，主宰了人类社会的一切。在这个文化里面，人是个坏东西，我们读《圣经》可以知道，亚当跟夏娃偷吃了禁果，上帝非常生气，把他们从伊甸园里面赶出去。赶出去以后，觉得还不解气，就跟亚当订立了一个契约，就是今后你们生下来的孩子不管到哪一代，也不管到哪一个，他一生下来灵魂里面就有一种邪恶，这种邪恶是不教而有、不学而能的，是本能，这种生下来就有的罪恶，叫原罪。这种东西使得我们人没有一分钟不想做坏事，那么假如你的灵魂管不住自己，你就会无恶不作，最后成为恶魔，被打入地狱，永世不得翻身。那怎么办？人要把自己的灵魂交给上帝来管，所以西方人要定期到教堂，请求上帝保佑，做错了要忏悔,还错就用法律,是这样的。

中国文化则不然,在中国文化里面没有救世主。在中国文化里面人性本善,人的灵魂要由自己来管理,而且要把它管好。我们每一个人要通过终生的不断的人格修为,使自己成为君子。在《论语》里面经常把君子跟小人对比,小人是道德败坏的,不愿意修为的;君子是高尚的,有风范的。我们古人最高的理想就是成圣成贤。北京有一个国子监,国子监前面有一条胡同,这个胡同非常特殊,普通的胡同在两端各有一座牌坊,这个胡同一共有三座牌坊,中间还有一座。我想大家都去过,这条街就叫成贤街。孔子是圣人,我们不敢高攀,可是我们可以成贤,做一个贤者。儒家文化正是围绕着这样一个中心展开的。

下面我们就来举其中一些最基本的理念。

第一个是"人文"。前几年北京开奥运会,有人题词:人文日新,化成天下。我们政府对北京奥运三大目标是:科技奥运、绿色奥运、人文奥运。但是平心而论,到今天我们反思这个迎奥运的过程,不得不说,有一些部门的领导对于什么是人文,其认识是不到位的。当时我们有些领导讲什么叫人文奥运啊? 就是让老外看看天坛、颐和园、八达岭。那不是人文啊,那是一个建筑,人文是一定要有人的。"人文"这个名词是在《周易》"贲"卦里最早出现的。我们在提出"人文"这个概念的时候,另一个概念叫"天文"。中国人很喜欢研究天人之际,这是一组概念。

一个社会要正常健康地持续发展,要注意两个东西,一个叫天文,一个叫人文。天文就是天象,跟我们现在讲的天文不完全一样。中国是一个农业立国的国家,大家知道,人类文明是以农业作为基础的,从旧石器时代进入新石器时代,出现的第一个文明领域是农业,农业是人类文明之母。

世界上最早的文明古国，一般来说都是最早发明农业的国家。大家知道，两河流域就是古代巴比伦这一带，那里的居民最早培育成功了大麦和小麦；我们中国人最早培育成功了大米和小米；印第安人最早培育成功了玉米。我们的贡献非常大，中国这个区域跟印第安人和古巴比伦不同，他们的面积非常小，而中华文明这个面积很大，所以我们讲大米和小米的时候，实际上是两大农业区，就是南方的稻作农业跟北方的旱作农业。

现在考古发现，在河北有一个武安县，武安县有个名不见经传的地方叫磁山，大概这个山上出磁铁。考古学家在这个地方发现了七千年前的一个遗址，这个遗址的重要内容是发现了几百个地窖，其中一百多个地窖里面还保存着小米，是变成了灰的小米。我们有一种方法叫灰像法，就是烧成灰都能复原出来原本的东西，经过灰像法我们确认这是小米的遗处。这些地窖有的很大，有的很深，经过计算发现，小米总重量达十几万斤。大家想想，七千年前，在北方的一个村落里面，小米已经多到能够拿出十几万斤来储存，当时文明的程度是什么样一个水平？无独有偶，稻米也是这样，我们人类都是吃麦子跟稻子，但世界上吃稻子的要比吃麦子的多得多。世界上有两大稻系，一类叫非洲稻系，最早在尼日利亚培育成功。我们亚洲稻系最早是在哪里呢？世界上争论得非常厉害，以往都认为是在印度的阿姆邦，因为在这个地方发现了一些陶片，在陶片的断面上发现有碳化了的稻米粒。实际上这是当时最早的稻米实物，尽管它已经碳化了，烧焦了。后来文化大革命批林批孔期间，在浙江余姚一个叫河姆渡的地方修建水库，结果挖着挖着就挖出东西来。当时农民意识还是非常单纯的，赶紧报告，后来把它围起来进行发掘，才知道这是一个七千年前的古村落。我们发现了大批的房子,大批各种各样的遗存,其中最让大家吃惊的是发现了堆积在一起的水稻。那水稻不是一粒一粒的,它在收割的时候连着杆子连着叶子一起掐下来,堆积在一起,面积非常大,最厚的地方有一米多。发现的时候,我们连稻粒上的浮毛,叶子上的叶脉都看得清清楚楚,就像地里刚刚采摘下来的一样,但是见到空气以后,它很快就变了。考古队刚刚拿起来相机调焦距,刚对好焦,颜色就变了。这些稻子计算下来也是十几万斤,印度只有几粒碳化了的稻粒,我们是十几万斤,这一下轰动了全世界。

这两大农业区经过了几个世纪的交融、交流、融汇,最后到夏代形成了灿烂的青铜文化。诸位要是有空可以到河南安阳殷墟去看看,现在也是著名的世界文化遗产,那儿的青铜文化在全世界数一数二。那个时候的人从原始社会走出来,他的第一需求是要生存,要温饱,然后才追求高水平的生活,这个目标到了商朝,尤其到了商朝的晚期,在一些贵族的生活里面已经达到。我们读《史记·殷本纪》,到了商周王的时候,粮食吃不完,怎么办? 酿酒,酒没有地方放,就挖池,把酒倒到里面叫酒池,肉吃不完就挂在树林里面,即"酒池肉林"。

如果说物质生产不丰富,社会要产生动乱,但是当物质生产达到一定的水平之后,如果没有人文理念去引导它,社会同样要出大问题。商朝的时候就是这样,它并非物质生活不发达,而是太过发达,以致产生腐败。商朝当时的首都叫朝歌,通宵达旦地歌舞作乐,很是腐败。大家想想今天其实也是一样,人们现在富起来了,如果没有一个正确的人文引领,就要出现新的社会问题,现在吃喝嫖赌包二奶,不是因为穷,而是因为富,富了以后没有正确的引领就要出大问题的。

在《周易》里面提出了一个命题,这在我们今天看来非常

37

惊叹:要观乎天文。地球是绕着太阳转的,可是我们每个人都有一种感觉,好像太阳是绕着地球转。古人把所谓的太阳绕着地球的这个轨道,称为黄道,再把黄道分成 24 个点,叫 24 个节气。从这点出发再回归到这点叫一年,我们把它叫一个回归年。这 24 个节气是非常好的,是我们中国农历一个最重要的发明。到今天三九还是四九,我们查节气比现在是 1 月 27 号、1 月 28 号管用,可是我们把它弃用了,古代则用得很好。观乎天文、节气、时变,了解节气时令怎么变化,该种的时候种,该收的时候收,这样才能有一个经济基础。但是就像我们刚才讲的,人不是畜生,不是吃饱了喝足了就够的,作为执政者,除了仰观天文,还应该俯察人文。老百姓有没有人的气象,这叫人文,人文要日新。清华大学里面有三个地方都有人文日新的匾或者是刻石。天坛、颐和园、八达岭能日新吗? 人文一定是人的。古书里面记载得很清楚,人文是指什么? 是人经过礼乐教化。

礼是让你的行为中规中矩,有君子风范,乐是教化你的心灵。要推行礼乐教育,然后看看大家是不是面貌一新。现在满大街吐痰的,扔废弃物的,过个车你挤我挤的,像一个人的社会吗? 所以执政者要观乎人文,不断地去教化民众。不是通过严刑峻法,而是通过教化,这样化成天下。就好比一颗糖放在水里,不知不觉地就化了。人要在一个好环境里生活,并且不断地被发现被关心,不是关心他家里有冰箱没有? 有电视机没有? 这些是不够的,而是要看他的人文精神是不是每天在变。

这里还要讲到一个词叫"观光",《周易》有一卦叫"观"卦,观什么——观国之光,鲁国的人到齐国去,一进去就发现齐国人的气象不一样,这是一个国家的人文光彩,如果我们去看,也要看这个。现在观光是游山玩水,不在乎人家表现怎样,也不在意人家怎么看我们,可是社会在往上走,大家想想人文要日新,我们想想自己,都日新了吗?所以中国人要有一个文化的自觉。

第二个是"富而教之"。我们知道一句话,叫"毛主席让中国人民站起来了,邓小平让中国人民富起来了"。富起来是不是就任务结束了?没有,富了还要教,不教就是暴发户。我们看看孔子的一段话:孔子到魏国去,他有一个学生叫冉有,给他驾车。孔子进了魏国的国门非常感慨地说了一句"庶矣哉"!真是人口众庶,人口增多啊!孔子的这个学生非常好学,他给老师驾车,时刻不忘请教。他说:"既庶矣,又何加焉?"人口增长到这么多了,那么我们还要增加一些什么样的举措呢?孔子说"富之",要让人富起来,要让人过上体面的、尊严的生活,否则别的谈不上。我们读司马迁的《史记·货殖列传》可以看出,他非常坚持这一点,社会一定要有经济基础,否则什么都谈不上。司马迁曾引管仲的话:仓廪实而知礼节。粮仓里面满了,自然就想到生活要有品质,就知道要有礼仪;衣食足,不愁吃穿而知荣辱,在马路上吐痰那是没有教养,来个车乱挤,没有素质,所以司马迁讲马路上打架斗殴的,一般来说是经济状况比较差的,这是司马迁的观念。所以要让大家先富起来,不富起来,好多问题根本无从谈起。故而孔子讲"富之",冉有又问了:"既富矣,又何加焉?"大家普遍都富了,还要增加一些什么举措呢?要把国家往好的方面引,孔子讲"教之",就是要教育他。人的正确思想不是从天上掉下来的,不是从娘胎里面带来的,要经过后天的教育,这个思想非常重要。现在我们中国人富了,可是你知道外界怎么看我们?说中国人是富而不贵,有富人,说得直白一点是有暴发户,兜里有的是钱,可是没有贵族气,所谓贵族气是指一种有教养的(气质)。西方人讲的贵族,我们往往理解成就是有钱。现在我们中国到什么地方都有 VIP,有的有钱人老在这里面走,走久了,他以为自己就是贵族,贵族是有教养的。我们看泰坦尼克号,你可以看到西方人心目当中的贵族,船要沉了,男人都不争,都让妇女跟孩子先逃生,自己在后面。船上俱乐部的演奏厅里面,有一个乐队正在演奏,曲子没有完,没有一个人停下来,继续演奏,处变不惊,一直到最后这个船沉下去了,依旧保持一种沉稳。我们现在是富而不贵,缺少一种教养。

第三个是治国的方针。是德治还是礼治,是用德还是用礼来治国呢?这是一个基本路线。是礼治还是法治?我们今天似乎认为这不是一个问题,认为当然是法治,但是我们忘掉了还有一个东西不能丢的,就是德治在礼治。孔子说"道之以政,齐之以刑"。我们拿行政命令引导老百姓,不许这样,不许那样,什么样的要罚款,什么样的不罚款。我在媒体上看到一个新加坡人写的一篇文章,说新加坡人的自觉是吓出来的。吐一个口香糖罚七千,在阳台上放一个花盆又要罚多少,新加坡人心里面成天在盘算这个,所以他不敢违反。如此拿行政命令约束行为,仍然有的违反,有的不违反,那么我怎么能让大家都遵守规范呢?用刑。你如果违法,我是要鞭刑的,是要罚巨款的,我们靠这样一种刑罚来让大家都遵守(一定的规范),叫奇之以刑。那么这样做的结果呢,老百姓都不免于刑法,大家都害怕,鞭子打在屁股上,那是有要求的,要打到肉翻开来,看到骨头,这让老百姓害怕,所以他不敢去尝试鞭子的厉害,但是他"无耻",没有羞耻之心,他不是因为这个不应该做(而不做),他是怕鞭子,怕罚款,不是出于一种文化自觉。

孔子认为,如果用道德来引导,告诉你,你是一个人,人跟动物的区别是你有德性,那你为什么糟蹋自己把自己不当人呢？我们用道德来规范，所以人以礼治就是这样。那么大家有做到有做不到的，我们通过礼来规范他，出门的时候，大家都彬彬有礼，互相谦让，这样一来气象就不一样了。文津讲坛里面出来的人确实是人文日新的，不要还是乱哄哄地出去了。那么这样老百姓有羞耻心，他知道这个事情我不做不是因为罚款，而是因为我是人我不能做。有耻且格，这个"格"我们讲得通俗一点，就是他有上进心，他不仅能管住自己，而且还希望自己做得更好。

这些我在这里讲显得多余，依法治国现在是我们的国策，道德这个东西我们三十年来一直嘲笑他，以至于说雷锋是一个傻子，焦裕禄也是一个傻子，傻到现在我们人人都太聪明太精。小悦悦被汽车碾了，18个人从她旁边走过去，没有一个人去救她，这犯法吗？这不犯法，可是这些人缺德，这个社会除了法律这个底线之外，一定还得用道德去引领大家向上，要用礼来规范大家的行为，这样的社会才是有序的。

下面来谈谈人性本善。我在前面说道，西方人认为人性是恶的，我们认为是善的。其实去读《论语》，好像还没有提到这一层上面，《论语》提到"性相近也，习相远也"，没有说善恶的问题。十多年前湖北荆门一个叫郭店的地方，出现了一批竹简，现在我们认为这批竹简是孔子的孙子子思那个学派的作品。孟子的学问就从子思这一派过来的，在这个时期才开始讨论性善、性恶的问题。荀子认为性恶，我们也看到了世界上太多丑恶的现象，很多人也认为人心是坏的、是恶的，那么究竟是恶的还是善的呢？儒家有这么一个很基本的认识，就是我们人如何把自己跟禽兽区别开。

《论语》里面孔子说"鸟兽不可与同群"。我们不能与鸟兽为伍，说我跟鸟是同类，我跟猪、狗是同类，那不行。我们总认为人是万物的灵长，人是高出于万物的，天之所生叫物，万物里面人是最高贵的。人比它们高贵在哪里呢？孟子认为我们人的身上有仁、义、礼、智四个善端，这四个善端是猪狗所没有的。正因为有这四个善端，所以人能够接受教育，能够成圣成贤。用这样一个方法把人跟牲畜区别开。

孟子论证了为什么说人性是善的，他说"人皆有不忍人之心"，不忍心看到别人受苦受难。大家想想汶川地震的时候，我们每天把电视机打开，里面全是灾区老百姓受煎熬的惨状。里面没有一个人我叫得出名字，更没有一个人跟我有血缘关系，可是我不忍，这种感情只有人有，这种反应只有人有。你不信把电视机抬到猪圈里，抬到牛棚里，它们看了不会有反应，只有我们人，人是善良的，人看了以后会流眼泪，会马上想到捐款，会想我能用什么方法去帮他们。我认识一些很有钱的朋友，当时看了电视，就把电视关了，马上开车到汶川，到那里当义工。这是一个不忍人之心的表现，不忍心看到自己的同胞受难，所以古人言必称先王，认为尧、舜、禹、汤、文、武、周公都是最好的政治家。先王有不忍人之心，所以他就有不忍人之政，那个政是仁政仁爱的，有爱心，所以才会有仁政，商纣王是暴政，战国的时候也是暴政。我们也有不忍人之心，不忍心看到老百姓没有房子住，不忍心看到老百姓吃不上饭，那么我推行的政策一定要解决这个问题。孟子讲的"以不忍人之心行不忍人之政"，让我有这样一颗爱心，来推行这个仁政，那么我就能得到天下人的拥护。

治天下有什么难的呢？你只要爱下面的人，下面的人会不爱你吗？你推行了最好的一种德政，老百姓就会拥护你，所以治天下可运之掌上。这有什么难的呢？不就是几条线嘛，把这几条线一抓不就天下太平了嘛。孟子解释，所谓"人皆有不忍人之心者"，你怎么知道人人都有呢？他就说了，"今人乍见孺子将入于井"，一个小孩掉井里去，突然看到了，只要是个人,都会有"怵惕恻隐之心",你马上心就揪起来了。我们大家都有经验,产生这样的心情,是一种本能的反应,并非是要"内交于孺子之父母也",你不是要讨好他父母,"非所以要誉于乡党朋友也",也不是要在乡里乡亲里面讨一个虚名,"非恶其声而然也",更不是听到孩子的尖叫而讨厌,而是出于你的本能。人都是仁爱的,都不忍心别人受到灾难。

孟子认为我们人心里面有四样东西很重要,就是"仁义礼智"。有的朋友讲还有一个"信",不是的,孟子讲的只有四端。后来到汉代董仲舒的时候开始什么都是五了,阴阳五行,四个缺一个,就变成了"仁义礼智信",在孟子这只有四个。孟子说一个人要是没有恻隐之心,不懂得爱人,那这个人"非人也",这怎么是个人呢?这就跟猪狗是一样的,是畜生。我们见到小孩掉井里都有这种怵惕恻隐之心,要没有,你就够不上一个真正意义上的人,没有爱心你就不是人。无羞恶之心非人也,一个人不知道害臊,不知道什么叫耻辱,这还叫人吗?亚当跟夏娃偷吃了禁果,上帝怎么知道的?因为他们原来没有羞恶之心,两个人光着的,面对面不以为耻,吃了禁果(智慧果)之后,突然发现,我们两个人怎么光着身子,害臊啊,赶紧拿个东西把下面挡住了。上帝何等的聪明,一看就知道怎么回事,就是让他有耻感,人是有耻感的,你没有这个,怎么叫人呢?亚当跟夏娃没吃禁果,还不能叫人,像是狗、猫成天光着,它们不知道这是羞耻的,我们人有羞耻之心,否则就是畜生。

"无辞让之心,非人也"。社会是有序的,面对老年人,孩子,怀孕的妇女,我们懂得要辞让。猪狗有这些吗?我上小学的时候,班上有钱的孩子搞恶作剧,家里面买了好多吃的,他拿了一把糖果到教室里,下课人最多的时候,大喊"谁要吃糖",大家都争先恐后,那个时候吃个糖是不得了的事情,他就把这个糖往很远的地方一扔,让所有的同学过去抢,这个同学一定会哈哈大笑地说一句话"狗抢肉骨头"。你拿一个肉骨头扔向一群狗,它们不会排队,因为它们没有辞让之心。

"无是非之心,非人也"。如果连香、臭都不分,很难成为一个人。我们说老年人骂人,经常是拿"你像个人嘛""你这个畜生",这话很重的。那么恻隐之心是什么呢?即孟子所讲"仁之端也""仁者爱人",现在基督教、佛教都在以爱标榜,以大爱、博爱标榜,其实中国的仁就是博爱。韩愈说得很清楚,"博爱之谓仁"。怎么才能有一个博爱之心呢?它发端于什么呢?你有一颗恻隐之心,所以你具备人的一个品德的善端;羞恶之心是什么呢?是义之端也;辞让之心是礼之端也;是非之心是智之端也。仁、义、礼、智四个善端就像四粒种子在你身上与生俱来。

人有四端,好比有四体,四体即四肢。四体不勤,就是四肢不勤。我们每一个人都有这四端,但是人往往自谓不能,说我不行,"仁者"我怎么能做得到。"义者",要懂礼,还要懂是非,我也做不到。你有这个(四端),但是你老说你做不到,是自贼者也,贼就是伤害,意味着你自己伤害自己。谓其君不能者,说我们这个国君做不到,那是贼其君也;凡有四端于我者,四端在我的身上,我们都知道扩而充之,这是一个善端,我要给它浇水,要让它发芽,要让它苗壮成长,要扩充它,要有这样一种势头。"若火之使然",这跟燃烧是通的,火苗起初一点点,最后却可以星火燎原。"泉之始达",泉水在源头一点点,结果它是无所不达的。"苟能充之",如果你能把这四端扩充,你是一个天子,那么你足以保四海。"苟不充之",你不管它,"不足以事父母",你连自己爹妈都侍候不好。

"仁义礼智,非由外铄我也,我固有之也,弗思耳矣",仁义礼智不是我今天讲课给你的,而是你本身就有的,不是我从外面强加给你的，是你自身有，而你自己没有想。"弗思耳"，你不动脑子，不去想我是个人，除了这张皮，还有什么呢？孟子想到了并且告诉你，你至少有这四个东西。故曰："求则得之，舍则失之。"求，追求、寻求。寻求自己身上发现，我这个人其实挺善良的，在很多地方很仗义，而且懂得尊重老年人，是有礼貌的。你发现有了（这些品质），然后把它扩而充之，那么你的人格就完善了，就高大了。

《四书》里面有一篇《大学》。《大学》这篇文章，宋代的学者特别重视，因为它是孔子遗书，是孔子留下来的。"初学入德之门也"，我们自学做人的一个门径，径就是路径，入门的道路、方法。你想成为一个有道德的人吗？你说我什么都不懂，那好，先读《大学》。古人为学为人的次第，谁先谁后，独赖此篇之存，所以学者便从这个地方而学，则庶几不差也，路不会走歪了。现在我们社会上好多人乱读书，有一些内容不是一种根上的学问，那么这个地方先哲给我们指出一定要从《大学》开始。

我们一讲到《大学》就有三个纲领八个条目，或者简称叫"三纲八目"。所谓"三纲"就是《大学》一开头的三句话："大学之道，在明明德，在新民，在止于至善。"古代八岁入小学，小学是教你应该怎么做，比如来了客人应该怎么样，早上起来首先要怎么样，都是行为上（的规范）。因为你年龄太小，给你讲道理，你听不懂，先做，到大学了再告诉你为什么要这样做。所以古代有小学和大学，小学学完了到大学，这是朱熹的解释。

《大学》的"道"，说一千道一万，是要让你学什么呢？三句话，第一句话叫做"明明德"。我们初学都觉得很奇怪，要两个"明"干什么，删掉一个行吗？不行。我们每个人都有一个光明的德性，仁、义、礼、智都有，可是你在社会上混久了之后,灰尘会把这四个种子掩埋,以至你不知道,怀疑自己是否还有仁、义、礼、智? 我来告诉你,这些品质是你身上固有的,因为你是个人,不是我外铄的,不是我强加给你的。你把灰尘拍掉,就看到四粒种子,所以后面这个"明德"是一个名词,前面的"明"是个动词。我们古代很喜欢把名词动词化,比方说桌子做好了,用油漆把它漆一下,"漆"本来是一个名词,但是漆一下,这个"漆"就变成动词了。此处也是,要让你内在的固有的明德重放光明。比如:以前我这个人游手好闲,不学好,现在明白了,我要做一个真正意义上的人,要明明德,因为仁、义、礼、智身上都有,就看自己能不能把它扩而充之。

好,我通过读书幡然感悟了,我从今天晚上放下书本开始严格要求自己,我独善其身行不行? 不行。作为一个知识精英在自己"明明德"之后要做的一件事情就是要"新民"。这个"新"是动词,要让这个民听我一席话,他的面貌就焕然一新了,我要让你新,我要新你,今日之你不再是昨日之你。上海有一份很有名的报纸叫《新民晚报》,"新民"在《孟子》里面就曾提到,整个儒家的学问,就是认为人的觉悟有先后,有的人先知先觉,有的人后知后觉,不可能同步,作为一个知识精英,你的任务要以先觉觉后觉。我小时候一个同学姓林,叫"林觉民",其实叫觉民的有很多人,"民"字典出《孟子》。我先觉了,我应该告诉你,让你也尽快地觉悟,让你气象一新,人文一新,所以这东西叫"新民"。

我们每一个人都有这个任务,要自新,要新民。这个工作我只做一天行不行? 例如我们今天学雷锋,一年只学一天,今天3月4日,我们把脸盆、抹布、扫把准备好,今天先不学,3月5日我们开始,此时记者来了,媒体来了,报道我们学雷锋了,学到晚上5点,我们收起来不学了,等明年再学。如此学学一万年也不行,这成了作秀。不能停止,我们新民、明德一天都不能停止,因为一个自我修为的过程是极其漫长的,甚至终身都做不到。"新民"这个任务也是极其艰巨的,不能止,那到什么时候才能结束? 要在明明德跟新民两个方面都达到至高无上的境界再停下来。

我们老一辈有个作家叫叶圣陶,他的儿子叫"叶至善"。我后来注意过叫"至善"的名字很多,这就是从《大学》里面来的。"至善",自己成为圣贤了,周围的人都是圣贤了,没有再改进的余地了,是至上了,你才能止。说老实话,我们十代、八代的努力也不一定能做得到,但是我们总是逐步地在逼近这样一个目标,所以一个人只有懂得你要在什么地方止,才能有气象。现在经常有年轻的学生跟我讲,彭老师这个年代跟你们那个时候不一样了,外面的诱惑太多。我们那时候就没有诱惑? 笑话,问题是你不知道止啊,我知道止,我是要在这两个方面达到至上才能止,我知道这个目标很漫长,要知止而后又定,这样心就静下来了。我们经常讲有没有定力? 其实佛教里面讲它,儒家里面也讲。知止而后又定,定了才能静下来,静下来而后安,你不为所动,安而后能虑,你开始思虑了,我该怎么做? 虑而后能德,你就会有进步。我在朝着人生这样一个远大的目标努力,脚踏实地一步一步走,所以任何事物都有本末有终始。如果你连什么是本什么是末,应该怎么开始,最后要归结到什么目标,这些先后都不懂,你还做什么学问呢? 还做什么人呢? 所以要知所先后则近道也,先从自己做起,你明明德了吗? 要这样。

"古之欲明明德于天下者,先治其国"。在古代要想平天下,先把你的国家治理好。你是鲁国的? 还是楚国的? 欲治其国者,先齐其家。这个"家"严格来说跟我们今天讲的"家庭"其实不一样,古代天子有天下,诸侯有国,大夫有家。我们讲三家分晋,实际上是指的大夫,当然现在我们都理解成家，"欲齐其家者，先修其身；欲修其身者，先正其心；欲正其心者，先诚其意；欲诚其意者，先致其知；致知在格物"。可以反过来说，我们经过格物研究事物的规律，就得到了真知，得到了真知之后，就知道任何事情都不要取巧，不要不老实，就会诚其意。意正了，我们的心就正了，心正了，我们的身就修好了，身修好了，就能把家弄好，家弄好了，就能把国弄好，把国弄好了，将来才有资格去平天下。所有事有本有末，一定要从根上做起。反过来说，"物格而后知至，知至而后意诚，意诚而后心正，新正而后身修"。下面这句话太重了，自天子以至庶人，不管你是什么人，地位最高的是天子，最低的是庶人，没有一个人不做的事情就是修身，一世皆以修身为本。北京有一个南池子，在故宫旁边，从南池子走进去，在路的东

侧有一个古迹叫皇史宬，我曾经参观过，是古代教育太子的地方，教一些什么内容呢？教很多很多书，所以所有的人，没有一个人可以例外（要修身）。我是省长，我就是天然的圣贤，我可以不修身？这是错的。我们古人都懂这个道理，人人都要修身。

"其本乱而末治者否矣"。"本"就是根，甲骨文里面"本"字就是一个树根的样子。"末"是树的末梢，根歪了、烂了，想让上面长得很好，这不可能。"未之有也"，没有的事，所以每个人都要很好地去修身。

下面讲讲《中庸》。我每天早晨起来都要上一下凤凰网，主要看看新闻，结果有一次把我吓坏了，上面号召大家来讨论中庸之道好不好，说中庸之道就是做老好人，就是墙上一棵草，风吹两边倒。这还要讨论吗？先把它抹成黑的，再让大家来评价是黑的还是白的，这在逻辑上就极其糟糕。我想在网上发起这个讨论的人，他一定没有读过《中庸》。《中庸》讲的不是这些内容，不是要你做老好人。

《中庸》一开始有三句话，非常经典。我们到故宫里面看太和殿的柱子上，往往这一侧写的是《尚书》里的，那一侧写的就是《中庸》里的，如果大家读过《中庸》，你去看一下就明白。《中庸》讲心性之学，是中国哲学的最高境界。"天命之谓性"，天赋予我们的叫性。人生下来就有喜怒哀乐，这些是从哪里来的？是天。"天命"往往让我们在理解上产生错误，郭店楚简出来之后我们才知道有两句话，到后来并成了一句。两句话是："性自命出"，我们的人性哪里来的？是生命里面的，一生下来就有。性是从生命里面出来的，那生命哪儿来的？"命自天降"，老天爷造化了万物，其中包括我们人类，它造出来的人自身就有喜怒哀乐之性，所以这个"天命"跟所谓的大命完全不是一回事，此处必须要把它拆开来理解。天赋予人生命的那个东西叫"性"，具体讲是喜怒哀乐，会哭会笑，会怒会骂，这个东西就是一个人的天性。

一个执政者要"率性之谓道"。比如治水，大禹治水为什么成功了？水之道也；秦国的人管理牛马，为什么特别成功？马之道也；周人的祖先叫后稷，是一个发明农业的很重要的人物，他为什么种什么都能活呢？他懂得地之道也；那么治人呢，要有人之道。人之道是什么？我们怎么去治理人，要掌握好这个道，要率性。"率"在这个地方讲是"沿着""遵循"的意思。我们尊重人的天性，这样就基本上得到了人道。就像牛不喝水，你不能去按头，按了它也不喝。你想牵牛，要牵牛鼻子，我们想管理人，要尊重人的天性。因为天性谁都改变不了，谁都有，所以孔子提出来"己所不欲，勿施于人"。你不想恶，就别让人家恶，你不想没房子住，就别让人家没房子住，人心是通的。我们只有懂得人性，沿着它去制定政策，基本上就是一种人道了。但大家注意，下面一句话很重要，一般的人不太关注。道需要修，为什么？人有喜怒哀乐之性,但是喜怒哀乐不一定是很恰当的。

前几年发生过一个恶性事件,有一个叫马加爵的云南大学的学生,他家里贫穷,宿舍里的另外四个人看不起他,天天挖苦他,他忍了又忍,最后忍无可忍,这个时候他的喜怒哀乐之性就爆发了,他找了一把榔头,把四个人全部砸死了。你不能不说这是他的喜怒哀乐之性,但是他这个性过了头了。

人性要得到修,所谓的人道之性要修,怎么修呢? 修道之为教,要通过教育,让每一个人明白,我们身上的喜怒哀乐之性,在某种程度上是带有动物的野性、狂躁、暴怒和大喜大悲的。把一个狗弄急了,也不得了。可是我们是人,我们的人性要用道德理性来约束,举世皆浊,唯我独清。一个人他始终不管你这个社会怎么样,都能把握好自己的性情。我们人应该很理性,知道人就像一个宇宙,心、肝、脾、肺、肾,金、木、水、火、土都要和(谐)的。肝特别旺,或者是肾特别虚,那这个人就要出毛病了,他五个内脏必须是和(谐)的。范进中举,高兴过头了,疯了。他的丈人是一个杀猪的,给了他一个耳光,才把他打醒了。有的人消沉,消沉过了头就起不来了。我们知道一个人的身体不能大喜大悲,我们经常看到有的人脾气很暴躁,他自己也知道,可是老管不住,怎么办? 在墙上写两个字"制怒",要把怒控制住,结果有一天员工来跟他汇报了,他要拍桌子,要大怒,要骂人,一看墙上"制怒",便不生气,想到不能拿员工的错误来惩罚自己,要心平气和,要调整心情,所以要"修道之谓教"。

这个地方我们看儒家跟道家的区别。道家认为人性不需要去约束,人性是最高的,是天赋予我们的,不能去对它有任何的修饰。很多人非常欣赏老庄的自然主义。大家想想,人性要是不加约束,岂不是等同于兽性吗? 狗的情绪不受任何人约束,可是我们人是一个理性的动物。道家看起来很看重天性、人性，实际上在有意无意当中把它贬低到等同于一般的动物。儒家高明的地方在于承认人性的重要，这是天命，而且我们一定要率性，要尊重民众的喜怒哀乐，但是同时我们也看到人的一些东西需要理性的约束，否则人人都是疯子就不行了。所以有一段话很重要："喜怒哀乐之未发，谓之中。"我们晚上睡着了，喜怒哀乐没有发出来，他的状态是在中，不偏不倚，不过也不急。眼睛一睁开，外物在刺激我了，我的喜怒哀乐要发出来，这个时候我是一个理性的人，我"发而皆中节"，恰到好处。外交上都讲有理、有利、有节，既要把我们的感情表达出来，同时又很有分寸。马加爵如果懂这个道理，他就不会做傻事。

"中也者，天下之大本也"。老百姓可以治理，是为什么呢？他的性原本是中，不偏激也不颓废。那么"和也者"，这个"和"是发而皆中，是天下的大道，最大的一条道。我们教育人民，知道每一个老百姓都有喜怒哀乐，每天都被喜怒哀乐所左右。早晨眼睛一睁，觉得郁闷，又想到昨天一个事，哎哟，狂喜。我们人的一言一行都被情绪所左右，现在好多写剧本的人懂得这个窍门，叫煽情，他能让你流泪，让你狂笑不止，他是做这种（工作的），所以我们天下最大的道是什么呢？要让人的喜怒哀乐是和的。

我们现在讲和谐社会，我觉得有时讲得比较空，把一个火车叫和谐号，这社会就和谐了？我们讲"和"，首先人的喜怒哀乐能够理性地把握，只有每一个个体是和的，社会才能和，所以我们致中和之道，天地各得其位，万物才能生长。所以要大家经常想想，包括我自己在内，我们不是圣贤，不是一生下来就能达到"中"跟"和"的境界，我们要不断地提醒自己。

最后讲一下天人合一。什么是天人合一？我们中国人非常了不起，就是老是在研究天人之际的问题。西方人把天跟人是分开来研究的，我们至少从司马迁那个时候开始，明确地提出，他写《史记》要"究天人之际"，天是什么？人是什么？天、人的分际在哪里？"通古今之变，成一家之言"，这是司马迁的历史哲学的一个表述。

现在儒家理解的天人之际，是把天德跟人德看成一个东西。古人认为天、宇宙太伟大了，所以它是永恒的。天不变，道也不变，天道体现了一种伟大的宇宙精神。我们古人经常在思索，怎么样能把这种天德或者宇宙精神变成我身上的品德，或者叫精神。这里面古人做了很多文章，其实我们许许多多道德录就从这里来的。

大家读《中庸》，实际上有很多人认为《中庸》是两篇，第一篇讲"中庸"，后半部分讲"诚"。古人发现天之伟大，那种光明磊落，让我们自愧不如啊。所以如果说天之道是什么，就是诚。《中庸》归结为"诚者天之道"，天是最真诚的，它从来不欺骗我们。太阳上有一个黑子，太阳、月亮发生了日食、月食，它从不藏着掖着，它什么时候有黑点了，什么时候被遮掩了，有阴影了，万民仰之，都可以看到。它那样大公无私，太阳从来不会自私，像我们人那样的自私的，它不会说我特别喜欢中国人，所以只投在中国的土地上，美国我不投，没有，它永远是普照的。"天无私覆"，它覆盖着；"地无私载"，天是最真诚的。"诚之者人之道"，诚之就好比说把诚变为我身上的东西，这是我们人要走的道。

我们人的一生要坦诚，司马光是北宋非常了不起的史学家、文学家、政治家。他做过宰相，在晚年的时候他说了一句话，我觉得值得我们今天所有的领导好好深思，他说我这一生没有别的，只有一句话，就是我所做的事没有一件不可以拿出来给别人讲。他是一个把天道变成人道一个楷模，所以作为一个君子,就不断地要使自己变得真诚,当然这个过程可能是很漫长的。

我有一次讲课讲到这些内容的时候,有一个人提问,彭老师你说的这些东西我们做不到,我们也不愿意做。结果旁边有一个人马上站出来,用了《诗经》里面的话:高山仰止,景行行止,这个道德目标就像一个高山,就像一条大路,我们每天要在上面走,我知道我这一辈子永远成不了孔子,成不了孟子,虽不能至,但是心向往之,我有这个愿望。我想要成为奥运会冠军,我练了一辈子,虽然没有达到,可是我一直在朝这个目标努力,所以人对于道德对于学问的追求,要真诚,要坦诚。

"自诚明,谓之明;自明诚,谓之教。诚则明矣,明则诚矣"。这句话往往很多人觉得像绕口令,读不懂,其实它讲得很清楚。"自"就是从,自从退休,自从怎样怎样,我从这个诚走向了明这叫性。人生下来的时候,我就有这个诚的德,所以无论对什么事情我都清清楚楚,我都明。考试能作弊吗?那是不真诚啊。我把这个道理弄清楚了,我要真诚,但是又想取得好成绩,所以就会很刻苦地去读书,这个道理我很明白。

有一种人天性里面就是真诚的,这是圣贤。我们一般的人是从明白这个道理,知道人要学习宇宙,懂得人之所以为人的许多规范,最后要达到这种真诚的境界。这要通过教育,为之教也。现在教老百姓不教这些,教孩子不要输在起跑线上,结果孩子都输在了终点线上。从小教孩子,你考个钢琴,高考的时候可以怎么样,现在把孩子的一切东西当做投资,而不是要他做一个真诚的人,一个靠自己努力,恪守本分的人。你只要真诚了,就是一个光明洞达的人,只要明了,懂这些道理,那么你就是一个真诚的人。这是我们向天学习,天这种伟大有时候我们学不来,可是却觉得很崇高,我们一点点学,能学多少学多少。

古人还看到天的刚劲。以前有人说儒家思想懦弱得很,不讲奋斗,这是错的,《周易》里面讲天行,天道之行是那样的刚劲,众日乾乾,所以君子看到天,看到每天早晨都是一轮朝日,他就悟到天体的自强不息,因为它永不停息,太阳不需要叫早,不需要抽它一鞭子,踢它一脚它才走,它永不停息。那么这个动力来自于哪里?来自于生命体内部的那种强大的生命力,所以我们现在看看科技界有一些老前辈真是这种精神的典范,他知道众日乾乾,有像天那样的刚劲,自强不息,所以他们做出了极其惊人的成就。这是把天德变为人德的一个结果。

"地势坤,君子以厚德载物"。大地那样的博大宽厚,什么东西都能承载,有一种胸怀、肚量,这叫气度,君子就要学习这个东西,吞吐万物。

所以我们讲到这里就可以回想到,当年梁启超先生,他是清华国学院的导师。清华学生会请他做一场讲演,那场讲演是极其著名,极其经典的。讲演的题目叫君子,最初的时候清华是一个留美预备学校,梁先生讲,习欧美教大学教育的核心,是要培养有人格的国民,有人格的国民在中国的经典里面叫君子。孔子经常把君子跟小人对举,要大家做君子不要做小人。《周易》里面六十四卦,讲到君子的地方有五十三处,这是中国人文精神的一个终极目标。

五十三处太多,大家抓不住要领,我就提出两句话,就是"天行健,君子以自强不息;地势坤,君子以厚德载物",你把这两句话领会了,就得到君子最核心的东西。后来清华大学把这两句话做了提炼,叫"自强不息,厚德载物",作为校训,一直到今天这个经典的精神还在鼓舞我们。我刚才讲过,清华里人文日新碑有三个,在大礼堂、游泳池边及西校区。一进校门就是自强不息,厚德载物。我们当时的宿舍叫明斋、新斋、善斋,到今天还有,这个建筑现在是国家级重点文物保护单位。经典精神照耀了近代中国的清华,我们也希望有更多的人来读经典,来弘扬经典精神,让我们个人人文日新,让我们北京,让我们中国人文日新。如果这一步做到了,加上我们强大的经济,我们将无敌于天下。

谢谢大家。

丁 夏

继往圣　开来学——孟子其人其书与儒家文化

丁夏,清华大学人文学院教授。主要研究方向为宋元明清文学。著有《魏晋南北朝诗卷》《咫尺千里——明清小说导读》《历代诗典》《简明中国文学史》。

今天探讨的题目原来是"孟子其人其书"。现在后边加了个"与儒家文化",为什么？因为孟子是儒家重要的代表性人物。

首先我给大家看几幅孟子的画像,孟子说过一句话,对后世影响很大,叫"读其书,不知其人可乎"？意思是说你要读一个人的著述,必须对这个人也要了解。我们注意到孔子和孟子的形象,在历代的图画里面有相当大的出入。

这是明清人所画的孔子和孟子。

这组图像时代不算久远,当然他们的形象毫无疑问都出自后人的想象,不可能是他们的真容,但是这个想象里面我们会注意到一个差别,就是后来人似乎更倾向于把孟子看成是一个书生。他的外表比起孔子好像更富有书卷气,更像是一个读书人。而孔子多多少少有一些王者之气,不像是一个普通的读书人。也就是说,至少从外表上人们觉得孟子大概更接近于我们普通人,而孔子和我们是有距离的。这样的感觉当然是艺术家的一种想象,但是我想它不是偶然的。艺术家的直觉看似是个人的,但往往与社会的历史文化沉淀相关联。就是说它不完全是个人的一种直觉，更大的可能是因为历来人们对孟子的感受，慢慢渗透到社会的各个阶层，各个人的心里面，最后导致了艺术家在外表上面塑造的差异。《左传》里边有句话"人心之不同，如其面焉"，确实是如此。不管是中国的文化，还是西方的文化，都感觉到人的面相的不同，其实是反映了气质、性格，乃至经历、身份各方面的差异。

我主要分成四个部分来介绍自己对孟子的认识和他的一些情况。第一简单地介绍下孟子的家世生平，引了孟子的一句话来做提要，即"天将降大任于斯人也"。孟子是山东邹县人，邹县已是过去的名字了，现在叫邹县市，在最近中国的大变化里面，有一个变化就是很多地方的名字都改了，一些历史因此中断或者改变，这点非常不好。

战国时，邹县是一个小国家，从历史上来看，当时的中国和现在的欧洲其实有点接近，都有好多个国家，但是最后走的道路很不一样，中国变成了一个大一统的国家，而欧洲还是有很多独立国家。邹国靠近鲁国，而邹县离曲阜就不远。孟子出生的时候，离孔子辞世大概有一百年左右。虽然孟子跟孔子出生地很近，但是孟子成为孔子以后儒家学派最重要的代表人物，从今天留下来的各种资料来看，好像是缺乏一种必然性，就是个意外。历史的衔接其实很多都在意料之外，需要后人去寻找它中间的那种联系。比如说孔子之所以成为儒家的创始人，跟他的家世背景有很大的关系，他祖上是宋国的贵族，后来避难到了鲁国，到了他父亲那一代，还是很有社会身份的。他父亲大概是以孔武有力闻名于世，却担任了陬邑的大夫，就是当地最高的行政长官，有贵族的身份。等到孔子结婚生子的时候，当时鲁国的国君亲自派人送礼致贺，送来一条鲤鱼，所以孔子的儿子就叫孔鲤，因为是国君送了鲤鱼的缘故。

孔子说自己"吾少也贱,故多能鄙事"。大家觉得孔子年轻的时候也是沉沦底层,与平民子弟没有差别,这个恐怕不一定正确。孔子其实还是贵族的后裔,不是纯粹的平民,所以他小时候玩的游戏就是模拟各种礼仪活动。

孟子的家世史书上没有记载,他的生平事迹,在司马迁的《史记·孟子荀卿列传》里交代出来了,但是这篇列传和孔子的很不一样。我们知道孔子,《史记》给了他特殊的待遇,这反映了司马迁的不同寻常的眼光,两千多年来中国人对历史的认识在很大程度上,或者说相当程度上是被司马迁引导的。比如说陈涉给了世家,项羽是本纪,孔子也是世家,这就和一般的学者不可同日而语。孔子以下的大家合在一块,十几个学者串成一串。实际上孟子加上墨子等人,可以说是一篇战国学者的合传。孟子打头,但是也只有二百来字,其中有关孟子家世的几乎没有什么记载。现在有些学者说孟子的先世是鲁国的贵族,但是司马迁都没有提到这点,可见不足信。当然也不是说司马迁提到的就可信,司马迁有很多东西误导中国人两千多年。比如说有些很怪异的,他说刘邦的长相是"隆准而龙颜",就是长了一副龙的面孔。人的相貌差异很大,但再大也不可能长出一个龙的面孔吧?何况龙其实也是人们虚构出来的。但是大家都相信,说他异乎常人。司马迁没记的东西,我觉得可信度比记的大,就是当时就没有这个。孟子的先世应该是没有什么显赫地位,他大概真的属于平民。从汉代开始,对于孟子的传说,慢慢是以细节增加,人为故事的方式增多起来。像《韩诗外传》,说孟子母亲有"断织"的故事,《列女传》里面,说孟母有"三迁"的故事,这都非常有意思,就是谈到孟子,都特别谈到他的母亲,他的母亲是一个特别重视对孟子教育的人,这么一个女性。中国古代有关女性的传说,相对来说少一些,但是孟母的这个形象非常突出,几乎是奠定了中国家庭的母亲的最基本的形象,第一勤劳;第二重视和善于教育孩子。所以中国最早的母亲的典范就是孟子的母亲,而之所以有这样一位母亲出现,我觉得很大程度是上反映了孟子他比较贫寒,父亲方面没有什么特殊的事情,得益于母亲的教育和自己勤奋攻读。你要知道这个背景以后,再读孟子的一些话,我想会有新的体会,就是说可以印证这个推测。

孟子特别说过历史上那些有成就的名人,你会发现他把他们的成功都归结为起于社会的底层,经过自己的艰苦奋斗,而最后达到人生的顶点。这和别人的看法很不一样,而这些人物大概也有相当的传说性,但是他能把他们归结于一种由底层奋斗成功的人生模式,我想这是孟子对于人生的一个有个性的解读。在这一点上,古代的孟子倒是和现在的国外的一些政治家不谋而合。我们知道在美国很有意思的一个情况是政治家竞选的时候,普遍都不能说我出生于有地位有背景的家庭,我的父母如何如何,而是相反,说我如何出生寒微,之所以到了今天全靠我个人一路奋斗走来,所以我的成功就是奋斗,那今后的工作是继续奋斗,这很有意思。在这点上孟子的人生模式倒很有点现代性,很特别。

司马迁的《报任安书》里面,其实也讲到类似的话,那就是古今的大著述,能够在历史上留下思想意见的人,他们都是在艰难困苦里面,因为"发奋"而作,所以才能够有此成就。他们两位对人生的看法,对成功的看法都有鲜明的励志色彩,都是典型的自我激励的类型,都表现了一种坚忍不拔、不屈不挠的精神面貌。那么他们这种思想我觉得非常有意思,这种思想在战国的后期和秦汉之际出现,很显然都是带有一定的理想色彩,就是他相信人通过奋斗,也只有通过奋斗才能成功。这样一种人生解读,对人生成败这样一种看法,孟子之前的人很少提到,而孟子和司马迁很突出。

对于孟子有人喜欢,有人讨厌。比如说历史上明太祖当了皇帝以后,他就对主张"民为贵,社稷次之,君为轻"的孟子非常厌恶。朱元璋是一个重视学习的人,他文化不高,但是努力奋斗,非常重视学习,据说他让人给他讲《孟子》,听了这段话以后非常生气,因为君被排到了最后一个位置上,所以他一把抢过侍讲手里的《孟子》,把它撕碎,而且用脚践踏,好像不这样的话不足以表现他对孟子强烈的愤恨不满。但是在他晚年的时候,再读《孟子》,读到了"天将降大任于斯人也,必先苦其心志,劳其筋骨,饿其体肤,空乏其身"这一段以后,他又忽然拍案叫绝,觉得这段话讲得实在好。认为一个成功的人必然是饱经磨难,历尽了艰难,才能够真正实现自己的抱负,获得成功。他觉得孟子讲这段话讲得太好了,因为这段话完全也可以用在朱元璋本人身上,他就是出身贫寒,起事的时候很低微,最后得登九五之尊的宝座。在朱元璋自己看起来,就是既有天命所归的意思,也跟自己的长期奋斗分不开,所以他认为这个孟子确实不简单。宋代以来孟子的牌位在文庙里面仅次于孔子,他说这个很合适,下令恢复。这里面都能够看出来,孟子何以受后人后世尊敬。

在孟子的生平里面除了出生的地方接近孔子以外,唯一能跟孔子联系起来的,就是传说他曾得到过孔子的孙子子思的教诲。孔子很有意思,他的儿子在《论语》里面是一个被他严厉教育的对象,终身没有什么成就,而孔子对他的感情好像也不深,远不及对他的学生颜回。颜回死的时候孔子那种悲痛欲绝的情状,在今天的《论语》里边那也是呼之欲出的,"天葬予,天葬予",连说两遍,对家人倒好像没有这样,所以说孔子也是一个怪人。但是孔子的孙子子思倒是儒学传承上的重要人物，据说孟子是他的弟子，但是孟子自己说没这事，孟子说"予未得为孔子徒也，予私淑诸人也"，后来我们有一个词叫"私淑弟子"，就是从孟子这儿来的，中国很多事情都是传言造就的。

司马迁说孟子是"受业子思之门人"，也就是说是子思的再传弟子。这从时间上来说比较可靠，所以后来一般都认为孟子是子思学派的传人，但是他们之间没有直接的师生关系，这个学派后来被称为思孟学派，就是子思、孟子。这种关系很有意思，到了后世被清理得愈发清晰，这是因为儒家学派到了韩愈以后，由韩愈规定了一个严格和清晰的传递系统。我们今天所说的第一代领导、第二代领导、第三代领导、第四代领导其实也渊源于此，这就是儒家说的"道统"。从韩愈开始，儒家有了一个清晰的传承，到朱熹又把这个东西细致化了，说孟子他怎么传的呢，他是从孔子的孙子那儿传下来的，但是孔子的孙子在《论语》里面不认这个记载啊，于是又说他有一个老师，这个老师是孔子的学生叫曾子，就是孔子、曾子、子思、孟子，到这里传递就很清楚了。

孟子的一生里面可以看出来多多少少有孔子的影子在，也就是说经历跟孔子接近。比如他也曾聚众讲学，也曾带领他的学生游历周边各国，而且他也担任过国家的行政职务，当过齐宣王的客卿。战国时候非常有意思，国家虽然众多，但是彼此的交流非常频繁，闭关自守的很少，其实这种东西显示了当时中国社会由分散到统一的趋势。这种背景就是后人说的"晋才楚用"，常常是别的国家的人在本国受到重用。你要想出名，想发达，最好不要老在本国待着，你必须出去，这个很有好处。

我若干年前到美国大学教书的时候，不少华裔教授跟我说，华裔教授要在美国生存得好，最重要的办法就是跳槽，你即便真的不是跳槽，也要做出一个跳槽的样子来。比如说今天在哥伦比亚大学任教，那你就得跟哈佛的教授说好了，放出消息来，说哈佛要聘请过去，这时候哥大本来不重视你，也会变得重视了。我一听就笑了，我说这种做法其实在中国早就有了，中国战国的时候，好多人就用这一套，孟子也曾做过，孔子想做没做成，都是想到别的国家去打天下。但是孟子的地位跟孔子其实还是不能比的，在仕途上孔子担任过鲁国的司寇，算是真正进入了鲁国政治的中心，而孟子的"客卿"不过是一个顾问性质的闲差，所以在政治的漩涡里面，孟子卷入得不像孔子那么深。当然孔子也是卷了一阵就被抛出来了，两个人对此都很有遗憾。如果他们能够从政，他们也就不能再去当我们今天说的思想家了。

为什么这样呢？这是由儒家一个根本的特点决定的，即儒家一贯主张要积极入世，要在政治上发挥作用，而且把这个看成是自己的使命，希望用自己的学说去影响国家，希望社会按照自己理想的方式去运作，希望通过实践来实现自己的人生抱负。这样一种人生的模式对后来的中国的读书人，乃至现代的知识分子都有持久和深远的影响，在很大程度上构成了中国的读书人，古代叫士，现在叫知识分子人生的价值观。我们现在说希望有社会的核心价值观，到底是什么？我觉得谁也没说清楚，大概也说不清楚。因为中国社会已经无可避免地进入了一个多元的状态，没有人能够再建立一个一统天下，能够让大家都凝聚在自己麾下。可是古代中国的思想相对来说比较稳定，读书人最重要的就是要修身养性，治国平天下。有人说"天下兴亡匹夫有责"，有人说"辣手著文章，铁肩担道义"，其实意思都差不多，都是说读书人对天下兴亡，对天下安危负有一份不可推卸的责任，而这个传统就始自孔孟,源出儒家。

从俗的一方面来讲,自孔孟开始中国的读书人就都想当官;从雅的一方面来讲,大家不要把古人当官都看成是谋利谋名,确实不完全是这样的。古人当官主要是为施展自己的抱负和理想。那么中国官本位的思想,其实主要从儒家那儿来。像道家,像后来的佛家对此都是摒弃的,尤其是佛家。道教后来还把现实生活中的社会的架构搬到自己的宗教里面,造成了一个宗教的统治体系,释家连这个根本就没有。

从发挥政治作用上看,孔孟他们个人的结局都是非常有限的,我非常赞同北大中文系李零教授的说法,李教授有一本书,社会的普及度和反响不及有些人对孔子的解说,书的名字甚至有些让人反感,叫《丧家狗——我读〈论语〉》。但是我觉得这本书实在值得推荐,因为他还原了一个我认为是最接近于本来状态的、客观的孔子。这个孔子就是一世奔波,几乎没有成功,一生里面既有追求,也有很多的沮丧懊恼,自认为就是一个丧家之狗,没有主人的赏识豢养,这是真正的孔子。我相信也是中国绝大部分真正的思想家的结局。

杜诗说"文章千古事",但是多半都是在死后才被别人知道。不过孔孟对中国的影响是非常之大的,他们的书被尊为经典,是历代读书人的必读之书,只有一段短暂的时间不是这样,就是从上个世纪的新文化运动,从 20 年代左右发端,开始到 70 年代达到高峰,80 年代气氛转变,90 年代逐渐复苏,本世纪热闹非凡。我觉得经典当然重要,但是一定要孩子们读这个书,我认为不如学电脑和外语,因为那是现实生活中更实用的东西。如果你学了电脑、外语以后,还有点空闲时间想了解一下电脑和外语没有的东西,那当然可以学一点经典。但是无论如何,大部分经典是一个崇高无比的东西,所以孔孟对中国人的影响确实太大了。我们现在经常说中国人是炎黄子孙，这个多少或者说实质上是一个传说，就像中国很多一本正经的东西其实都是传说一样。但是也有人说中国人是孔孟老庄的传人，这是确凿无疑的，就是中国人你不管走到哪里，你的骨子里面不经过几代人的洗礼，很难把孔孟老庄给消磨掉。在全新的一代就不一样了，比如说美国人说的 ABC，就是在美国长大、出生的中国人，那多多少少第一代就不一样，第二代几乎就没有中国文化了，只有一个面孔跟孔孟老庄是相似的。

儒家学派所以能在孔子之后继续发挥莫大作用，孟子是一个关键。根据《史记·仲尼弟子列传》，孔子去世以后，儒家学派也面临着如何填补一个强人的空白，而且也找不到合适人选的问题。因为他的弟子没有一个人有昔日孔子的学问和声望，所以很快就出现了一个儒分为八，也就是分裂成八个支派、支流的状况。在这个情况下，孔门的弟子们、学者们都很着急，他们就想了一个临时的办法，《史记》记载他们推举一个外貌最接近孔子的人来充任儒家学派领袖。这个《史记》充满了故事性，就像项羽的末世，其实也就是一个故事，我觉得，这个故事实在动人，有无力回天的状况，有英雄末路的情况，有男女的生离死别，把各种故事的要素都给备齐了，所以历来中国人特别喜欢读楚霸王故事。人不能胜天，项羽的处境其实就是我们大部分人也会遇到的处境。人都难跳出男女的窠臼来，项羽和虞姬之间，也是我们大部分人可能的经历，所以这个故事很有意思。孔子身后也有一个故事，不知道是不是司马迁编的。我觉得项羽的故事肯定是他编的，原来的故事要简单得多，是一个速战速决的结局，没有那么多细节，还有情感在里面，谁都没想到。孔子去世后，孔子的弟子们推举一个外貌最接近孔子叫有若的来充任儒家学派领袖，硬把他拥为领袖以后，很快就发现他的缺点了，没有孔子那么神灵，没有灵感，有很多问题。传说孔子准备出发的时候，就对学生说把雨具准备好，果然下雨了，学生佩服不已。孔子这人真是神奇高明，说带上雨具，果然就下雨。弟子问他为什么，他引《诗经》的话，说月亮跟某个星星靠近，那就必然下雨。有若这个人只是样子像孔子，但是别人请教他问题，他不回答，于是别的学生就不干了，说不行不行，你当不了我们的领袖，我们得另外选人。当然最后也没有选出来。这说明领袖从来不是培养的，领袖都是自己奋斗出来的，培养的领袖一般当不长，大家都可以发现。

孟子后来为什么被公认是孔子以后儒家学派最重要的代表人物呢？其实不是他在儒家学派的政治舞台上贡献特别大，也不是他的人生跟别人比特别辉煌，而是因为他的著述和学说，不光体现了儒家思想的延续，还结合了时代变化，对儒家学派的思想理论有多方面的丰富发展。于是，孟子的学说极大地扩充了儒家思想的体系，这是最重要的原因。他通过《孟子》这本书，也就是通过他思想的言论，征服了儒家其他的学派，或者是压倒了其他的学派，成为孔子以后最著名的人物。

我这个标题其实就来自于邹县孟庙横梁上的文字，即"继绝学，开来圣"，这六个字非常精当地总结了孟子在儒学、在孔子之后的地位和贡献。

关于孟子这个人大致情况是这样的。他的作品如何成书，说法挺多。一种是孟子和弟子合著的，这见于《史记·孟子荀卿列传》。不管是孔子还是孟子，第一篇正式的传记其实都是《史记》，所以《史记》对于我们研究孔孟来说是最重要的一个依据。我的最基本观点就是：说了不一定是真的，不说的基本上是真的。司马迁说"退而与万章之徒序《诗》《书》，述仲尼之意，作《孟子》七篇"，很显然这个陈述有孔子的影响在，因为"序《诗》《书》"就是孔子自述生平的主要事项，然后孟子再做一遍。所以中国人不容易有大成就，在历史上就奠定了。出个圣人，下面再出个二圣人，无非是重述大圣人的话，三圣人则把大圣人、二圣人再重复一遍，四圣人就更不用说了，一代不如一代。

第二种说法是孟子自己写的，这是东汉人的说法，时间比司马迁晚。说"此书孟子之所作也，故总谓之《孟子》"。中国人不擅长逻辑思维，所以讲道理有时候武断得很，今天人看起来，说这本书就是他写的，因为名字叫《孟子》，所以断定就是他写的。

清代有一个学问叫朴学，朴学有非常厉害的时候，它的特点就是讲证据，讲推理，那比前人真是提高很多倍，两千多年终于有点进步。我举一个例子，有一位以研究中国小说为主的学者，他的学问就是从朴学来的，他断定两《唐书》关于章怀太子的生死年的记载都错了，这话说得太大胆了，我们知道《新唐书》《旧唐书》，距离唐代的时间都不算太远，他根据各种古籍里面的蛛丝马迹有一个推断居然说两书记载都错，没想到1971年"文化大革命"的时候，有一块碑，就是章怀太子的碑，在陕西出土，这个碑上的记载跟这位老先生的推测一年都不差，就是古人错了，他对了，实在是厉害。清人确实有他厉害的地方，阎若璩对孟子的说法是"《论语》成于门人之手，故记圣人容貌甚悉。七篇成于己手，故但记言语或出处耳"，这是说《孟子》应该是孟子写的，但是他有根据，而不像汉代人说得那样，很简单，所以清代人的学术是有很大进步的。说《论语》里面明显有另外一个眼睛在那儿，所以记孔子什么时候笑，说话什么语气，什么时候洋洋得意，什么时候垂头丧气都很清楚，但是孟子就没这些，可见视角不一样。那么为什么有视角差异？就这一点不一样，那这本书应该就是孟子写的。

现代学术比起清代有更大的发展，这个发展始于新文化运动，其中一个很重要的人物就是胡适。很多人觉得胡适学问不及同时代稍早的王国维，或者陈寅恪，说他不算学问家，不对。胡适更像是一个思想家，而且是开风气的思想家。清代龚自珍说"但开风气不为师"，用在胡适身上最合适。比如说对科学研究的方法，胡适把它引进来了，他小心的求证，大胆的假设，先用大胆假设，然后小心求证，既有想象，也讲科学，我觉得这个比起一般的学问家恐怕意义更大。

现代学者研究这个书以后，发现记载孟子同时代的国君皆称他的谥号，而且对孟子的弟子也称子，所以断定这本书真正的作者应该是孟子的学生，或者是学生的学生。这三种说法我个人觉得很难说哪个是最可靠的，我认为真实的情况可能是三种情况叠加出现在这本书的写作里。最早有可能孟子也写了，然后弟子也参与了，还要讨论，最后完成的是弟子的弟子，而不是一个人完成的。很多地方都可以看出这种情况。它其实不是说完全是跟孟子的言谈无关的，有的地方记载孟子的口吻语气，很像有现场记录，换成现代话说，相当于直播录像，我觉得不是亲历其人，很难达到。不要说古代了，我发现在座的各位，上岁数的比较多，我请问各位，你们印象中当年纪录片里面的毛主席跟今日的唐国强距离有多大，我的感觉是十万八千里，差太远了。因为我看见了（真人，所以觉得）唐先生演的毛主席差太远了，但也不能怨他，他没有办法还原，有些东西只有现场才能够捕捉得到，才能够把握。

各位读《孟子》的时候，是不是这样的感觉：《论语》也好，《孟子》也好，有相当的一部分，其实是出自他本人，是现场的，因为太有现场感了。他那说话的语气是呼之欲出的，所以大家也不要完全相信今天的某些证据，我觉得它是一个叠加的东西，这是我的观点。

所以中国历史上很多重要的著述其实多半都是集体智慧的结晶，比如说《三国志演义》，现在人民文学出版的书上写着作者罗贯中，这是极不可靠的，为什么？我们知道早期传说为罗贯中所写的本子，最早的刻本现藏大英博物馆，是嘉靖年间的，跟现在的《三国志演义》相去甚远，今天的《三国志演义》主要是清朝的时候，毛宗岗和他的父亲精心修改的结果。所以你要尊重历史，尊重原貌的话，今天的《三国志演义》署名最少应该是罗贯中、毛宗岗，或者是毛宗岗、罗贯中，因为更接近于毛氏的更改。《红楼梦》也是，一般说是曹雪芹，但是你一看脂批就知道，很多个是他一个人写的，有许多人给他提意见，尤其是直言者，说这块你写得不好，这块不能这么写，那块得改等等，可见很多东西不是一个人的。

《孟子》成书以后，最初是作为诸子之书流传的。在"焚书坑儒"的时候，子孟、思孟这个学派的儒生惨遭横祸，但是《孟子》这本书却保留下来了，这个很有意思，也不知道是什么原因。秦始皇建立了一个大一统的中国，他也建立了统治这个国家的一些基本模式。比如说搞一些大工程，统一思想，经常到各地巡视，这些都被后来的统治者所继承，以前并没有。比如说《穆天子传》里面，记载周代的穆王，有点像我们现代的旅游者旅行的时候，坐个马车到处看看。秦始皇就大不一样，他真的是巡视全国。"焚书坑儒"，统一思想，禁止言论。但是《孟子》篇籍得不泯绝，就是残留下来，也算是个奇迹。

到了两汉的时候，《孟子》这本书的地位又有提高。汉文帝曾经把《孟子》立于学官，设置博士，但是不是一般的博士，叫做"传记博士"。我们知道传记是经书的附庸，就像《左传》

《谷梁传》这些，它们是《春秋》的附庸，是用来解释《春秋》的，现在一般把它看成是一本史书，更大的意义上认为都是历史的著述，所谓六经皆史。武帝因为要"罢黜百家，表彰六经"，在文化上非常明确，就跟统治社会一样，他把人分成若干等。这个影响深远，中国基本上社会的制度是秦汉之间定的，毛主席说百代都行秦政治。其实不光是秦政治，必须加上汉代的政治，因为秦政太短，很多实验刚搞就被迫中断了，很多措施不够完善。像"焚书坑儒"，坑一次以后就不好再坑了，为什么？大家特别反感，特别反对，再坑就把自己变成社会的对立面了，所以一般这种利害的事情干一次就完了，不能再干，干一次效果很好，至少弄个几十年大家都很怕你。

把书和思想也分成等级，这符合儒家的观点，天有十日，人有十等。中国立国就靠这个，所以到现在，过去叫领导阶级，人为分成等差，工人阶级是领导阶级，老百姓里面有基本群众，有核心力量，有团结的对象，总之是等差的。但是其实这个不符合孟子的意思，孟子与此完全相反，孟子是主张人性无差异，社会也不应该有差异。汉代只立了五经博士就把传记博士给废了。后来《孟子》又变成了诸子，因为它是诸子，不是经典，所以在汉代的时候，研究孟子的人不多，有关的著述像杨雄的《孟子注》、郑玄的《孟子注》，还有像《孟子章句》这样的，大家可以看这是汉学的特点，汉代的学问主要是这些著述，就是自己不开宗立派，主要解释前人的东西。当然这些解释注入了自己的体会，也有所变化。

韩愈这个人我觉得是今天被大家忽略的人物，他实在是一个很重要的人物，苏轼对他认识最透彻，说他"道济天下之溺"，在道德方面，学统方面，把整个社会的混乱都给纠正过来了，所以他的文章更是改变了八代的风气，这都是非常准确的。如果没有韩愈，很难说儒学能够成为中国思想的主

72

流,因为在那个时候道家的思想、佛教的思想都比儒家更加流行,更受欢迎。文学上面韩愈也是一个极重要的人物,他重申了"文以载道"的思想。我们今天说,文要为国家社会、政治、政党服务,其实就是新时期文以载道的一个结果,从哪来? 不是现在的领导人高明,而是在我们的传统里面,从韩愈开始就有这个东西,所以韩愈的东西很多被人复制。他要复兴儒学,现在我们说民族复兴,"复兴"这两个字也是韩愈提出来的。李杜诗篇万口传,何以如此? 一堆人里面两个人一下冒尖了。你看唐人编的诗,其实不是李杜两个人遥遥领先,尤其不是李白一个人如何如何,但是今天人们看到的,唐代的文学、唐代的诗歌基本上是韩愈奠定的,他说"李杜文章在,光焰万丈长""蚍蜉撼大树,可笑不自量",这个时候就不能轻易去批评李杜了,为什么? 犹如孔孟一样,这是不能碰的,这是权威啊,你要反权威,就是跟大家作对,你就是众人之敌。

清代的时候有个大诗人,一般都叫他王渔洋,就是王士祯。他不喜欢杜诗,但是他不敢说,在外面还要装出一副很喜欢杜诗的样子,言不由衷。他的外甥叫赵执信,以前跟他挺好,后来闹翻了。赵执信就揭发他,说他舅舅居然不喜欢杜甫,好像不喜欢杜甫也算个罪状。这些都是韩愈造成的,所以没有韩愈,中国文化的面貌多多少少是不同的。他如果不力挺孔孟,儒家很难名正言顺地振兴与复苏。所以讲孔子,把孔子说得神乎其神,完全不符合历史事实。到了唐代的时候,信道教的,信佛教的人,一点都不比信儒家的少。

韩愈把先秦的儒家弄了一个道统排列下来,就像刚才我说的几代领导人,这些就是韩愈想出来的。以前仅皇帝有谱系,这个谱系很早。皇帝是按血统来的,记载很清楚,谁生了谁,学术上你不能说谁生了谁,怎么排呢? 但也要把它排成一个系统。这里面韩愈对孟子特别推崇，他说"自孔子没，独孟轲氏之传得其宗。故求观圣人之道者，必自孟子始"。因为孔子的学说只被孟子继承了，所以他觉得孟子最伟大，孟子是最重要的传人，别的都是旁门左道。所以只要是排列这个系统，一定带有天生的，强烈的排他性，只讲垂直的几代，不讲横向的联系，这是中国人非常大的一个问题，这个问题也是从韩愈那儿开始的。

儒分为八，只有孟子是正宗，其他都是旁门左道，所以他认为孟子在儒家的功劳不在大禹之下，孟子就是儒家的大禹，太伟大了。韩愈这个人非常有意思，他经常说一些大言奇事之谈，不幸的是这话基本上都被后人全盘接受过来，所以中国的历史非常有必要做一个认真的清理，还原历史的真貌。

到了唐代以后，孟子的地位开始有变化，这是韩愈鼓吹的结果。但是韩愈的思想在当时影响也还是有限的，思想很像是山谷里的回声，开始喊它一嗓子，传得不远也不大，若干的振荡以后，它才成为丛山里面回荡不息的共鸣，韩愈的思想就这样。韩愈的价值在古代，特别是在北宋前期被大家承认，一度也被当做偶像。北宋最崇拜的就是韩愈，文章道德，都对他崇拜极了。

《孟子》在宋初五代的时候，就被列为十一经中的一经，那就是经典了。北宋神宗熙宁四年(1071)的时候，《孟子》一书第一次被列为科举考试的科目，这个了不得。中国读书人是社会的特别阶层，这是各国都没有的，就像中国人看泰国也觉得奇怪，和尚是一个社会阶层，这个中国人觉得很难理解，说怎么有这么一个阶层？中国就是士农工商。读书人是一个特殊阶层，外国人觉得很奇怪，怎么有那么多人不事生产，专门读书，奇怪，这就是中国特色。读书要考试，考试有一个范围，凡是纳入范围的那就了不得。比如说唐代的时候，最重要的考试书是《昭明文选》，这本书在当时的地位了不得。到了宋代人们还说"《文选》熟，吃羊肉；《文选》生，吃菜羹"为什么？你把这本考试书读熟了，就能够升官发财，改善生活，出人头地；你要这本书读不熟，考不上官，那就一辈子受穷。将《孟子》列入考试科目非常关键。很多东西带有惯性，一开始的时候可能是偶然，但一旦加入进去以后，就不容易改变。所以事情一旦成了，再改就很难，要改变的事情多半是发生在萌芽状态。那么《孟子》这本书列进去考试科目了，后边你要再把它拿出来就很难了。

北宋元丰六年（1083），这是苏轼、王安石的时代，孟子首次被官方追封为"邹国公"，这和当<del>于</del>我们今天说的政治待遇，你光有书了还不行，还要有政治待遇。我们知道孔子的政治待遇最高，他是以文人而封王，所谓"文宣王"。又承认他是大家的老师，"至圣先师"，所谓万世师表，又是王又是师，所以独一份。孟子没那么高，但是也是个公，第二年就是元丰七年，他进了孔庙，再以后呢，朱熹将《孟子》和《论语》《大学》《中庸》编成一套书，叫做"四书"。过去的时候，四书的地位实际上比五经高，为什么？四书比较简单，比较薄，比较容易读。古人读书，大体是从《千字文》《三字经》《千家诗》这些开始，然后接着读的多半就是四书，再往后才是五经，所以《孟子》的普及性在宋代由此而来，它的政治地位、文化地位都提高了。

<del>元津演讲录14</del>

元朝的时候虽然对儒学态度不是那么积极，但是也参与了对孟子的评价，而且至关重要。元代孟子有一个关键的变化，被封为"亚圣公"，这和唐代的韩愈遥相呼应，算是承认了其地位。在官方系统里面，孟子仅次于孔子，所以后边才叫"亚圣"。

明朝的时候朱元璋在编撰《孟子节文》的时候，翻译成现在的话就是"孟子选集"，虽然删掉了一些文字，但是总体上他还是承认，官方承认，孟子仅次于孔子，是所谓的"亚圣"。

从汉代开始，研究《孟子》著述的人应该说代有其人，说代不乏人可能有点夸张，我想大概最准确的就是代有其人吧，不是特别多。宋代以后著作数量增加了，总体上大概超过千种，但是最重要的，阅读量最大，被认为最权威的其实还是三种：一个是汉人赵岐的《孟子章句》，一个是宋人朱熹的《孟子集注》，还有一个是清人焦循的《孟子正义》，这三本书最受大家的推崇。《孟子章句》是首开其例，《孟子集注》被认为是权威的注解，官方的注解，考试标准答案。要考《孟子》，说这句话对还是不对，解释发挥得合适不合适，你得跟《孟子集注》作对比才能知道。《孟子正义》更多的是体现了清人的学术成就，比如说文字的校正、含义的阐述、音读的核准等等，那就要看《孟子正义》。

还有两本书，一是《孟子注疏》，宋代人的，和清代人的《孟子赵注补正》，也比较流行。因为的确做得比较扎实，有自己的见解。现代研究《孟子》的学术著述，我想推荐两本书，一个是近现代杨伯峻先生的《孟子译注》，他同时也是《论语译注》的作者。杨先生是一位古文根底深厚，著述注释扎实可信的学者。

关于读书，孟子的话确实有道理，"读其书不知其人可乎"？读书首先要看谁是这本书的作者，如果这个人本身没有很好的学问基础、教育背景、做学问的经历，那他的著述不管是不是轰动一时，都是值得怀疑的。杨先生和刚才说的李零先生我认为功底是很扎实的，为什么？作者本人通古文，对古文字有精湛的了解。一般的人古文还读不通，你说你篡讲《论语》《孟子》，可能吗，那就是以己视人，想怎么讲就怎么讲。没有节制,天马行空,那恐怕不是真孔子真孟子,而是你想象的杜撰的《孔子》或者是《孟子》。所以杨伯峻先生所著,中华书局出的这本《孟子译注》,我觉得,大家要真想了解《孟子》的话,可看此书。

还有北大中文系的董洪利先生。董先生也是研究古文献出身,讲古书要有基本功,那就是能读古文。今人觉得古文从字形、字义到字音,其实都和我们如今的现代汉语有很大的差异。我们不能够以现代汉语去解读两千多年前的古文,那么本身具有这方面专业造诣背景的学者,往往可信,当然扎实的东西一般都很难哗众取宠。不过它也经常会流传比较长久。

其实今天讲不完。我把孟子的思想里面最重要的两个内容再给大家做个介绍。孟子之所以成为孟子,是因为他有自己的特点。班固说儒家的特点就是祖述尧舜,宪章文武,然后宗师孔子,就是以孔子的思想为基本思想。这些基本上概括了儒家特点,也道出了儒家之所以很难有大进步的问题,但是我觉得孟子不在此列,虽然他自己也说"自生民以来,未有盛于孔子也""乃所愿,则学孔子也"。就是强调没有比孔子更伟大的人,我平生最大的志向就是学习孔子。人的主观想象和他的实际作为经常是有距离的,就是你想做的事和你实际做的往往不一样,孟子也是这样。他不过是想师法孔子,而实际上我觉得是有所变化有所发展有所丰富的。《孟子·滕文公上》这篇里面提到孟子是"道性善,言必称尧舜"。就是他经常说性善,而且经常以尧舜作为说事的根基。这里的"性善"两个字,后人叫做性善论,其实就是孟子对儒家一个最重要的发展,也是他对中国文化一个最重要的贡献。中国之所以成为中国,东方文化有别于西方文化很重要的在于这两个字。比如说基督教跟我们的文化就完全相反,它相信人性本恶，因为恶，所以需要有法律、制度各种规范来修正来引导来约束。因为相信是善的，中国（文化）认为道德的力量所向无敌，不需要那么多其他的东西，直到今天我们还相信我们这个国家最需要的东西是社会主义核心价值观。何以如此？皆与孟子有关，所以这个人了不得。

我们知道孔子的学说是以仁为核心的，《论语》中谈得最多的就是仁，后来的人把它归结为四个字，叫"仁者人也"。仁就是人，回归了人的本意就达到了仁，但问题是仁到底是什么？孔子没有深入系统地论述，孔子也算开了中国模糊文化的先河，我们很多东西都是模糊的。"道可道，非常道；名可明，非常名"，那道是什么？道可道非常道，名可明非常名，你弄不清是什么。就跟我们今天说，建设有中国特色的社会主义，什么是有中国特色社会主义？我们说摸着石头过河，说已经摸到很多很大很圆的石头，那为什么要摸着石头过河呢？这就是有中国特色的社会主义，可为什么叫有中国特色的社会主义？还是摸着石头过河。不怪今人啊，其实从孔子开始，中国文化就是这样，他讲仁讲了很多，但到底仁是什么？后来庄子开他的玩笑，说仁或者道这种高尚的东西无处不在，最下贱的所在就是在屎和尿里边都有。这种现象是中国文化的一个特点，就是模糊，但是模糊也使得我们的文化比较有弹性，能够变化。

《论语》里面说到仁的时候，最核心的一句话大概就是"性相近也，习相远也"。所以孔子的弟子子贡就很感慨，他说"夫子之言性与天道，不可得而闻也"。说老师谈到性和天道的时候，性就是人的本质，实在不知道，弄不清楚，很有意思，这种话都是中国人最喜欢说的。《史记》里面讲，孔子到洛阳去问学于老子，问学完了以后的感慨和这差不多，说老子那是云中之龙啊，见首不见尾。那到底学的什么，云中之龙啊，神秘得很。

我觉得孟子对仁的探索和认识，其实是基于他对社会、政治、经济、历史理念的认识，很显然其视野比孔子要大要宽广。当然大方向是孔子定的，但是孟子的特点是他不光顺着孔子的眼光，他还环顾左右而言他。他要环顾左右，看了更多的东西，尤其在看人的上面，他觉得他发现了一个最基本的东西，就是人性本善，他特别注重与强调这个，也唯此来构建他整个的学术。人性是本善的，而且人应该有一个好的生活，再把生活制度化，这样的话人才能把本性善的一面全部发挥出来。

宋代有一个著名儒生叫程颐，说"孟子有大功于世，以其言性善也"，这个看法就比韩愈更进了一步。韩愈说孟子重要，怎么重要并没有提。中国很多过去讲理的文章其实是不讲理的，不讲逻辑，总之是重要，但是后来慢慢地就充实它了，把它细致化了。所以胡适说研究应该大胆假设，小心求证。我们中国古代虽然不讲这种科学，但是基本的思维模式还是一样的，首先说重要，慢慢落实到怎么重要，怎么重要呢？因为他主张性善，这是他思想的核心。程颐、程颢是哥俩，他们对儒学也有重大的贡献，眼光敏锐，不光看到了孟子最重要的贡献是什么，而且看出孟子这个人，在气质上就不同于孔子。说孟子有些英气，英雄之气，我认为这点讲得特别对。

我们今天说的"一往无前""勇于献身"，这样的东西其实都是出自孟子，而不是出自孔子。孟子说"志士不忘在沟壑，勇士不忘丧其元"，这样的话在他之前没有人讲过，在他之后被认为是很高尚的精神境界追求，所以这个人不一样。当然他还是一个中国人，在逻辑思维的严密性和概念的争议性上，中国的学者都较差。孔孟跟亚里士多德和柏拉图比，一看就知道，差距很大，但是差距不妨碍他们都是影响了各自的文化,都是伟大的人物,只是思维的方式、内涵不同。

孟子最早提出来"人性本善"的命题,理由很简单。他说你看水都是从高处往下面流,所以人性就是善的。你一听就知道这话不能成立,水往下流,跟人性善和恶有什么关系?可见中国的思维很多没有逻辑性,但是很少有人考虑这个,所以中国的特点就是这样的。就跟过马路是一个道理,中国人过马路其实是中国文化最彻底的表现,有一个人跑了,大家觉得跟上,他为什么跑,合适不合适,没人想过,总之有人带头大家就去跟,有人提出来,大家就去信。但是不能说孟子完全没有推理,孟子也有推理,他的人性之善是天生存在人体之中的东西,是一种叫不学而能的东西,因为不学而能,他把它称为"良能"。因为是不虑而知,就是没想过就知道,没教过就知道,他叫"良知"。"良能"这个词现在已经提的不多了,"良知"迄今广泛引用。孟子在他的言语上也深刻和长久地影响着我们。用现代科学技术的办法,各位你们的孩子辈里面,如果有这方面的兴趣和技术的话可以做做,就是在《论语》和《孟子》里面搜查,看哪些词到现在还广泛应用,两本书哪本用得较多,我相信至少是差不多,而且我更偏重于《孟子》多一点。孟子的思想和一些概念的影响绝不亚于孔子。

"良能"和"良知"都是超越人的出生经历和社会地位,为所有的人天然具有的,与生俱来的。因为是所有的人无不具有的东西,有的人强调个别,强调特殊,有的人强调普遍,强调共有,孟子偏重于后者。所以现在我们说推而广之,有一种东西叫普世价值,有没有?见仁见智,但是我们可以说类似的思想从来就有,而且我觉得更加基础。比如说人,人都特殊,那这个病没法治,但是你要说人都不特殊,全一样,那也没法治,所以既要讲一般,也得承认特殊。孟子强调的是一般,这个一般讲得非常的有意义,为什么?在那个时代人们几乎不讲一般,只讲特殊,人和人天生就有等级,而儒家讲的思想就从这个等级的社会里面生出来的,因为有等级且每个人都要承认这个等级,安于这个等级,维护这个等级,所以有了"君君臣臣父父子子"。

孟子的伟大之处就在于,他认为等级虽然有,但是也要承认还有普通,有一般,人无有不善。人都有良知,而良知、良能就是善,人性普遍就是善,为什么呢?孟子讲就像水从高处一定要流到低处,这个证据实在不足,但是观点非常有意思,因为立刻给了人一个道德上的确认,就是人这个东西就是善的。他要想证明这个,但是我说逻辑思维不是中国人擅长的,中国人擅长的是整体的感觉和类比的推理。

在我读大学的时候,当时我是中文系的学生,哲学系有个老师叫朱光潜,是个美学家。这位老先生我至今记忆犹新,因为他很特别。他那时候大概年近八旬,每天围绕着当时的图书馆跑步,他跑步非常有意思,只是双臂跑步,其实下面在走路。我从来没有看过那样跑步的人,我非常好奇,后面看他的书,知道他强调美学是有共同的标准的,审美在上面有共同的标准。我就觉得这个朱先生表面上师从的是克罗齐,一个意大利的美学家,而实际上思想的来源大概是中国的孔孟。他也引用过这句话来证明,其实这句话不能证明,我觉得。因为有例外,他说人对味道、声音、美貌,都有共同的标准,其实后来中国人证明这很不一样,东西南北口味都不一样,对于音乐的审美也不一样,对于异性也有很多个体的差异,所谓情人眼里出西施,但是孟子就拿这个来证明,人,凡是人,他都有一个共同的取舍的标准,人心相通。为什么人心相通呢?因为心里面都有一个东西,这个东西叫礼义,孟子这个学说后来就发展成中国古代的所谓心学一派,特别强调心的作用。

心是什么呢？心是一种道德，伦理的框架，就是理。心里面有一个东西叫礼义，人都有这个东西，所以人心具有同构性，而这种同构性决定了人和人不光是同质的，而且皆备向善的本能。

这个论述的过程，确实有毛病，但是它表达了一个很重要的观点，这个观点是后来的社会基础，那就是人人平等。我认为孟子的思想最重要的，它何以能够从性善走向人本？就是因为他相信人人一样。虽然看起来很绝对，但是这里面包括了一个社会最大的公平，那就是没有人是特殊的，人人皆可为尧舜，这是他很著名的一个论题。

他说什么叫"良知"和"良能"，"人知所不学而能者，其良能也；所不虑而知者，其良知也"。然后就拿小孩举例，"孩提之童无不知爱其亲者，及其长也；无不知敬其兄也"，就完成他的证明了，说这两个都是存在的，你看小孩都爱他的父母吧，"亲"就是父母的意思，等他长大了，都知道尊敬他的哥哥吧，所以证明，这都不用教育，天生如此。我要是生活在孟子的时代，就得问他，那是否只是人有良能、良知？我看他怎么回答，他要说对，那我说犬亦有之。如果养过狗就知道，小狗无不知爱其亲者，及其长也，无不知敬其兄也，一样的，为什么？兄的力量大，它自然害怕；爸爸妈妈养着它，必须亲，所以这个论证的过程很疏漏，但是思想的结论我认为非常有社会的意义。

他又说人为什么是善？因为人皆有同情弱者同情苦难的本能，不同于孩子，中国后来把它翻译成赤子之心。什么叫赤子之心？就是有孩子般的纯真，那个赤即刚刚生下来的孩子全身颜色。用大人举例也可以，大人也是很好的，为什么？大人都同情弱者，同情苦难，这个心和良知、良能一样，同等价值,叫不忍人之心。什么叫不忍人之心？他说你看现在的人这心都有,他只要看到小孩掉进井里边,心里会不安,想去帮他一把,说这个心不是想结交,结识孩子的父母,也不是想在邻居那儿弄得一点声誉,更不是因为讨厌他掉进井里边发出凄惨的呼救而来的,不是因为别的,就是有一种心叫不忍人之心,觉得和我是一样的人,那么惨,那我必须得施以援手,所以这个不忍人之心非常重要,如果我们把它发扬光大,足以保四海。成年人如果缺少这个,那就不足以事父母。总之,无论对国家对社会,这种不忍人之心极其重要。提升一点,就可以治国平天下,收回来一点,集中一点,家里面就能够有孝子贤孙,可以享天伦之乐,所以人皆有这种不忍人之心,关键在于你如何去发挥它,如何去提倡它。

孟子相信这些,就好像我们现在相信某种观念或者扩而大之的一种道德,能够挽人心于涣散,救国家于混乱。两千多年,此心不变,我们很难说这到底是进步还是停滞,但是不管怎么说,我觉得这就是中国。时间的关系,今天就先讲到这里,谢谢大家!

贺云翱

六朝历史与文化

　　贺云翱，南京大学历史系教授、博士生导师，南京大学文化与自然遗产研究所所长，南京大学南京历史文化研究中心主任。主要研究方向为：考古、文物和文化遗产研究。兼任国家文物局三普家库成员、科技部国家文化科技创新工程专家库成员、中国考古学会三国两晋南北朝隋唐专业委员会副主任、江苏省古陶瓷研究会会长、江苏历史文化研究基地首席专家、江苏省文物保护和非物质文化遗产专家委员会委员、《大众考古》杂志主编等。著有《六朝瓦当与六朝都城》《紫砂大师访谈录》《中国金银器》《帝王陵寝》等。

今天的题目和南京有关,也是我自己的一个研究方向。当时在做这个题目准备的时候,想到它不是一个非常狭窄的,而是面对多学科或者多方面爱好的人士来交流的一个题目,所以可能做的不是太全面。如果有考虑不到的地方欢迎诸位指出。也许今天来的各位都具有相关的知识储备,应该讲是准专业人士,也可能有些是非常专业的人士。我们知道在汉唐之际的公元3到6世纪,中国是一个分裂的时期,这个分裂的时期在史学界以前给它定名为黑暗的时期。所以在长期的历史学的研究中间对这段时期的评价是很低的,因为它前面是强盛的汉朝,后面是繁荣的唐朝,中间正好夹着这一段分裂的时期,所以过去的评价很低。但是改革开放以来史学界逐渐地认识到中国历史运动的复杂性和文明运动机理的复杂性,人们逐渐地重新来看待历史,看待这一段时期,这样就有一些新的想法。所以我今天讲的实际上除了我本人的研究之外,也吸纳了国内其他方面的一些专家的成果,我对这些专家表示感谢。

一、"历史"和"文化"的意义

整个讲座我分成了几个小的部分,考虑到这个题目,以及今天各位来宾身份的复杂性,我也会讲一些基础的知识。第一个是关于历史的问题。我想文津讲坛偏重于对中国历史和文化知识的探讨交流,应该是有它的原因的。许多著名的学者,对历史学的评价都是非常高的。从马克思、恩格斯到法国一些著名的历史学家,大家都认为历史学对当代生活,乃至于未来的发展都有至关重要的作用。我自己也是搞历史研究的,所以深深地认识到历史学在现实中的意义。它的意义在于除了我们研究的大的历史运动规律之外,还包含了人类的文化史、生活史、环境史等等,以及世界自然科学涉及的一些人类历史问题,所以在经典著作中对它的评价很高。这是我要说的第一个问题。

第二个是关于文化的问题。对于"文化"的解释非常多,有400多种。因为它现在的使用率很高,又有太多的解释,所以我给它总结了一下,把它归成三类。第一个是关于人类生活基础的文化,第二个是关于"知识"的同义词的文化,第三个是作为社会实践层面的文化。在这三个文化里面,我们能看到,其实人类生存的主要状态跟文化息息相关。在自然界的各种生物之中,其他生物都没有文化,只有我们人类才有。因为这个原因,文化就成为我们人类很重要的创造物、生成物,以及推动社会发展的一个基本要素。关于文化,由于解释太多,我自己在参照一些专家意见后,做了一个模型,这个模型非常的有意思。它是一个多层的结构,这个结构过去有专家做过,即精神、制度和物质三种形态的文化结构,但是我在中间加了一个要素就是"人"。因为过去的文化模型,西方学者做的,它中间没有"人",我觉得这样的一个文化结构没有揭示文化的本质和文化与人之间的关系,而加入"人"的一层,而且是核心层,就变成一个四层次的结构模型。

这个结构模型有几个意义,第一个是它揭示了"以人为本"的原理,我们现在讲的一种观念或者政治理念叫"以人为本",实际上我们应该从更深层上、从科学上揭示"以人为本"的科学原理。从文化的四个同心圆结构上,我们能看到它的

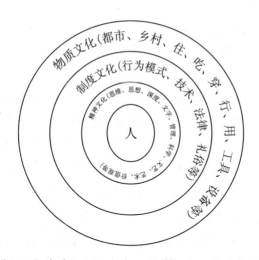

核心就是"以人为本"。过去有一种说法是"劳动创造人",实际上这个在科学上是很难解释的,应该是"人创造劳动",因为只有有了人,才产生了劳动的行为,才能产生文化。那么当然反过来劳动和文化也进一步地成就了人。所以我想这个模型是有助于揭示上述观点的。第二个就是文化分层的关系,因为我们一般会认为物质决定精神,实际上它们不是这种简单的关系,它们有彼此的关联,由内及外的一个结构系统和运动系统。也就是说不管是一个人或者是一个组织、一个国家,它只有这四层同步发展,才是一个和谐结构或者说才是一个科学结构。所以分层有利于我们在社会实践中来认知人类的不同的文化系统的彼此关系。第三个方面就是精神文化。刚才我们说人、精神文化、制度文化、物质文化,是这样的一种关系。那么这样的一种关系出来之后,有助于我们来了解文化在整个系统中间的位置。我们过去一般谈物质的时候是一个模糊的笼统的物质,在这个结构里,我把物质分成了两层,一个是自然物质,一个是文化物质。自然物质决定了人的意识,因为人本身就是自然的产物,人的意识也是在这种进化中间产生的。而人类的文化物质不是物质决定的,它是由人的意识决定的。因为我做考古学研究,知道第一把石斧、第一件陶器、第一间房屋、第一座城市的重要性。但不是先有了这些物质才产生了关于石器的、陶器的,关于城市的意识,而是脑子里面先有了石器制作的模型,房子制作的结构要求、材料要求、设计要求,然后才把房子盖起来的,所以笼统地讲物质决定意识,我觉得在文化上面是很难解释的。从刚才这个模型图上,我们可以重新来认识物质与意识的关系,把它分得更细,层次分得更鲜明,这有助于认识我们人类自身,认识我们的创造活动,认识我们未来发展的动力,这是第三个方面。当然文化因为人类所处的时间、空间、生存需求或者社会身份的不同而呈现出它的多样性,比如它的内涵结构,就是我们现在讲的文化多样性。要尊重文化多样性、文明多样性。那么它背后的多样性是哪里来的? 就是说它背后应该有一个运动的机理,比如我们今天讲六朝文化,它也是在特定的时间、空间以及很多的要素的主导下而生成的,这就是我们要了解为什么讲六朝不是一个黑暗的时代,而是另外呈现出来的一种文化状态,我主要还是从理论上面来做一个铺垫。正是因为多样性的文化的交流、分享和融合,推动了文化的持续发展,不断地提升我们的文化创造力。

现在有一些学者提出来,说历史学或者人文学科不像自然科学的研究,许多事物是由偶然性决定的,这个也是我们在历史学中间要研究的问题。我们认为偶然性确实是存在的,经典作家也讲过,但是偶然性是一个起点,必然性才是一个结果,就是说历史仍然会呈现出它的规律性。关于这个问题我们在大学的讲台上面经常会有两种观点,有的讲偶然决定了一切,有的讲规律决定了一切,大家会争论。总体上来讲在历史的长河中,我们每个人的生命,哪怕活得再长也就

100 多岁，所以我们是有限的，但是我们总是想掌握自己的命运来预测未来的发展，了解自己深层的发展动力。这样一来，就要突破个人生命的有限性，掌握无限性。那么，历史科学可以帮助我们延长我们的"寿命"，延长我们认知的领域，如此我们就可以从长时段、大空间上面去考察民族、人类和国家的命运，所以它是有自己的一些深层的作用。

那么历史与文化是什么关系呢？六朝的历史与文化关系如何？实际上六朝的历史与文化和其他朝代的历史与文化是一样的，它既是一体的，也是相分的。比如我们现在讲的历史，其实都是过去的事情，今天大家在这里听讲座，到明天我们今天的活动就变成了历史。但是文化不是的，今天我们听完了，它是变成了历史，但是我们今天交流的思想、看法，明天会活下去，后天也会活下去，也许会活很长很长时间，所以文化既是过去的又是现在的。历史是由时间构成的，它在流淌，但是文化会不断地传承到未来，滋养着人类，进入当代，也进入未来。六朝的历史文化也是这样的，我们今天讲"六朝历史"，大家听到的这些知识或者看到我带来一些文物图片等等，大家觉得这都是过去的东西，今天变成文物了，但是很多的"六朝文化"保存在我们今天和未来之中。所以我们研究历史的时候，实际上不仅仅是关注历史，还有文化，因为中国的历史更多的是一种"王朝史"，王朝会更替，但是文化不会，整个的中国文化或者说中华文明，它是由大家共同创造的，不断连续运动的一个"文化生命的共同体"。我们今天讲到认识中国，认识中国的现代和未来，其实一定要从文化上出发。这就是我们讲的历史与文化之间的关系。也是我要和大家说的第一点。因为时间关系，我们不再展开讨论了。

二、中国历史与文化发展的若干特点

我们今天在场的人过去可能听了很多讲座,或者在研究中知道,古埃及、古巴比伦、古印度、古中国、古希腊罗马等这些伟大的古代文明,有的消失了,有的转型了,有的一直保留到今天,比如中国就是如此。我们经常会看到很多学者在研究,为什么中华文明有如此强的生命力?我们不断地遭受到各种灾难,但是不断地传承下来、延续下来,它的运动机理是什么?国际国内的很多专家都在这方面写过文章,却没有一个定论,所以大家可以继续探讨。

我在思考这个问题的时候,写了四个方面,当然还有更多的方面,很多专家,大概可以写出20多种。我想到的四点,第一个是"分合交替"特点,第二个是"多文化板块兴衰互补"特点,第三是"雪球式逐步融汇发展"特点,第四个是"政治统一性和文化多样性共生"特点。每一个特点其实我们都可以把它做成专著来研究、来探讨。

下面我就举两个例子来说明一下。诸位知道《三国演义》里讲"分久必合,合久必分",这是一个古训,其实也是一种规律。我刚才讲过,我们今天谈到六朝的时候,一定会涉及这个问题,这是一个非常特殊的时期,那这个时期我们怎么看待它呢?为什么会发生呢?比如讲中国历史上"合"的时代,像西周,它实行分封制且是中国历史上第一次统一的王朝时期。很多人把第一次统一定成是秦朝,我自己是不赞成的,我认为中国的统一时间要向前推,第一个统一时期实际上是西周,它通过分封制,建构了第一个"大中国"。那是一个非常有意思的体制,我们过去研究更多的是皇权专制的秦朝统一体制,实际上秦以前还有一个分享体制,即权力分享的统一体制，由于学者们不去研究，我们对其有所忽视，实际它是非常值得研究的。然后是秦汉时期、隋唐时期和元明清时期。我们有"分"的时代，比如春秋战国，大家都知道，那时有"春秋五霸"、"战国七雄"等等。还有三国两晋南北朝，就是我们今天讲的所谓的六朝。之后五代十国、两宋，再从民国到今天。我们知道台湾今天还没有完全统一，香港和澳门回归也是到改革开放以后。所以这种"合"和"分"交替出现在中国的整个历史体系中间确实构成了一个规律。我们都是中华人民共和国的一员，都赞成统一，"合"当然是最好，但是从历史上看我们也不怕"分"。我们这个民族有足够的耐心去创造和迎接"合"的时代，因为分有分的机理，合有合的动力，如果达不到要求，硬去强求，那可能会造成灾难，它背后有一个大的运动体系和过程。所以我们要有耐心，"合"创造了汉唐盛世，但是"分"也不都是黑暗的，比如"百家争鸣"就是春秋战国时代的，"六朝风流"就是我们今天说的，还有两宋的繁盛等等。由此，我们就可以更好地评价我们中华民族、我们中华文明运动的机理，客观地去看待每一个时代和各种力量在这个过程中所产生的作用。用一种更包容的、更宽广的胸怀去面对各种各样的力量，面对各个历史时期，我觉得这是一个科学的态度。

这是我要讲的第一个例子。第二个例子是我自己有一个观点，多年之前，我说我不太赞成中国文化的一元论，如认为黄河流域是中华民族的摇篮，是中国文明的摇篮，这个观点我们不赞成，考古学界的专家，比如苏秉琦先生，他早就提出了中国文明起源的"满天星斗说"。我自己在研究的过程中间提出"四大文化板块"理论，认为中华文明主要是由草原高原文化板块、黄河文化板块、长江文化板块和海洋文化板块构成的一个巨大系统。我们知道中国是欧洲几十个国家的大小,这样的一个国家不可能把它看成到处是一个样子的,如果看成一样我们是要犯错误的。无论是在看待历史或者看待现实的时候,假如说到处完全一样,我们肯定是排斥了多样性。四大文化板块的多元共生、多元互补,它们这种多样性和丰富性以及它们彼此的碰撞激荡、融会贯通,我认为中华文化没有断裂其中很重要的一个原因,就是我们有不同的文化板块在不同时代进行着运动。把它做成一张图,我们马上就会看出来,四大文化板块里面出现了六大古都,原来史学界一直讲中国有六大古都,最近几年又添了一个,七大古都,就是把安阳(殷墟)给放进来了,但是从历史上看,实际上主要是六大古都。六大古都分别在不同的文化板块里边,比如说我们的首都北京,它是在草原高原文化板块里面诞生的都城。有一些朋友曾经问过,今天我们北京怎么会是这样一个地方? 我说我们写的是历史,我们研究的是历史,因为在北京定都最早的是契丹族,是辽,后来是女真族,是金,然后是蒙古族,是元,最后是满族,是清,中间夹了一个明朝,但是明朝的开创地是在南京,是永乐十九年才从南京正式迁都到北京,所以它算是在另外一个体系里成长起来的王朝文明体系。当然,黄河流域的西安、洛阳和开封,都在黄河的南岸,它们就构成了黄河的板块,也是非常伟大的三座古都;还有长江流域的南京和杭州;海洋板块有没有呢? 也许将来是台北,我觉得在海洋板块中间,它是曾经做过地方政权的一个"都城"。

今天我们在探讨中华文化、中华文明时,非常的自豪,因为我们不是用政治的东西去评价它们,而是站在长时段和一个大空间范围内,评价我们的大中国我们的中华文化,此时我们就会觉得,心里产生了另外一种自豪感。所以我们不会为它去忧伤什么,而是去探讨如何在这种大的文化板块中间构建发展我们的文明体系。

当然，我是一个做考古出身的，那我在讲这四大文化板块的时候，主要还是用科学的材料来证明，因为这些文化板块早在七八千年前，甚至于更早的时代，就已经开始孕育自己文化板块的内在的运动体系。我现在讲的这个部分是比较专业的，但是如果今天在场的有在这方面做过研究的同志，大家一看就知道了，北方的草原高原板块，它是怎么一步一步发展起来的，黄河板块是怎么发展的，长江板块和海洋板块是怎么发展的，所以现在中国的钓鱼岛问题包括南海问题，实际上从另外一个角度看，就是我们过去长时间没有研究的海洋文化板块。过去一讲中国人就是黄皮肤、黄头发，好像黄土高原上长起来的，这是一种误解，其实是不同的文化板块逐步发育成我们整个的文明体系。而且我们回顾历史，中国古代历史上几次文明高峰，基本上都是多个文化板块碰撞交融之后的产物，它不是一个单一运动的产物，比如我们现在讲的夏、商文明，实际上夏、商文明不是单一的内涵，秦、汉文明更不是。诸位知道的汉代文明实际上包含有大量的长江流域的楚文明，因为刘邦上台之后采纳的就是道家的一些东西，如南方的"无为而治"，这些构成了汉文明中间一个非常重要的部分。隋唐文明也是，陈寅恪先生研究隋唐文明制度史，他认为在隋唐制度里面有大量南方的，即南朝的制度体系，包括像唐代的三省六部中的三省体制，隋朝开始的科举制，它们的根源都可以追到南朝去。两宋文明也是一样的，五代十国中有九个国家在南方，很多南方的文明融会到北宋文明中间，明、清、民国的文化也同理，如果说我们来谈中国的文明板块运动，就涉及这些。

我还做了另外一张图，这张图是非常有意思的，它是由北京、西安、南京构成的一个正三角，我们知道正三角是一个最稳定的结构。在这样一个最稳定的结构里边,分别把大西北、大东北和大东南地区整合在一个运动体系里,我们会看到为什么在某一个时期首都一定要在这个城市,一段时期首都会在那个城市,然后又会到另外一个城市,实际上背后是由非常大的运动机理决定的,并不能说是某一个人的选择,或者某一个王朝的选择,实际上这个决策的过程背后有着深刻的依据,而探讨这种依据及中华文明核心区运动的背后原因,会给我们很多的启发。

中国的四大文化板块、六大古都、三大门户城市,是中华文明的一个内生结构,我们有几千年或者说五千年文明,有更加久远的文化发展体系,现在考古学已经把中国包括农业的诞生,包括更早的走出非洲的那批现代人的祖先,至少追溯到大概五六万年前,那时这个文明的根系就在中国的这块土地上生长,之后不断地繁衍发育。从中国的大格局上说,长江流域,即我们今天讲的六朝一带,和我们北京的朋友们谈六朝,实际主要还是关于中国南方的一个问题,在六朝时期,长江流域和南方地区经过深度地开发,产生了很多新的气象,为后来隋唐统一国家的诞生创造了基础。

我们想象一下等到台湾统一,港澳台地区全部融入到我们的文化体系中间来,那个时候才是中华文明繁荣时期的到来,将会诞生一个更加繁荣的时代,今天实际上我们还在迎接这个时代,还在做准备。也就是说回过头去看这个时代的时候——六朝时期,我们才会获得这种历史的启迪。

六朝之前,整个中国的政治、经济和文化中心确实在黄河流域,都城长期在西安和洛阳之间横向摆动,从夏、商,到西周、东周,然后到两汉,一直在这两者之间变换。到了东汉晚期的时候,主要有两个原因,除了东汉王朝本身存在的衰弱原因之外,有人说还有气候的原因,说是进入了一个干旱期,草原民族要向农业民族居住区推进,占有农业民族的生活空间。当然无论是多少原因,总体上政治的动乱是重要因素,以及北方的草原高原文化扩张、南进,这个时候黄河流域就走向衰落了。如果我们是单一文化的话,当时中国文明就要断裂,因为出现了所谓的"五胡乱华"(匈奴、鲜卑、羯、氐、羌),如果没有长江流域,没有另外一个文化板块来支撑我们中国文明的继续发展,肯定会产生另外一个结局。但是非常幸运的是,此时南京的地缘优势得以展现,产生了一个东吴,然后接着是东晋,整个南方产生了一种新的格局,整个中国也是如此。因为我们会发现,今天可能在场的很多人都知道丝绸之路,一个是陆上丝绸之路,一个是海上丝绸之路,首都一旦到北方,大家重视的就是陆上丝绸之路,但是一到南方,马上海上丝绸之路就兴起,整个的海洋文明和南方文明就会兴起。因为如果人长期生活在洛阳和长期生活在上海或者广州,看问题的方式是不一样的,从实践层面讲,它的运动体系是会不一样。

正因为如此,我们此时看待六朝,看待以南京为中心的这样一个时代,就会有一些新的想法。特别是从南宋开始,黄河流域完全进入了衰落期。一个都城必须要有强大的背景,包括地域背景、经济背景、文化背景、军事背景等等才能繁盛。这个时候我们就会发现,中国的大格局从以前由西安和洛阳为主导,变成由南京和北京来主导。

比如我们知道南宋的时候,北方的政权是在北京,南方是杭州(是首都),南京是留都。到了元朝末年,朱元璋在南京建立了政权,最后建立了明朝,半个世纪以后,在北京做燕王的朱棣先在南京登基,这是一段非常跌宕的历史,永乐十九年首都迁到了北京,但是迁到北京之后,他仍然保留了南京的部分政治职能,没有改变南京的名称,而且还设立了"五府六部"一套中央机构在南京,一个是北直隶,一个是南直隶,以两个行政中心来支持两京之制,而且两京之制有着实际的运作体系。

1840 年后鸦片战争签订了《南京条约》,五口通商,中国开始走向开放。虽然这是一个屈辱的条约,但毕竟代表着中国近代的开始。那个时候政治中心在北京,而中国最早的一个"开放"条约是在南京签订的。然后就发生了太平天国起义,在南京建立了首都,名为"天京"。当然太平天国存在很多问题,比如很快就腐败了,但它在清朝后期的变革中间发挥了重大的作用,像李鸿章、曾国藩、左宗棠、沈葆桢,还有林则徐等等,这一批后来推动中国"改革开放",推动中国工业化的"洋务运动",整个清朝后期的所谓"中兴"阶层,大都是在南京,在两江总督府里走出来的,而且他们基本上是在镇压太平天国中间,在湘军和淮军中间成长起来的。所以这个时候南方代表了中国一种新的力量的诞生。

到 1911 年,孙中山先生在南京宣布推翻了封建帝制,建立了亚洲第一个资产阶级民主共和国,时间很短。北洋军阀统治时期,袁世凯在北京建立政权,到了 1927 年北伐成功之后,首都又从北京迁到南京,最后到 1949 年我们新中国在北京诞生。这段时间共 581 年。如果说我们把它延伸到金的时代,当然就更长了。在这个时间里面,北京和南京这两座都城主导着整个中国,影响着国家的政治格局、民族命运。

所以我们在认识这些城市的时候会觉得奇怪。曾经有学者写过一篇文章,说为什么新中国成立之后没把南京改成"南平",承认它是南京。而现在在台湾,他们的教科书上写的都是民国的首都是南京,台北是陪都。在中华文明大格局的运动中间,这些不同的城市在不同的时期,担任了不同的角色,这种角色我们需要在科学上去认识。如果不从科学上去认识这些问题,就会流于单一史观或片面史观。这是我要讲的第二点。讲了这个之后我们会看到,六朝时期是在这样一个大的运动体系下诞生的。

三、六朝时代的历史文化特点

六朝时代的历史文化特点,我们怎么来看待? 我重新列举了一下,一共列了九个方面。

第一个方面,草原高原民族第一次大规模地进入中原并且汉化,融入中原文化体系。虽然前面有春秋战国这样的一段时期,但是春秋战国的这些民族主要还是我们中原民族,虽然那时候燕(国)已经到了北京,但是北方草原区的这些民族,实际上没能完全进入到大的中华文化体系里边来运作,所以真正的开始就是这个时期,这是一个非凡的多民族的融合时期。

第二个方面,黄河流域的人民第一次大规模南迁长江流域和南方滨海区域,这个行动对中国南方区域的人口结构、文化结构、经济结构产生了重大影响。这个问题过去研究移民史的人研究得比较多,有比较细的阐述。比如这几年我在沿海地区做调查的时候,经常遇到一些人说我们的客家人是河南的、陕西的或者山东的、河北的,等等,实际上这些客家人很多可以追溯到这个时期,所以我们经常会碰到如何评价这批客家人来源和构成的问题。

第三个方面,中国南方地区自秦朝以后第一次出现国家的政治经济文化中心,而且这个中心第一次移到了长江南岸,以至于北方地区的少数民族建立的政权要第一次向南方学习。比如孝文帝改革,许多方面就是取自南朝,而且不仅仅是孝文帝,其他很多方面都有表现出来。

第四个方面,东亚文化体系第一次出现。近代史上日本人喜欢搞东亚体系,今天我们中国也应该主动地去研究,不要老是让日本人唱主角,比如它提出了东亚一体化、东亚经济共荣圈,包括日本人侵略我们都打着"东亚"的旗号。实际上东亚文化体系是中国人最早建立的,就是在这个时期建立的。这些年我几乎每年都到韩、日国家去做考古学交流,另外也去考察,越来越深刻地认识到真正的东亚文化体系是这个时期诞生的,中国文化大面积地进入了朝鲜半岛和日本,全面地影响了东亚列国的政治、经济、文化,当然也包括越南地区,开启了一个东亚文化体系的真正形成期。因为在这之前的两汉时代,虽然也有中国文化进入日本或者朝鲜半岛,但是它不成体系、不深入,从某个角度讲也不平等。这个时期它出现了一种全新的东亚国际体系,是一个非常有意思的、值得研究的问题。

第五个方面,东亚文化第一次打开大门,迎接另外一个文化体系就是南亚文化体系的进入。在这之前整个的"文明"运动体系都是在东亚,或者说核心主要是在中国。这个时期一个新的文化,我们叫南亚文化,主要是以佛教文化为主融入中国文化中间,然后又通过中国影响到了朝鲜半岛和日本岛。这个过程非常深刻地影响了整个东亚的社会与文化格局,大量的新文化,我们今天叫创新,实际上这个时段大量的创新文化就在东亚区域诞生了,改写了整个东亚的文化结构史。

第六个方面,中国与东南亚、中亚和西亚的文化交流开始加深。为什么开始加深了呢?主要是这个时候同时有陆上丝绸之路和海上丝绸之路共同发展,尤其是海上丝绸之路。去年我做了一个"海丝"申遗预备名录项目,是将南京作为海上丝绸之路城市申报为我们中国的世界遗产预备名录,这个工作我准备了十年，努力了十年都没成功，去年成功了。很多专家都说南京怎么会进入海上丝绸之路呢？它是长江边上的城市，不是沿海，人家广州、福州、厦门、宁波才是海上丝绸之路城市。后来我跟很多专家交流，我说你们把南京丢了，"冤枉"了海上丝绸之路，包括跟国家文物局的一些当时的领导交流，结果后来成功了，得到了专家们的认可。所以说要科学地去认知这些问题，而不是盲目跟从。因为历史轨迹就是这样的，你怎么去否定它呢？

第七个方面，儒、道、释三种文化都出现在社会之中，多样性的宗教文化和相关文化成就完全改变了中国此前单一的文化传统。先秦时期虽然有过百家争鸣，但是仍然是中国内生的单一的文化体系，真正意义上的宗教文化是没有的，中国没有宗教文化，没有自己的宗教文化，佛教、基督教、伊斯兰教都不是中国本土的。儒学有人叫儒教，实际上它不是宗教，最多是一个准宗教，它不符合宗教的定义。那么也就是这个时候，我们的佛教诞生了，我们原来传统的神仙及道家学术在佛教的刺激下和影响下变成了道教。这个时候由于一种多样性的文化体系在中国的文明体系中诞生了，所以此后的运动形态就不一样了。

比如我们看看隋唐时代、宋元时代，那时整个中国的文明运动体系就不一样了。其实人类一直到今天都在想方设法地抑制欲望，因为恶的欲望不断发展导致了很多罪恶和灾难，而宗教就有抑制这种行为的作用。所以佛教这个时候进入中国，实际上是有另外一层意义的，这个问题过去探讨不够，我觉得非常值得探讨。

第八个方面，中国南方地区得到了高度的开发，经济中心逐渐南移，后来诞生的隋唐文明就有了更为广阔深厚的发展土壤。之前的土壤主要是在黄河流域，此后中国文明的肥沃土壤扩展至南方,扩展至沿海。

第九个方面,这个时期为隋唐盛世的到来奠定了坚实的基础。有很多方面,包括民族的融合、南北方经济的同步发展。比如瓷器,我不知道今天到场的有没有研究瓷器的专家,如果有的话那我们是会有共识的。包括艺术、宗教、音韵、文学、城市、建筑、交通以及东亚文化共同体,这个时候的宏大性、国际性、多样性的文化气象,就是在这个背景下面孕育和培育出现的文明硕果。我们过去一讲到盛唐,就好像它是突然出现的,其实它有几百年的孕育,就是刚才讲的在一个特殊的过程中间诞生的这样的一个前提条件,否则是不可能有隋唐文明的。

我们可以把中国文明的四大特点,一个一个地展开,但是因为今天讲的是六朝,所以我主要谈跟六朝相关的这样一种认知背景。

各位都知道,一个是文学的三国,一个是历史的三国,一个是文化的三国或者科学的三国,它们是不一样的。公元200年以后,形成了三个政权,一个三国鼎立的时期,而中国历史就从公元200年左右开始就进入了六朝时期,我刚才讲的整个的六朝时期是指东吴、东晋、南朝的宋、齐、梁、陈六个王朝,这个时间长达370年左右,370年是一个漫长的时间过程。公元265年,司马氏代替了曹魏,建立了西晋;到公元280年,西晋灭吴,统一中国;一直到公元316年,西晋灭亡;317年,西晋的琅玡王司马睿在东吴的旧都建立了东晋政权,旧都即南京。这个时候广大的北方地区陷入一个多政权争斗的时期,即历史书上讲的"五胡乱华"。我们今天讲到民族团结,好像就是说少数民族跟汉民族是一家人,这是在新时代背景下,但是必须承认在历史上是有民族矛盾和民族冲突的。如果不承认这一点也不是一个科学的精神,就是说历史的运动中间,在中国除了阶级矛盾之外,还有民族矛盾,这也是非常重大的问题。

黄河流域陷入了战乱之中,这个情况延续了大概有100年,一直到公元439年北魏重新统一北方,我国才开始进入南北朝时期。公元420年,南方产生了刘裕建立的宋政权,这个时候就正式进入了南北朝时期。北魏的政权到534年分裂为两个国家,一个东魏、一个西魏,东魏在现在的西安,西魏在现在河北的邺城,之后它们又分别演变为北齐、北周。南方经历了宋、齐、梁、陈,一直到公元589年,隋朝把陈灭了,中国才重新统一。

这种动荡一共持续了370多年,实际上将近400年,我们现在讲的南方的六朝历史就是在这个背景下展开的。

就像我刚才讲的,一个统一了的东汉和一个统一了的隋朝,中间就经历过这种分裂的时期,南北方地区有不同的政权体系。国家分裂,战争不断,人民有痛苦,这点确实是"分"的时候的一个现实。但是在这种情况下,在不同的政权统治的区域里面,也有经济的发展、文化的创新,产生了多种的文化体系。

这个文化体系当然很多。比如我们以中国的城市为例,现在北京的故宫,整个建筑是明朝开始建立的,因为当时朱棣迁都北京的时候,是按照南京宫殿的图纸样式建立北京皇宫的,中轴线上现在有太和殿、中和殿、保和殿,它平面是一个"王"字形的,这些宫殿的名称是清代的,朱棣时叫奉天殿、华盖殿、谨身殿,在明朝之前,比如元大都的宫殿,平面是一个"工"字形的,前后两进宫殿,有穿廊把它们连起来。"工"字形平面的这种建筑格局大概可以追溯到隋唐时期,那么再向前实际上就是单一的宫殿制,比如像三国两晋时期只有一个太极殿,当然这个中央宫殿制度演变还可以再向前去推。

就是说整个的中国的都城也好，一般城市也好，是不断地在演变中的。

六朝时期，在都城的规划思想和功能设计方面，有了自己的个性，在这之前是多宫城制的，这个时候变成了单宫城制。我自己写过一本书《六朝都城与六朝瓦当》，里面专门研究了六朝都城在中国这个时期的变革意义，包括这个时期出现的所谓"里坊之制"，即都城内部的居民管理的新制度，说明这个时期的城市格局首先产生了大的变化。当然，我们刚才讲了由于定都南方，所以这个时候的南方地区就得到了巨大的发展。北方地区也是一样的，融合了不同的民族，草原高原文化也加深了跟黄河流域文化的融合。

在物质文化方面我们可以发现，六朝时期南方地区出现了青瓷。我们现在到国家博物馆去参观，在三国两晋之前或者六朝之前，可以看到整个的物质文明的气象，主要是漆器、陶器，或者铜器这一类东西。但是一旦进入了三国两晋南北朝时期，就会发现瓷器逐步代替了此前的物质文化面貌。所以我们中国叫 China，西方国家翻译为瓷器。瓷器就是中国，中国是世界的瓷器国家，现在全世界的瓷器都来自于中国的技术体系。所以这是一个中国的发明，实际上我觉得瓷器应该是我国第五大发明。我跟一些专家交流，他们说瓷器一直到今天还是一项最先进的科技研究，因为它的绝缘性或者其他相关特点，可以用到人造宇宙飞船、人造卫星及高精尖的武器上。因为它跟金属材料比有自己的特点。所以说这样的一种科技发明，六朝时期在南方发育起来，然后推向了北方，导致了整个唐朝时期的瓷器业的全盛，包括南方的冶铜冶铁、钱币、金银加工、建筑等各业都发达起来。

比如青铜，最近我们和日本的京都大学在研究一个课题，就是中国的铜器，实际上有三种铜，青铜、响铜和黄铜。

响铜来自于西亚地区,黄铜也是一样,都是来自于国外的技术,来自于西亚地区、中亚地区,乃至于欧洲的技术。这个技术什么时候进入中国的? 什么时候进入东亚地区? 这个课题还没有得到解决。我们最近有些重要的发现,现在发现证明也是在这个时期,诞生了我们中国的自己的响铜技术和黄铜技术。

在现代考古学诞生之前,研究历史有一个特点就是主要靠文献,后来发展了考古学,可以从地下出土的材料来研究历史,它们会呈现出一个跟二十五史不一样的文化面貌。二十五史主要是帝王将相的历史,不涉及我们普通人民的历史,而考古发掘出来的各种各样的建筑、雕塑、美术及各种生活用品等物质的东西,都是劳动人民创造的,是一个社会生存的基础。我自己本人由于是学考古的,也运用文献来研究历史,所以我们就把它们放在一起来探讨,这时候就会看到一个全新的历史。我想今天在场的如果有这样的学者的话,肯定会有同样的感受,就是一个突破了二十五史"王朝史"格局的文明的发展历史,在考古学中得以呈现,不做考古的人比较难理解这样一种研究路径。

值得注意的是,我刚才讲的这个时期,由于南亚文化和东亚文化的交流融汇,产生了一个新的文化系统,使中国整个的文化体系格局发生改变了。这是我要讲的第三个问题,就是六朝的历史与文化的大背景。

四、六朝历史与文化举例

第一个小题目是六朝之始,建都立业——东吴。东吴是公元229—280年的一段历史,但实际上东吴的整个建国史要远远长于这段。因为在东汉的晚期,是孙坚、孙策和孙权他们家两代人带领了一批南方人，为政权的建立而南征北战，最终才成立了这样一个政权。最早的时候是孙坚，他是富春人，就是现在的浙江富阳，但那个时候是属于苏州管辖的一个城市。到了公元 200 年的时候，15 岁的孙权开始继任，他起初是在现在的宜兴市做长官。公元 208 年赤壁之战，形成"天下三分"的格局，这段历史大家都非常熟悉，因为电影、电视，包括易中天说三国都讲过。赤壁之战是非常有影响的一次战争。当时战争的前线主要在现在的湖北境内。江西的九江原来叫柴桑，一直到襄阳（现在的湖北省境内），就在这个地盘里发生了魏、蜀、吴的争夺之战，战争的结果是曹魏败退，这样就稳定了整个三国鼎立的格局。实际上孙权一开始的势力中心是在苏州，当时叫吴，后来迁到了京口（现在的镇江），到了 211 年才迁到了秣陵（现在的南京）。南京这个地方公元前 333 年叫金陵，后来秦始皇做了皇帝之后南巡，认为这个城市有所谓的王者之气，就把它的名字改成了秣陵，把一个"黄金之地"改成一个"稻草之地"，就是牛马吃草的地方。然后把这个城市也给搬走了，毁灭了南京的城市基础，南京被打压的这段时间持续了 400 多年，400 多年里南京没有中心城市。因为当时谋士们跟秦始皇讲 500 年以后在这个地方必有王者兴，这是公元前 211 年发生的事情，到了公元 211 年，孙权开始在这边建都了，两个时间非常巧合，所以说孙权对整个六朝是有开创之功的。

黄龙元年（229）的时候，孙权在现在的湖北鄂州（当时叫武昌）称帝，建立了东吴政权。孙权这个人相对来说比较低调，在这之前实际上曹魏和蜀汉都已经建立了，但是他长期不肯称帝，一直到 229 年，他才开始称帝，几个月之后把首都迁到了南京，仍然迁回原来的根据地，一直到 280 年被消灭，正式的作为一个王朝存在了 52 年。孙权当时沿长江建立了阻挡北方军事力量南下的一道防线。他先是在镇江,建铁瓮城,后来移到南京,建石头城,然后在鄂州建了吴王城。这就是他整个的军事布防,也是政治布防。然后就在淮河跟长江之间与曹魏展开争夺,在宜昌这一带跟蜀汉展开战争,长江中下游这一片区域成为他的一个立国之地。

当然孙权这个人是非常了不起的,史书上讲他有"勾践之奇,英人之杰"。他的陵墓也是在南京,如果我们北京的朋友们有到过南京的,应该见过他的陵墓,原来叫"孙陵岗",现在叫梅花山。南京的国际梅花节每年都在这里举行,另外这里还有一个孙权的纪念馆。

东吴先后有过四代皇帝:孙权、孙亮、孙休、孙皓。它是面向大海建立的一个政权,依托长江。孙权当时决定定都在南京,有过几位决策人,一个是张纮,张纮这个人在洛阳上的"大学",然后曹操派他到南方策反孙权,结果他不但没有策反孙权还帮助了孙权。第二个是刘备,他劝过孙权定都南京。第三是诸葛亮,诸葛亮出使东吴,到镇江去,经过秣陵,他讲"钟山龙盘,石头虎踞,此乃帝王之宅也"。一直到毛泽东主席还讲道"虎踞龙盘今胜昔,天翻地覆慨而慷",诸葛亮的话后来就成了南京的一个特征评价。

在古人画的地图里边,说"龙盘虎踞",用现在的南京地图注出来就是青龙、白虎、朱雀、玄武各占南京东、西、南、北一个方位,这种规划,过去叫风水,我们现在讲前科学时代的风水规划,实际上是一个"人与自然如何融汇"的思想。这些地缘、地形、地貌,决定了哪个地方是最宝贵的,适合建都建皇宫之地。今天南京的新街口到大行宫,仍然是土地价格最高的地方,但是早在公元1800年前,这个地方就被人们选定为最宝贵的地块。

我们把它做成一个电脑的模型图,从中就可以看出来,

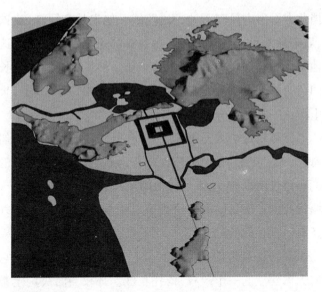

钟山龙盘、石头虎踞，玄武北尊、朱雀南舞，然后前面是雨花台作为它的前案，牛首山作为它的远朝。它要求"朱雀"是要舞动的，南面正好流经有一条河叫秦淮河。这样就构成了一个非常有意思的格局，里面包括龙（东面的钟山）和虎（西面的石头山）的这种高低关系和玄武（北面的玄武山）的高低关系等等，完全是天造地设的，是很有意思的一个城市"风水"的选择。

刚才讲了孙权是 211 年迁到南京的，第二年他就把秣陵改为建业，就是想在这边建功立业，他开始筑石头城。这个石头城，现在已经被考古发现了。它曾经悄悄地埋藏在地下，后来我经过多年的努力，将石头城遗址找到了。

孙权在南京的时候就开始营建都城，另外还建了一个朱雀大道，也是按照青龙、白虎、朱雀、玄武的规矩，都城中间的中轴线就叫朱雀大道。有一年我到西安开会，正好住在朱雀大道旁边的一个宾馆里，我就跟西安搞考古的朋友们讲，我说你们这个名称来自于南京，他说怎么会呢？我们是唐朝的。我说不，这个是唐朝学的南方的，因为第一个把都城中轴线叫朱雀大道的是东吴，所以一直延续到唐朝，再到后来的北宋都城东京（今开封），此后才把它改称的，所以它也是一个重要的都城轴线的构建期。

秦始皇之后的 400 多年，南京不是中心城市，没有什么地位，东汉末它突然崛起，而且拥有一个很高的地位，此后就有吴、东晋、宋、齐、梁、陈在此建都，赢得了一个称呼，叫"六朝古城"。隋唐之后，南京又先后成为杨吴的西都、南唐的国都、南宋的留都、明代的首都和留都、太平天国以及中华民国的都城，整个时间 880 年。作为都城的时间大约是 500 年，作为副都的时间有 380 年左右，880 年的都城史，它的开创者其实主要是孙权。

在这个时期，包括扬州、丹阳郡都设于南京，我们经常讲现在扬州的名称最早是南京，一直到唐朝初年，把这个名称才交给现在的扬州。南京崛起成为都城，打破了江南区域一直以苏州和会稽（就是现在的绍兴）为中心的传统格局，首次形成了一个长江中下游地区的都城文化圈，提升了整个长江下游在全国的地位，也为江南人才从地方性人才变成全国性人才提供了舞台。江南地区从原来的政治型、军事型地域向文化型地域转变。

我们知道今天中国经济增长的前三极是珠三角、长三角和京津唐地区，最好最强大的还是长三角，长三角的和谐度及创新力也是最高的。为什么？我们往前看，中国这样的发展地域极是如何成长起来的？至少应该追溯到宋元时期。当然我们还可以再向前追，六朝这个时期是非常重要的。这样一来，东吴以后的东晋、南朝，领导整个的南中国，带动了地域的整体发展，包括它内在的能量的培养。这个时期江南地区得到了巨大的开发，推行了比如屯田之制、水利之制

109

等等。

我们探讨整个的文明体系，它是如何在不同的体系下面成长起来的，而整个的江南地区在这个时期得到了高度的开发。东吴立国之前，江南地区或者说整个长江的下游地区，先秦主要是吴国，它的中心在苏州，还有一个是越国。到了战国时期，越国中心也全部移到了苏州，就是吴这个地方。自从东吴开始出现了之后，它的整个地域中心就从太湖边开始向长江边转移，孙权本人以及当时吴郡的一些著名人物，包括陆氏，我们现在知道的像陆机、陆云，他们的先辈陆逊、陆抗，这些人当时都在这一带从地方性人物走向全国，还有张氏、顾氏、朱氏，彭城、广陵的这些优秀人才集聚到南京，他们都是来自于长江中下游地区。这些人才有着优秀的家风。

中国古代是非常重视家风的，我们现在已经没有家风这样的说法，而在六朝时期家风是非常鲜明的。比如史学界有评论叫"张文、朱武、陆忠、顾厚"，就是每个家族都有自己的家风特点。我刚才讲的像陆氏，从陆逊到陆抗再到陆机、陆云，他们是讲忠诚的一个家族，就是对人对国家要忠诚，哪怕自己被杀头也没关系，这是一个非常重要的家风。第二个就是"顾厚"，顾雍，当时是东吴丞相，作为一个丞相，他非常注意工作方法，好的意见被孙权采纳了，他会认为这是孙权英明，不好的方面他会自己承担下来，这样一个顾全大局的人物，我们中国人叫厚道，所以他的家风就是厚，因此得到了重用。第三个是"张文"，吴郡的张氏，主要是张温，他们的家族重视文化，出口成章，非常重视学术。由于张温是个文人，个性比较张扬，说话直，善恶分明，经常会议论别人，说张家怎么样、李家怎么样，文人有的时候就是嘴比较尖刻，所以因为这张嘴，后来有一段时期孙权就对他有一点打压，不让他这样来影响整个的国家。"朱武"，朱氏家族重视战争，重视军事,重视练武,所以骁勇善战,当时包括抵抗北方的曹魏政权,抵抗蜀汉政权,以及内部的征讨山越,都是由朱氏统率。因为那时候浙江和安徽境内有一些古老的山越民族,经常造反,所以朱桓当时经常带领军队去镇压他们。这是一个在军事上非常厉害的家族,而且朱桓非常爱护他的士兵,比如孙权给他一些奖金,他就把奖金分给士兵们,甚至于士兵们生了病之后,他用嘴去帮他们吸脓血,所以大家就愿意为他卖命。故而整个东吴政权,在重视人才、重视地方优秀文化弘扬的背景下成长起来了。

另外一个我刚才讲的佛教,我们现在学术界都承认,佛教大概是在西汉和东汉交替时期,就是汉哀帝时期进入中国,进入中国之后最先是在洛阳传播。但是非常奇怪的是,考古界一直到今天,在整个的黄河流域都找不到早期的佛教传入的实物证据。但是在南方地区,就是现在的四川、重庆,包括湖北、江西、江苏、浙江这一带却发现很多的东汉晚期一直大概到东晋时期的佛教文物。这个课题在 1999 年开始做的,我当时也是这个课题的主要人员之一,跟日本龙谷大学,南京和北京大学一起做的。在做的过程中间,我们当时发现了很多的新材料。那个时候这个课题在东亚地区学术界有一定的影响。另外在做的中间我们很自然地就会说,为什么佛教传入是在陆上丝绸之路,兴起会在南方而不是在北方?这是一个非常重要的问题。因为这个问题会涉及对朝鲜半岛、对日本的佛教来源的研究,所以说韩日国家也非常重视这个课题。我们现在跟印度、阿富汗这一带,即当时的佛教传入地区的学术交流合作不多,我想这个课题应该是南亚和东亚地区共同来做,当然传播背景是比较复杂的。我自己的理解主要是当时东汉的首都儒学太强大,就是本土文化太强大,它排斥外来文化(南亚文化)融入自己的文明中,而当时的南方地区没有这种非常主流的文化，所以它是一个很包容的、比较开放的运动体系。这样一来，南亚的佛教文化，南方人就很容易接受它，很容易拥抱它，他们觉得这是一个非常好的文化。所以佛教迅速在南方开始普及起来，而且同时出现在王公贵族和平民百姓之中。

最近我是正在做一本书，就是在1999年跟日本人合作的基础上，又发现了很多新材料，可以重新地认识这一段佛教历史。当时孙权就为康僧会这个人建过佛寺。康僧会是来自中亚和南亚地区的一个和尚，当时他从越南交趾来到了南京，孙权为他建了一座寺庙叫建初寺，是江南地区的第一寺。可能我们有朋友知道，最近几年南京发掘出一个"佛顶真骨舍利"，这个舍利的出土地叫长干寺，长干寺原先也是东吴时期的一座寺庙。有一个成语叫做"两小无猜"，就是来源于长干寺所在的这个地方，李白写过一首《长干行》的诗，里面讲了这个故事。

在东吴时期的墓葬里面发现了一些具有重要价值的文物。这些文物里面出现了早期的佛像，就是释迦牟尼坐在一个莲花座和双狮座上面，后面有头光，在他的身边站立着一些持节仙人。持节仙人是我们中国的神，站在释迦牟尼神的下面在保护着它，展示了一个天国的景象。在一个装饰着非常漂亮的纹饰的天国里面，一个南亚的神坐在上面，我们东亚的神就站在他的周边，展现出一个新的，在之前从来没有出现过的景象。这在南京或者说是在长江下游曾发现了这样的反映早期中外文化交融的瓷器，而且也是中国年代最早的釉下彩，它把中国的高温釉下彩工艺从唐以后的青花瓷推到了三国时期，所以它的科技史的价值也是很高的。

我去年做一个考古课题的时候还发现了类似的文物。一处道观遗址，即孙权时期建立的洞玄观。著名的早期道教人物葛玄在这边生活过。发掘的结果发现了六朝的水井、六朝的瓦。这些瓦居然用了佛教的图案——莲花纹做装饰，可见当时的道、佛文化关系是非常有意思的。

这个时期还有一个重大事件，就是孙权在公元 230 年派了两位将军卫温和诸葛直，带了 1 万多人坐上巨大的船去航海。到了夷洲和亶洲，就是今天的台湾和琉球。这是大陆和台湾正式交往的一个历史记载。

这个时期，孙权还派了一些官员出使南海和东南亚以及南亚的国家。当时他们到了柬埔寨这一带，遇到了来自印度的商人或者说一些使节，彼此做了交流，这些都有文献保留下来。这样一来就推动了中国的海上丝绸之路和海洋文明的发展。这种对外交流，现在在日本也有发现，比如在日本的古坟中，发现了三角缘的神兽镜或画像镜，上面也出现了佛像，这种镜子专家认为是东吴的。前不久我们还和日本的一些学者做了这方面的交流，当然不仅仅是铜镜。由于东吴是一个中国南方人建立的政权，所以它的造船和航海非常发达，我们叫做"北方利于马，南方利于舟"，就是北方人骑马很厉害，南方人造船、用船很厉害。这一点实际上是代表了中国不同的地域文明的特点和优势。所以这个时候整个东亚、东南亚及南亚区域的国际交流就很发达。包括这一时期的书法，也有很多成就。东吴有四大传世名碑，《葛祚碑》《谷朗碑》《天发神谶碑》和《禅国山碑》，这些碑刻代表了当时高超的书法水平。所以康有为认为它们是"奇伟惊世""笔力伟健冠古今"，为"篆隶之极"，对这些书法的评价很高。

另外，这个时期出现了"佛画"，就是绘画艺术也很发达。曹不兴，是一个东吴的画家。有所谓"曹衣带水，吴带当风"之说，一说是指曹不兴画的衣服。我们现在专家们认为，曹不兴能够有这种绘画的成就应该得之于佛教，得益于当时来自南亚地区的佛教艺术的范本，提升了他的绘画技艺，所以他也是融会了不同的绘画的文明体系而成就了自身的艺术。还有在南京发现的东吴时期的一些器物，有生活的用器，有文房的用器。反映当时的生活用品应该是比较精致的。

再如当时的一些房屋，如青瓷魂瓶的方院楼阁式建筑形态，我认为是中国早期的寺庙样式。我以前在文章里边探讨过，我们现在看到的寺庙都是后期的，早期寺庙的形态应该是这个时期的遗存样式，后来在敦煌壁画上面也找到了一些依据。还有就是东吴时期养的宠物狗，宠物狗的脖子上挂了一个铃铛，狗身上还有字，意思是"我家的狗真漂亮"，说明当时的小宠物狗已经出现了。另外还包括些玉器，包括香薰。当时的香薰的香料主要来自于南亚和东南亚一带，在家里面点上这种熏香能够消除污染，使得精神愉悦，是一种非常文雅的行为。

东吴时期人们穿的衣服和一些器物能够说明当时南方生活着一些胡人。这些人都是老外，戴了尖顶帽，应该来自于现在的中亚这一带。那个时候的猪圈，有房子，里面养了猪。有仓库，蹬楼梯上去。还有养羊的地方、烧饭的地方。烧饭器具有蒸馒头的，也有煮稀饭的，还有炒菜的，这些都能反映当时的生活风貌。

第二，进入了西晋时代，它是在六朝时期，但不属于"六朝"的历史。我们知道这一段时期对南方地区是有意义的。公元279年，西晋发动了灭吴之战，公元280年打下了建业，孙皓投降，至此孙权建立的政权就灭亡了。当时西晋灭吴也是经过多年的准备，几支军队同步地向南方进军，有的从长江上游，有的从中游，有的从下游，六路大军，同时进攻，最后攻下了东吴都城。整个西晋统治时间是51年，但是对南方而言，它的时间只有20多年。我们刚才讲了它建立15年之后才消灭了吴国,到公元307年,实际上北方已经陷入了战乱,琅琊王司马睿到达了建邺。西晋把东吴的建业改成建邺,贬低了它的地位。

到西晋的晚期,北方发生了所谓的"五胡乱华",建立了很多的政权,进入五胡十六国时期。整个北方地区是很惨的,也包括现在的洛阳和长安,都城里被打的只剩下几十户人家,城里面长满乱草,一片枯骨,整个都城文明被摧毁了,是非常特殊的一个时期。这个时候北方的草原和高原民族,大量地进入了中原地区,中原的人口特别是精英人士又纷纷地向长江、南方沿海一带迁徙。这种巨大的变动,就是三个文化板块或者四个板块之间,通过人口的运动导致了大的体系的重新建构。

整个东晋一共是103年,公元317年司马睿在南京建都,号称东晋,是原在洛阳的西晋的沿承。东晋大体占有了淮河以南地区,一共经历过11个皇帝。当时发生战乱的主要原因就是北方少数民族入侵。当然入侵是由于中原政治腐败,发生了"八王之乱",国力衰落,导致北方的百万人口涌向了南方,历史上叫"衣冠南下""永嘉南渡"。东晋时的南京改称建康,外来人口超过了本地的土著人口,变成了一个五方杂处的全国性大都市。这一次人口大规模迁徙,把南京原来的语音也给改变了。原来它是南方语音,是吴地方言,有点像现在的苏州、浙江一样的语音,因为这一次北方人的到来,南京的所谓的吴语就慢慢被改成了中原口音。而北方地区在这个时期就多次发生了战乱,生灵涂炭。

东晋政权在南京做了很多的建设。首先是都城建设,建构了一个宫城、都城和外郭三重城墙的新型都城,这种都城在过去是没有的。东晋时期和南朝早期,黄河流域陷入战乱之中,因为"衣冠南下",洛阳几乎成了废墟,北方大批的文化人在建康立足,中华文化这个时候在南京得以生存和寻求复兴,所以这个时候的作用应该主要是"救亡图存"。

中国文化的转折在南京曾经有过三次,第一次就是这个时期;第二次是朱元璋提出来的"驱除胡虏、恢复中华";第三次是孙中山的"驱除鞑虏,恢复中华"。南京是东晋的都城,当时的东晋都城除了核心区之外,还有一些周边的"卫星城",这些卫星城拱卫京师,所以整个建置的规模也比较大。现在用考古资料做出来的一个城,仍然是采用了东吴的虎踞龙盘的风水形势,非常巧妙地构建了整个的都城体系。

这个时期除了皇帝司马睿之外,还出现了一些非常有权力的权臣,其中有个值得介绍的人物就是王导。王导是琅琊(今山东临沂)人,东晋政权建立,他是第一谋士。另外,他还有一个弟弟叫王敦,是一个军事首领。他们兄弟两个在文、武两方支撑了整个的早期东晋。所以当时民间有个段子叫"王与马,共天下"。六朝时期的段子特别多,这些段子在史书里有大量的记载,反映了当时的民心所向。王导在这个时期,曾经帮助过三朝皇帝,晋元帝、晋明帝和晋成帝,所以他的历史功劳是很大的。

在东晋时期还发生过一些重大事件,比如淝水之战,在公元383年,是著名的以少胜多的一次战役。这次战役发生的地点就在现在的安徽寿县一带,北方有80多万军队,南方只有8万多的军队,当然有史学界认为80多万有一点夸张,可能在50万左右。当时的整个战役是沿着淝水一线展开的,八公山上"草木皆兵"、"风声鹤唳",这些成语都是在这一带产生的。我去年考察寿县城墙,考察淝水之战当时整个的战场,今天在这一带还能看到当时的战争形势。当地的很多人今天已经不知道这段历史,去考察的时候就跟他们讲寿县这里跟南京的关系,很多人都觉得有意思。

淝水之战的军事总指挥谢安,是一个非常了不起的人物,早期的时候他很低调。后来进入了国家最高政权,做了很多有意义的事情,包括对都城的建设、阻止桓温的篡权,指挥淝水之战。谢安家族后来人才辈出,有很多的文人,大家知道像谢灵运、谢朓、谢惠连等等,都是非常著名的文化人,当时他们家族就住在南京秦淮河边的乌衣巷。这里还有王导家族,包括王羲之也在这里生活过。刘禹锡写过一首诗,叫"朱雀桥边野草花,乌衣巷口夕阳斜;旧时王谢堂前燕,飞入寻常百姓家",唐朝人当时来看王家跟谢家过去的住宅的时候,发出这样的一种感慨。这个时期社会的整个思潮是崇尚自然、崇尚玄学。崇尚玄学实际上不是从东晋南朝开始的,而是从西晋就开始了,所以西晋时期出现了一些著名的人物。整个西晋政权传到了南方之后,文化风尚也带到了南方,对东晋南朝的文化产生了影响。实际上从汉武帝"罢黜百家,独尊儒术"以后,到晋代儒学衰弱,玄学大兴,那是对汉代的一种"反动"或者说矫正,都说明过分地强调单一文化会影响到其他文化的发展。

在南京发现的"竹林七贤"的砖画,非常有意思。它在"竹林七贤"里加了一位春秋战国时期的人物荣启期,画上有8个人。他们宽衣大袖坐在树下面,有的在饮酒,有的在弹琴,有的在思考,有的在长啸等等,各种各样的动作表现了当时人们的生活风范和精神追求,即崇尚自然、崇尚人性的解放。这个时期是一个人性解放的时期,崇尚个性,包括崇尚婚姻自由。女人可以再嫁,有的也可以有很多男性伴侣,整个的社会风尚非常有意思。

这个时期的书法成就也很高,其中"书圣"王羲之就是东晋的一位著名书法家。一直到今天,《兰亭序》还是我们书法界非常仰慕的一个作品,被称为"法帖之冠"。那时王羲之就

117

经常在南京活动,当然他也常常住在会稽兰亭那一带。王羲之的儿子王献之,号称"小圣",他的书法成就也很高。王献之主要居住在南京,在南京的时候他留下了很著名的《桃叶歌》,就在秦淮河边,讲述着两位女子跟他的爱情故事。

这个时期的绘画出现了"三绝"画家顾恺之。六朝时期的绘画从顾恺之到陆探微、张僧繇,一直到后来的吴道子,被称为"画家四祖"。这"画家四祖"中有"三祖"都是在六朝时期,尤其是顾恺之,他的文学、书法、绘画都为后人称道,包括他的为人,这个人做事情比较呆,所以被称为"痴绝",这些都是有名的典故。

这个时期的道教和医药学方面,代表人物有葛洪,他的一些成就影响了我国的科技文化,比如化学、医药学等等,还有他的道教思想。

另外,风水学重要的人物有郭璞,给我们留下来了一部风水书,就是传为郭璞写的《葬经》。郭璞也是在南京活动,他的诗词号称"中兴之冠",是《游仙诗》的鼻祖,文学成就很高。他是山西人,后来避乱到了南京。

此时还出现了我们中国第一部记录中亚、南亚历史的书,就是《佛国记》,其作者是法显。他出发的时候是在后秦,从长安出发到现在的印度去,然后又从斯里兰卡坐船回国,最后到达了南京。在南京的时候就住在秦淮河边,有一个寺庙叫道场寺。这个寺庙里住了很多的外国僧人,当时领头的就是佛驮跋陀罗。很多外国人在这里翻译佛经,仿佛是一个国际的翻译中心。实际上,法显就跟他们在一起翻译佛经,另外写了一本书就是《佛国记》,又叫《法显传》。这本书记载了中亚、印度和南海诸国的历史地理等等。现在印度学者、斯里兰卡学者研究本国历史,都要参考这本书,因为他们本国反而没有留下相关的文献。

现在我们看到的东晋留下来的一些物品，很是考究。当时人们大量地使用香薰。因为这时候海上交通很发达，很多香料可以从南亚、东南亚这一带运到南方。另外，当时人们穿衣服要把它烫平，喝酒用温酒器。当时取暖的工具相当于"空调"，在里面放上木炭等等。南方和北方的一些文化融汇为一体，像漆器、玉器、文房用具、金银器等等，包括冠饰，女性用的装饰品等等。这些物品现在有的在韩国也有发现，证明后来这一套文化传到了韩国。

还有当时出现了马鞍，马鞍的起源也是非常重要的。当时人喜欢乘牛车，六朝人性子很慢，不喜欢用马，只要马一叫，他们就会非常吃惊，所以喜欢用牛车，慢吱吱慢吱吱的走，生活比较悠闲。

当时人留下了一些书法作品，除了传世品之外，还出土了大量的墓志。我们能看到当时的书法风格，如高崧家族墓志，王氏家族的一些墓志；还有出土的俑，可以看到当时人穿的衣服以及头上戴的帽子，还有女人梳的各种发髻，能够看到她们不同的装束、面貌、脸上的表情，里面还有一些军事将领，包括一些外国人当时也参加了军队。

第三，到南朝出现了中兴时期。东晋晚期，王朝开始衰落，被一个新的势力所代替，就是刘裕的军事集团。"刘宋"是整个六朝时期疆域范围最大的，一直到达西安和黄河的南岸。"刘宋"一共有8位皇帝，时间只有60年。"刘宋"在都城建设方面也做了很多贡献，尤其是园林建设，这时候出现了一个园林建设高潮。现在南京的玄武湖当时就是一个皇家的园林，皇帝在里边经常开展活动。

考古学者这些年发现了六朝都城遗迹，如北郊坛遗迹，城中道路遗迹，还有南朝时的排水沟，在道路旁边。有南朝城墙上面的水闸遗迹，下面用木板作为水闸的底部，两边用砖砌起来。城墙里边是夯土，外边是包砖。

这个时期出现了一些著名的人物，如"元嘉之治"的皇帝宋文帝刘义隆。当时有很多的成就，包括农业方面、学术方面。教育方面这时候出现了最早的分科制，设了四学，儒学、玄学、史学、文学，有研究教育史的学者认为这是世界上最早的分科大学。此外，在立法方面，在文学和历史方面都有很多的成就。经济繁荣、社会安宁，史称"元嘉之治"。文学成就像山水诗派，出现了山水诗的鼻祖谢灵运，又叫谢康乐，创作了大量的山水诗。这些山水诗影响深远，后来唐朝的一批诗人都受到他的诗作的影响。

这个时期出现了一种新的小说体裁，代表作为《世说新语》，后来形成了所谓"世说体"。唐、宋、元、明、清一直有"世说体"的小说作品，所以它是一种文体的开创。

历史学这时候也很繁荣，出现了《三国志注》这样的经典。"前四史"的《后汉书》也在这一时期完成，就是说"前四史"有两部书是完成于六朝时代。出现了科学家祖冲之，圆周率大家都知道，上小学的时候老师讲过祖冲之跟圆周率的关系，另外他的指南车、千里船，以及在水磨和历法方面，也有很多的成就。

画家陆探微以书法入画，谢赫在《古画品录》中把他列为第一品，他提出来绘画的六法，在绘画方面有很高成就。

文学方面陆续出现了一些著名的诗人，其中鲍照、颜延之及谢灵运被称为"元嘉三大家"，他们有很多的诗作。鲍照曾经作过秣陵县的县长，当时的官员大都是文化人，所以经常创作作品。这个时期的墓志也多有出土，从中我们能看到此时楷书已经非常流行。

到了南齐的时候出现了"永明之治"。南齐统治时间很短，是南朝最短的一个王朝。这时候北方孝文帝改革，北魏政权开始强大。孝文帝改革时期,北方跟南方的互动关系加强了。南齐一共经历了7位皇帝,只有24年,所以整个王朝皇位的更替非常快,这时它的国土范围比刘宋时期略有缩小,但是北部一线还是稳定在淮河的两岸。

南齐时期建了很多非常漂亮的宫殿,把宫殿建筑水平提升到一个新的高度。这个时候在文学方面出现了我国第一部文学评论著作《文心雕龙》。《文心雕龙》成书于南京的钟山上定林寺。我在2000年左右寻找到了定林寺遗址,因为觉得它太重要了,调查了很长一段时间。它是僧祐的《出三藏记集》著书地,又留下《文心雕龙》,还有我们现在保存在北京的一个中国的传世佛牙舍利,三件宝物都出自这个地方,但是这个地点一度被人们遗忘,现在已是一个重要的文物保护单位,很多外国学者经常去。现在国际上有一门"龙学",是专门研究《文心雕龙》的一门学问,好多的博士论文都做这个研究。从东吴陆机的《文赋》一直到刘勰的《文心雕龙》,文学批评作为一个独立学科,就是在这个过程中诞生的,其中主要的著作是《文心雕龙》。

唐诗也在这个时期孕育,出现了"永明体",其最主要的是声律。"声律学"在佛学里面就是唱经、咏经,把佛学里面的声律学运用于中国的诗歌,就产生了一种新体诗。我国诗歌由古体诗开始进入了正体诗时代,这对中国文学影响深远。

六朝诗人中间有一些很优秀的诗人比如谢朓,他写南京的一首诗非常有名,里面有"江南佳丽地,金陵帝王州",脍炙人口。

此时的历史学也有一些新的成就,特别是沈约,他是一位大文人,这个时期他主持了《宋书》的编写。

当时的佛教主要在北方雕凿石窟,但在南方地区也有。

比如在南京栖霞山就留有一处千佛岩石窟,被称之为"江南云岗"。这个石窟我曾在1999年到2000年做过5个月的发掘,发掘了15个窟。北方的如龙门石窟、云冈石窟、敦煌石窟等跟南朝的石窟之间是一个很有趣的关系,有人认为彼此之间是有影响的,尤其是北京大学的宿白教授,认为龙门石窟深受南京的栖霞山石窟的影响。

另外,在南方产生了一些帝陵的石雕,这些石雕也深受佛教影响,原型是佛教里面狮子的造型,它们目前都耸立在南京、镇江和丹阳这一带的帝陵神道前面。

下面就进入了梁朝,梁朝是南朝中时间最长的一个朝代,有50多年,国土范围相对来说也比较大,是一个影响深远的王朝。它一共有4位皇帝,经过56年,在位时间最长的是梁武帝萧衍,他一个人就占了50年。

在南京的都城建设方面有一些新的动作,在礼制建筑包括宫殿建筑方面有不少新的工程。

梁武帝萧衍,过去对他的评价比较低,这几年人们在重新认识萧衍,发现他在文学、佛学、儒学,以及国家的政治体制、科举制,对皇权制约的分权体制方面,都有很多的创举,而且他很重视人才。他提出了唯才是举,就是重视人才,不问出身。韩国和日本的学者对他非常重视,因为那一带有许多的文化成就都跟梁武帝有关,韩国境内的百济时期,甚至出现了专门为他建的寺庙,即大通寺,在韩国的公州。学者认为当时的百济国专门为祈福梁武帝而建。这样的考古发现为我们揭示了一些过去不知道的东西。

梁武帝写过一首诗,叫《莫愁歌》(《河东之水歌》)。南京有一个莫愁湖,传说是梁武帝当时写莫愁女的地方。在这个时期发生了有神和无神的争论,这个在我们的教科书上经常提到,有神和无神,我们过去看到更多的可能会把它政治化了,实际上应该讲它是一些思想方面的不同看法,这些不同的看法同时存在是非常有意义的。梁武帝当时在神灭论之争中,组织了几十个人跟范缜进行论辩。但是论辩之后,梁武帝没有对范缜打压,仍然叫他作"广州市市长",给了他很高的官职。这个时期大家很宽容,你有你的观点,我也可以坚持我的观点,可以跟皇帝辩论,辩论胜了、败了都没有关系。所以这个时期保持了一种言论自由的社会风气。

中国最早的佛教僧人传记《高僧传》也是在这个时期完成的。我们现在研究佛教史必读《高僧传》,因为有了《高僧传》,后来才形成了《高僧传》的史学文献体系。还有中国现存最早的佛教文献目录《出三藏记集》,我刚才讲了,是由高僧僧祐完成的。僧祐住的地方,当时他写书的地方就是在南京的钟山上定林寺,刘勰是他的学生。这样看来他们师生二人都完成了开创性的事业。僧祐还有一些其他的佛学著作,这些著作都有着重要的历史价值和思想史价值。

中国最早的诗文总集《昭明文选》也在这个时期完成,作者是位皇太子,即梁武帝的长子萧统。萧统很可惜寿命太短,这也是导致后来梁代动乱的一个重要原因。正因为昭明太子有这样的地位,所以现在全国大概有20多处传说是昭明太子的"读书台",其实大多数都是为了纪念这样的一位文化名人。《昭明文选》是我国最早的一部诗文总集,后来受其影响形成了"文选体",现在叫"选学",就是专门研究《昭明文选》及文选体的学问。

中国最早的诗评著作《诗品》也在此时诞生,作者是梁代的钟嵘。书中收录了122位诗人的作品,然后对它进行评定,开创了我国诗论的先河,也是文学批评史上的一座里程碑,地位很高。中国最早的启蒙读物《千字文》也是这个时期诞生的。据说周兴嗣编《千字文》,一夜白头,因为梁武帝当时给他的时间有限,要求他用一千个字编成一本给孩子们读的教科书,要把天文、地理、历史、文化、人物等等都包容在里边,所以任务很重,而且还要有押韵,谈来朗朗上口,结果周兴嗣真的编成了。《千字文》开创了中国启蒙识字课本编著的先河,后来的《三字经》《百家姓》等等,都是受到《千字文》的启发,形成了中国传统的儿童教育课本模式。所以我们到今天依然读《千字文》,周兴嗣值得大家敬仰。

史著《南齐书》也在这个时期完成。另外还包括"山中宰相"陶弘景,这是一个道教人物,但是他的学问很高,梁武帝多次聘他到朝中当官,都被拒绝了。有一次梁武帝就写了封信说:老兄,你为什么拒绝,山里有什么好玩的？他就回复了一首诗,"山中何所有,岭上多白云;只可自怡悦,不堪持赠君",说我这个地方比你宫廷里边更有意思。梁武帝为了尊重他,每遇到军国大事都要跟他商量,人称"山中宰相"。他在医药学方面也有很高的成就,他作的《神农本草经》,是医药学的经典著作。这个时期有个成语叫"画龙点睛",与著名画家张僧繇有关,他长期居住在首都建康,在绘画方面有很高的造诣,可能借鉴了一些印度的画法,有人认为他运用印度的画法改变了中国原来的画风,致使其"面短而艳"的人物造像风格影响了隋唐时期的画风。

绘画理论家谢赫,完成了中国历史上第一部系统的绘画批评著作《古画品录》(又叫《画品》)。其中收入 27 位画家的作品,然后对它们进行评价,完整地提出了"绘画六法"。绘画六法一直到今天都非常有影响。

另外还出现了一些很有意思的文人,比如"江郎才尽"的江淹,他把辞赋推向了一个高峰。他的《恨赋》《别赋》以及其他的一些作品都是影响历史上辞赋创作的经典作品。

在梁朝末年发生的一个重大事件是"侯景之乱"。侯景实际上是一个东魏投降梁代的军事将领,后来发动了叛乱,把梁武帝这位80多岁的老人活活地饿死了。之后占领整个建康,直至王僧辩和陈霸先领导军队,才将他平息。很有意思的是这个时候南方发生了这样的动乱,在北方地区,北魏也发生了一次很大的事件,就是"河阴之变",有2000多个官员被杀了,整个洛阳瞬间衰落,导致了东、西魏的分裂。所以整个的历史就是这样交织在一起,原来繁华的洛阳城也一下子变得空虚,富者弃宅,整个地改变历史了。

第六个是陈朝,南朝的最后一个朝代。此时由于"侯景之乱"导致了北方军事的南下,长江中游一带受到了西魏(后来的北周)的压迫,东边受到东魏(包括后来的北齐)的威胁,陈朝已经非常危险,再加上581年隋朝的建立,更加对长江一线构成了压力,到了589年终于被隋所灭。陈朝一共有五位皇帝,33年。陈朝在建康都城的建设方面做了很多努力,但是杨广带领隋朝军队把整个建康的都城给毁灭了。陈朝的文化成就也很高,比如智永,他是王羲之的后代,虞世南(唐代著名的书法家)是他的学生,他们二人对唐朝的书法影响很大。

这个时候在绘画方面也有成就,绘画理论中提出了"心师造化"论。这个理论对后来的画家影响深远。文学方面主要是骈赋体发展到一个很高的程度,形成了一些专门的文体,叫做"徐庾体",以庾信和徐陵为代表。还有一些很好的著作,比如《玉台新咏》,主要收录关于女性的诗作,是最早收录女性诗的一部书。而且里边优秀的叙事诗《孔雀东南飞》对后世影响极大。另外我们看到南方的一些出土的文物,也发生了一些改变,整个房子的屋顶已经出现了唐朝的风格。还有人们的服装,温文尔雅的动作等等,女性的冠饰变得丰富,包括头上的髻、帽子都不一样,从多姿多彩的装束上可以看到后来唐朝的风格。

588年，隋文帝下诏伐陈，到589年消灭了陈朝。总的来讲六朝的兴亡，是有大规律的。每个王朝的开创者，孙权、司马睿、刘裕等等，他们都励精图治，但是到了子孙，就渐渐腐败，最后走向亡国。而且每个皇帝开国的时候都比较优秀，到了晚年就会腐败或者专制，几乎每个朝代都是这样的规律。再有，这种"家天下"的皇权体制也导致了整个政权的不稳。当然北方地区能够在元朝晚期统一南方，也因为北方当时仍是中国经济社会的中心，直到宋元时期南方地区才占据主导地位。这是中国发展的大趋势。

五、六朝文化的影响及六朝遗产的历史价值

我最后讲的一个话题，总结性地叫六朝文化的影响。在文化传承方面，我一开始就提到了陈寅恪先生，他认为南朝文化入北朝才有"太和时代之新文化"；隋唐制度的文化有三源，其中南朝梁、陈为重要一源。近年来一些史学家认为，隋唐文化中间都有"南朝化"的倾向。范文澜先生也认为，六朝占有重要的地位，是隋唐盛世的雄厚根基。那么六朝文化的主要成就还是在于创新；就是对旧文化的突破，尤其是对儒学的突破。张岱年、李泽厚、宗白华、冯友兰、汤用彤等先生，都大力地歌颂了六朝，认为这个时期的文化精神大放异彩，人的自觉成为独特的精神，精神上追求自由和解放、富有感情，是中华民族抽象思维空前发展的时代，也是一个思想自由解放的时代。这么多的大家们对于六朝的总结和赞颂，我想能够说明六朝的独特意义。

六朝文化的具体成就，一个是我们刚才讲文化上的多面发展，如哲学、文学，有各种文体的开创，以及许多领域达到

高峰。在书法方面，有"书圣"的诞生，有"八王""三谢""六郗""四庾"之说，书家应该讲是空前的。而且这个时期还有个特点，就是纸张完全代替了以前的竹简和木牍，在东晋之前用竹简和木牍，我们现在在南京发现了东吴的竹简和木牍，但是东晋时期绝对没有。而在文献里也证明这个时候纸张已经推广使用。绘画走出了宫廷，优秀的画家很多，一些独立的画体也诞生了。雕塑方面贡献更加是非凡的，如佛教雕塑、陵墓石雕等。这个时候的建筑，整个东亚体系已经形成。

第二个方面是大量地吸收外来文化，用以改造旧文化。我们现在归纳一下，中国有三次大规模地吸收外来文化，用以创新民族文化。第一次是我们现在讲的这个时期，第二次是清朝末年，第三次是改革开放以来。总体看这三次变革，第一次，它是有意义的，可以用它来审视本土文化和外来文化的结合过程，以及产生的结果是什么。大量的输出文化也是在这个时期，影响了东亚地区的朝鲜半岛、日本和越南等国。有一位日本著名的学者叫吉村怜，他主要研究佛学和美术。他认为，在文化上南朝就像一颗太阳一样，照亮了东亚世界，北朝及东亚诸国，如高句丽、百济、新罗、日本都是围绕着它的行星，接受它放射出来的卓越文化。这位日本的著名学者这样看待六朝、看待中国南方，应该是很有意义的。这个时候，海上的交往也很发达，我刚才讲由于首都在建康，利用海上交通可以到达许多地方，从南京出发，能够到达韩国，包括高句丽、百济、新罗，再到日本等。

十几年前我在南京发现了一块仿木结构的石雕件，它实际上是南朝时一个塔的构件。我们如果把这个塔的构件做成一个塔的实物的话，跟日本大阪的四天王寺塔或者奈良这一带的早期寺塔构造完全一样。现在我们寻找东亚地区这种塔的造型来源，在中国这种塔型已经不存在了，但是在日本却保留下来了，包括在韩国，现在他们也复制。但其实它的原型是在南朝。

房子上盖的瓦当，也是我多年来研究的一个领域。中国的南朝瓦当和韩国、百济、新罗、日本的几乎一模一样。又因这种瓦的技术和造型，决定了整个房屋的结构，所以他们房屋、宫殿的样式都来自于南朝。

在韩国发现的一些百济时期的砚台，跟我们在中国发现的六朝砚台几乎一样，连足上装饰的莲花都完全一致，还有百济官员穿的服装、佛像造型都是和南朝相近。如果大量地做这种比较研究，会有很多材料。

总的来讲，六朝对中国历史而言确实是意义重大的。因为六朝，所以隋朝灭陈之后，中国的整体格局就不同于秦汉时期，最大的变化就是南中国的发展。经过这300多年的发展，整个南方的经济状态跟黄河流域大体一致。所以六朝之后，南方区域日益成为国家重要的财富来源地之一，乃至到了唐朝有个说法叫"扬一益二"，就是扬州排第一，益州排第二。扬州就是现在江苏的扬州，益州是现在的成都。也就是说唐朝时最繁华的城市，不在北方，已经变成了长江沿线。隋王朝的最高统治者，为了获得南方的经济资源，不得不开挖大运河，通过大运河把黄河、淮河、长江和钱塘江沟通起来，这样就把政治中心和经济中心相连。而这种格局一直到今天，中国的经济中心主要还在南方，这种对中国深远的影响就是奠定在这个时期的基础上，包括后来的大运河在唐宋两代都发挥重要的作用。一直到今天的铁路、飞机，甚至金融系统等等，其实都是形态的改变，但是本质和格局没有改变。所以说我们对六朝的认识，也是为了加强对中国、对中华文明、对现代社会的认识。

我的报告到此结束！感谢大家！

洪修平

儒佛道何以成为中国文化的三大主干？

　　洪修平,教育部"长江学者"特聘教授,
南京大学图书馆馆长,哲学系宗教学系教
授、博士生导师,中国哲学与宗教文化研究
所所长。主要研究方向为中国哲学与宗教
文化。兼任国家社科基金项目学科规划评
审组专家,中国社会科学院特邀研究员,复
旦大学、武汉大学、西北大学、中国人民大学
兼职教授、研究员。《中华大藏经·续编》
《儒藏》等编委。著有《中国儒佛道三教关系
研究》《儒佛道哲学名著选编》《中国佛教文
化历程》等。

各位朋友大家好！非常高兴有机会来到北京，来到国家图书馆文津讲坛，跟大家交流。今天看到来了这么多朋友，大家一起为中国传统文化的探讨相聚到这里，我非常感动！

我怎么会想到讲这个题目呢？一方面，当然跟我自己本人的研究有关。另外一面，我也在想，我们都在讲中华民族的伟大复兴，要实现中华民族伟大复兴的中国梦，我们经常说，中华民族的伟大复兴必然伴随着中华文化的复兴，同样，中华文化的复兴也能够推动中华民族的伟大复兴。那么想要中华文化复兴，就需要对我们自己的中华文化有很好的了解。

大家都听说过，当年费孝通先生曾提出过一个非常重要的思想：文化自觉。所谓文化自觉，就是首先要了解自己的文化是什么样一种文化。我们说要继承，要发展，要弘扬或者说要有批判，要批判地继承，那要批判什么？继承什么？我们现在改革开放还要借鉴吸收人类一切文明成果，一切优秀的文明成果，那么我们应该怎么来选择？我们中华文化要走向世界，我们现在经常讲中华文化从传统走向现代，从中国要走向世界，那么我们就需要对自己文化的发展历史，对中国文化主要的特点和它的根本特质，以及它的一些文化精神有所了解。

我们中华文化经过几千年的演变发展，到后来，儒、佛、道成为中华文化三大基本组成部分，所以我这里讲"三大主干"。当然如果从纯学理的角度来讨论，学术界会说三大主干到底哪个更为主？有些人会说以儒家为主，我们中华文化当然是以儒家为主。有的人认为是以道家为主，黄帝时代就有了，我们最兴盛的时代是汉唐，汉唐都是以道家文化为主。佛教，这些年来佛教发展势头也很快，那么就有人认为佛教在中国哲学文化中占据非常重要的地位。这个问题我们先放到一边。大家现在基本上都认同，中华文化博大精深，最主要的三大部分是儒、佛、道。而这个里面就引出一个非常有趣的现象，儒和道当然是中华文化的固有的传统文化，但是佛教，大家都知道它产生在古印度。本来它是一个外来的文化，而外来的文化，怎么走进中国？怎么走入到我们中国文化中间？走入到中国哲学、中国文学？走入到中国的社会？怎么走进了我们民众的心里？中华文化，先秦就有诸子百家之学，我们传统文化在世界上都是比较成熟，比较丰富，比较丰厚的。外来的佛教最后怎么能够赶超原来本土的思想？跻身到中国文化中间，最后它还能够三分天下，占据了重要的一席之地？这就促使我们通过这个选题，来考虑中国固有的文化是怎么样一种文化，它为什么最后能够接纳外来的佛教文化。我们现在经常说接收外来的佛教是中国文化发展史上第一次大规模的，也是非常成功地吸收外来文化的一次典范、例证。那么通过这个，就可以帮助我们更好地思考、认识中国文化的特点。因为历史会给我们一些启示：在我们今天中国文化应该怎样进一步发展？我们怎么来继承发展？所以，现在我想围绕着这样一个题目跟大家做一些交流。

就像刚才讲的，我们现在一般讲三大主干，这三大主干从宋代以后就形成了一个基本的格局，就是我们经常讲的三教合一，但三教在其中的地位和发挥的作用，实际上并不是完全平等的。所以我这里用的是"儒家为主，佛、道为辅"。

儒家的思想,在座的很多朋友都知道,从汉代董仲舒提出罢黜百家,独尊儒术以来,其实就成为我们中国文化一个非常重要的主导思想。但是主导思想不等于是整个思想文化的全部,所以它必须也要有其他文化来共同构成,最后形成以佛和道为辅的格局,我们把它称之为"儒家为主,佛道为辅"这样一个三教合一的格局。

宋代以后,一直到近代,中国思想文化的舞台就是这样一个基本的格局。我们下面就来重点讨论一下三教何以成为中国文化的三大主干,尤其是外来佛教如何赶超固有的诸子百家之学,与儒道并立为三。当然这种提法是帮助我们一起来探讨这个问题,如果严格讲,有些朋友会说,它赶超了没有?我前面讲中国文化本身有诸子百家之学,那么一个外来的佛教怎么最后也能够跻身到中国文化行列中间,(并)有一个重要的地位?

我认为,一种文化的长期存在及发挥它的作用,有其深刻的必然性。有两个方面值得我们特别关注:一个是文化的内在精神,这种文化本身是什么样一种文化?另外一个,就是社会人生对它的需求。一种文化之所以能够长期存在,既要有社会人生对它的需求,也要求它自己本身能够满足这种需求。所以这里我借用马克思曾经说的一句话,"理论在一个国家实现的程度取决于理论满足这个国家需要的程度",我的理解是通过学习马克思的这段话得出的体会。

儒佛道三家能够成为中国文化的主干,我们也可以从两个方面来看:一个是国家、社会及民众对这种思想文化的需求。另外一个,就是这种思想文化对需求的满足。

下面,分六个方面跟大家做交流。

第一个是关于中国文化的特质。因为三教会有冲突,在冲突中它们又会有融合,然后寻找到它们各自的一个基本立场,(给)自己一个定位,最后三教有相异又能相融、互补,这其实都跟整个中国文化的基本特点有关系。其中的冲突跟这个有关系,融合也一样。我经常想,完全不相干的两个东西其实谈不上冲突,也谈不上融合。它们既要有一些共同的基点,又在这个基点上形成一些碰撞以后的冲突和融合。下面第二、第三、第四部分就分别对儒、道、佛的一些基本思想和特点,以及它们的变化做些简要的探讨。然后再看一下它们三家怎么互融互补,怎么相异相同。最后提几点自己的感受及启示。

首先,第一部分,我想简单说一下对中国文化特点的一个基本看法。我认为中国传统思想文化本质上是一种关于人的学问。现在讲中国文化的特点,我们可以从很多方面来讲,从思维方式上讲,就是天人合一。平时也常说它注重于伦理,注重于圣人的教化,有时候有人说它特别有一种封闭性,也有人说它有一种开放性,等等。但是我觉得它其实都是围绕着对人的问题的探讨来展开的,都是围绕着对现实社会和现实人生的问题来展开的。经常有人说中国文化是一种安身立命的学问,也就说它探讨理想的社会和理想的人生是什么样子的,所以我把它称之为是关于人的学问。在理论上,它主要表现为重视探讨人的本质、人的本性、人的价值、人的理想,以及人的本质和理想如何在现实社会中得到实现,相应地就会对人的生死问题,对人的自由问题展开讨论。

我们可以很简单地看一下中国传统宗教。从上古三代以来,中国不缺乏宗教的观念、宗教的思想。从自然崇拜、神灵崇拜到天地鬼神祭祀。但是我们会看到中国传统的宗教观念、宗教思想,它都是以现实社会、现实人生为中心,都是为了现实人生的幸福,都是以现世现生的生存与幸福为出发点和归宿,这就表现出了跟西方一些宗教以彼岸世界为现实人生的价值目标的差异。西方有些宗教,现实社会人生是为了实现彼岸的理想,是为了荣耀神,是以自己的生活自己的行为去荣耀神。而我们中国祭神拜祖,都是希望神灵来保佑我们生活的幸福和快乐。

大家会说佛教后来不是有彼岸世界吗?我们下面会来分析。佛教本来是这样一种宗教,但传到中国以后,它慢慢本土化、中国化,就发生了很大的变化。最后,我们中国的佛教其实在众多的善男信女那里是希望佛祖保佑,也是表现出这样的特点。在中国,人的生活就是一切,现实的生活并不是为了实现彼岸的理想。天地神灵,高高在上,但却是实现现世人生幸福的重要力量。所以人们才去信它,才去拜它,所以中国人信奉神灵的根本目的不是出离人世,而是在为人世的生活求福佑。再看道教,有人说道教很超脱啊,道教远离现实的社会。但实际上它是把现实的社会人生无限地延长,希望得道成仙,长生不死。佛教,我刚才讲了,下面也会再提到,它本身把人生看作是一个苦海,要超脱生死。但是在中国的信众中间,都把佛教是看作保佑此生平安或来世幸福的这样一种宗教。

再看中国哲学。中国哲学中间也有很多流派,儒家、道家、名家、阴阳家、法家等等。在儒家里面,不同的时期也有很多不同的学派,比较典型的例子像荀子和董仲舒。荀子强调"从天而颂之,孰与制天命而用之"?他强调"制天命而用之",这个思想体现出一种人定胜天,通过改造自然,实现幸福生活的意思。董仲舒则强调"天人感应""人副天数",说我们人类社会、人的生理结构等等都是符合天意,符合神意的。但是,董仲舒的这样一种天人感应,这样一种对上帝天神的崇拜,其实也是希望能够秉承天意,并希望通过天意来推行儒家的主张,实现儒家的美好理想,从而能够实现美好的社

135

会和人生。

我的一个基本看法是，中国有不同的思想学派，他们的观点有时候看似针锋相对，像儒家和道家，看起来两家思想很多地方是对立的，但我们也会看到他们有一些基本的共同点，例如重视现实的人与人生，表现在哲学上，则是对人的主体价值和现世生活的肯定，只是各派在对人的价值取向上和在人的实现途径等问题上所持的见解各不相同，而正是这种不同构成了中华人生哲学的丰富多彩性。

这里就要具体说说儒家和道家。刚才也提到，先秦就有诸子百家之学。那么为什么儒、道会成为三大主干的两个重要的组成部分？在我看来，在诸家学说中间，儒、道两家最具有代表性。它正好是代表了两种人类社会和人生非常需要的两种哲学，这两种实现理想社会和理想人生的不同路径，正好能够形成一种互补。这里的儒，当然指孔子所创的儒家。这里的道，狭义的就是跟孔子差不多同时代的老子所创立的道家，广义的则还包括了后来的道教。大家可能也有所了解，道家思想的发展，到了魏晋以后就出现了新的情况。我们现在还有些学者把魏晋玄学说成是新道家，在魏晋时期的一个新道家。当然我个人也许会把它说成是道家和儒家思想的结合，是以道家哲学来论证儒家的伦理理想。但不管怎样，从思想学派的角度来说，魏晋以后，在中国思想舞台上，就没有一个学派意义上的独立的道家学派了，而道家的思想仍然在延续，它主要就是通过道教思想家在道教这么一个宗教化的思想理论体系中进一步得以延续和发展。因此，儒释道的"道"包括道家与道教，我们经常说"儒家学说""道家道教学说"，原因就在于此。

道家与道教两者有区别，也有共同点。就这个问题本身，也是可以探讨的，像我给学生上课，在博士生讨论课上设有一个专题，专门来讨论道家与道教的异和同。简单地说，我个人认为：道教是对道家理论的宗教化发展。下面会提到，道家最基本的就是强调道法自然要效法自然，要自然无为，而道教则把这个思想贯彻落实在它的全部理论和实践中间，这是道教的一个基本的指导思想。

由于儒、道两家思想最具有互补性，所以秦汉以后，儒、道两家思想就脱颖而出了，在中国思想文化中扮演着特别重要的地位。当然，这里也要说明，从战国中期以后到秦汉，儒、道两家扮演着越来越重要的角色，这时候的儒、道两家其实本身也在不断地演化。到了秦汉，秦汉时期的儒、道就是新儒家、新道家，也就是说儒、道两家本身在自身的发展过程当中，也融合了其他学派的思想。除了儒、道之外，外来的佛教之所以能够进入中国社会、文化，甚至进入到中国人的精神世界，与传统的儒、道并列为三，一个非常重要的原因就是它有一套非常独特的人生哲学。它能够帮助人以超越生死的眼光来对待生从何来，死向何处这样一个人生的根本问题。我们每一个人来到世间，其实都会面临着生从何来，死向何去这样的问题。佛教把它称之为生死事大，这是一个根本性的问题。但是人在童年时代，在青年时代，可能对这个问题关注不够。随着年龄的增长，这个问题就显得越来越重要。但是我们会发现，在中国传统哲学中，在儒家在道家乃至在道教的思想理论体系中，对人生从何来，死向何去关注较少。对人生死问题的解答，也有所欠缺。而外来佛教正好发挥了它这样一种特长。所以我这里称之为是弥补了传统儒、道对人的生死问题关注不够、解决不够这样一种缺憾。当然，这是我个人的观点。

下面来讲第二个问题。我们来具体看一下儒家和儒教。儒家思想是中国传统思想文化的主流。刚才提到的中国文化的特色、中国文化的精神，关注现实人生，在这一点上，儒家表现得特别突出，它这方面的影响也特别大。

我们可以看一下儒家在这方面有代表性的一些表达："未知生，焉知死？""未能事人，焉能事鬼？"这是孔子的话，表明儒家把关注的重心放在人的生（上面）。如果生的问题还没有解决，那么谈什么死呢？人的事情还没解决，怎么解决鬼神问题呢？所以大家知道，孔子儒家经常讲敬鬼神而远之，这个问题不多谈，但此处表达出来儒家从孔子开始，就对人生问题的关注和强调。

第二条，"马厩失火"，就是养马的马棚失火了，孔子问的第一个问题是伤到人了吗？也就是物质财产在人的生命面前显得不那么重要。人的生命、人的生存是第一位的。反映了儒家对人的生命，对人的关注和重视。

第三条，我引用"天地之性人为贵"这句话，这是儒家普遍坚持的一个基本看法。即在儒家思想里面，对人的重要性、人的地位始终是非常关注，非常重视。所以，陆九渊有一句话，"天、地、人三才等耳，人岂可轻！人字又岂可轻"！说人是万万不可看轻的。在古代，天、地、人被看作三才，无论儒家还是道家，都把天、地、人作为一个整体来思考，这是中国哲学的特色，中国文化的特点。它不是孤立谈天，孤立谈人，孤立谈地，它总是从天、地、人构成的总体来谈。而在这里，陆九渊表达了他对人的特别的关注和强调。

此处还有个问题，就是在讨论中，有些人会提出，说这里的"人"到底是指个体的人还是群体的人？因为有一种看法，认为中国文化比较强调伦理，比较重视群体，没有个人的地位。而儒家作为中国文化的主要代表，在这方面就表现得更加突出，对人的重视和关注不够，这是中国文化的缺陷。因为强调伦理，所以强调集体，因为强调集体，所以忽视人的价值。但是如果还原到儒家思想中间，就会看到其实不能这样简单地看。因为传统文化讲的"人"，包括刚才儒家讲的，其实是既包括个体，也包括群体。他是强调伦理，那么强调伦理的目的是什么呢？不是为了强调伦理而伦理，而是为了更好地实现每一个个体，实现每一个人，所以才来强调，有人说儒家强调伦理，抹杀人性，这种理解我认为不妥。

我这里引用一段话，《孟子》里的一个小故事。大家知道，古代礼仪强调伦理，男女授受不亲。这是礼，对不对？这个礼很重要。《孟子》里就举了一个例子，嫂子掉到河里去了，小叔子在旁边，要不要去救她？如果说男女授受不亲，小叔子去拉嫂子的手，显然就不合礼。但是如果不拉的话，她就要淹死了。所以你看孟子这里讲的是：如果嫂子掉进河里，即将要被淹死，你还不伸手去拉她一把的话，你就好比是豺狼。就不是人，是畜生，见死都不救，你还讲什么礼啊。所以他后面讲男女授受不亲，礼也；嫂子溺水，援之以手，权也。权是什么，就是权变，即权宜方便。也就是说一个根本原则是要讲的，这就是礼。没有原则不行，但是在面对人的生命面前，原则是为人服务的。所以在人的生命面前，你必须要有变通，人的生命要比所谓的礼、原则更为重要。

这就引出一个儒家的重要思想，对于礼这个伦理规范，用孔子的话来说就是要有所损益。所谓损益即可以不断地增加，也可以不断地减少。在孔子看来，夏商周三代都有礼，夏有夏礼，商有商礼，周有周礼。但是它是不断变化的，也就是说伦理规范非常重要，但是时代变了，社会变了，礼并不是一成不变的，要有所变化，这就是礼要有所损益。那么怎样变化？根据什么增加或减少呢？这就非常需要引进儒家一个思想"仁"，仁爱的仁。儒家之所以为儒家，孔子之所以创立了儒家，它的创造性就在于提出了一个以仁为核心的、仁和礼相互协调互动的一个思想理论体系。严格地讲，仁、礼都不是孔子的原创，我们现在经常说创新，仁和礼这两者其实都不是孔子的原创，大家都知道，孔子自己经常说他本人"述而不作"，他仅仅是叙述先人的思想，自己并没有创作。当然，这一方面是他的谦虚，但另一方面也符合实际，就是仁的思想、礼的思想并非孔子的原创。但是孔子对之作了创造性的发展，他把仁提高到思想中最核心最重要的地位，并且解决了仁和礼之间的关系。

经常有人会问我，学界也有不同的讨论，说仁和礼到底哪一个是儒家更核心的东西？因为大家都知道，如果讲仁的话，往往是带有对儒家的褒奖。因为讲仁爱嘛，觉得儒家还是有很多合理的思想。过去，我们在座的也有些比较年长的朋友，记得在文化大革命中批林批孔，要批孔子的话，肯定说礼是孔子儒家思想的核心。为什么？因为它强调礼，抹杀人性。其实在儒家那里，仁和礼的关系是互动的，以仁来规定人的本质，以礼来实现人的本质。

我们来看，孔子提出了"仁者，人也"。这个仁爱的"仁"是单人旁加两横，从字面上就可以看到，仁者，从二从人，就是两个人才能表现、才能体现所谓仁爱的仁。这说明什么？说明仁不是一个抽象的人性。就个体来说，它并不能表达所谓的仁。只有在两个人以上的关系中才能表现出来，所以孔子把仁作为规定来规范人性，他是从人的社会性角度来考虑问题的，而不是谈抽象的人性。紧接着他讲"仁者爱人"，人与人之间的关系是一种什么关系呢？就是要相互仁爱。只有在爱人中才能表达你的人性。你说你是一个仁者，单你自己坐在那里吃饭、喝茶，很难表现出你是一个仁者。但是你能对别人仁爱，就表现出你是一个仁者，体现了对他人的爱。那么对他人表达出爱，就表现出人与他人的关系，这个关系需要通过一定的规范来调节。人是社会的人，必须要遵守一定的规则，遵循群体生活的共同规范。所以孔子就提出个"礼"，说"克己复礼为仁"。这里我们可以看到，包括两个方面：一个是对自我的克制，一个是对他人的仁爱，就是要通过克制自己，包括克制自己的贪欲，克制自己人性上的一些弱点，通过不断的道德修养来完善自己，然后来恢复这样一种和谐的人伦关系，如此就能实现仁。他认为，假若都能做到克己，遵循这个伦理，那么天下就能实现"仁"的理想。要克制自己，提升自己的道德修养，就要靠自己的努力，所以就是"为仁由己"，而不是由人。相应的，儒家的一些理念像"己所不欲，勿施于人""己欲立而立人，己欲达而达人"，这些大家都很熟悉了，在全球都被高度地尊奉，大家对儒家提出的这两条原则非常的欣赏，被称为是人类伦理方面重要的规则。这里我们就可以看到，自己不喜欢的，不要去强迫别人，自己想要的也要帮助别人实现。这个实际上就是人与人相处的一个很重要的、也是非常基本的原则。

　　前面提到，礼要有所损益，而礼要有所增加有所减少的一个标准，一个重要的参照，就是看是否符合"仁"。也就是说以仁来规定、来取舍礼，孔子有一句名言："人而不仁，如礼何？"如果离开了"仁"，"礼"还有什么意义。礼就变成是一个空洞的、外在的、形式的，只有赋予了礼以仁的内容、仁的内涵、仁的本质，礼才有意义。礼是为了帮助更好地实现人的本质、人的理想，这才是它的价值所在。

　　我们来具体地看一下儒家思想在这方面的展开。从仁到礼，这是社会性的人性的表达和实现，必须要借诸于礼。大家知道家庭是人类社会关系中间最基本的单位，我们经常讲家庭是社会的细胞，对吧？最初的社会关系就表现为家庭关系。所以大家看到，儒家最初强调的就是孝。把孝称之为礼之始，"孝者，礼之始也"。因为礼是要协调人与人之间的社会关系，那么首先表现为在家庭中间，要讲礼，就要讲孝。所以《论语》里面也讲到"孝悌也者，其为仁之本"，孝最初在儒家伦理原则中非常重要，它是实现仁的一个根本。

归结一下我上面的表达，再回到前面提到的人到底是个体的人，还是群体的人。儒家到底是重视个人，还是注重人伦关系，我认为这两个方面是一个整体，不能把它孤立隔离开来。对人的重视和对人伦关系的强调，构成了儒家的两重性格。我个人认为这一点非常重要。因为它强调人伦关系，在中国古代封建社会中，有可能帝王以此来加强专制集权，从而造成对人和人性的一种迫害。所以我把它称为是儒家在封建社会难以实现、也难以摆脱困境的一个重要原因。反过来，我们今天打破封建专制来实现儒家的价值就成为可能。

马克思、恩格斯在《德意志意识形态》里面讲到社会关系，认为家庭最初是唯一的社会关系，但是后来不断地发展，慢慢地扩大到了国家。在中国，儒家思想的发展也伴随着这样一种社会关系的丰富发展而不断地发展。当家庭扩大为国家的时候，我们会看到儒家的孝就发展为忠。大家知道，到了秦汉的时候，中国建立封建统一的国家，在这样一个背景下，儒家的一些思想有了发展，刚才我们提到"孝是仁之本"，在秦汉时代有新的提法，称为"忠者，其孝之本也"，就是你要实现人的本质，在你的家庭中就要讲孝，而孝上升到了国家（层面）以后，你就要讲忠，强调忠者其孝之本，在中国封建伦理中间我们经常讲忠孝，忠孝不能两全，怎么办？作为一个国家对你的要求，那就是要忠君。

我前面提到过，到了汉代，董仲舒强调"罢黜百家，独尊儒术"，大家注意，独尊儒术，而不是独尊儒学。"术"是技术的术,统治者把它作为一种统治术在看待,所以是罢黜百家,独尊儒术,把儒看做是一种术,而不是看做一种学。董仲舒的思想,由于时间关系,我不展开了。但大家多少知道一点,他强调三纲五常,而且三纲五常是本于天,他的一句名言"三纲五常本于天,天不变道亦不变"。本来人与人的相处遵守一定的规则是为了更好地实现每一个人的本质,每一个人的价值,而把这种伦理变成一种纲常名教,变成一种道德戒条,被专制集权政治所利用以后,我认为,儒家再谈人的价值、人的理想、人的实现,就是一种纸上谈兵,难以实现了。

可能上面讲得有点抽象,我举一个例子来帮助大家理解我刚才的表达。比方说北京的交通很拥堵,我们每一个人开车在路上都希望自己能够尽快地到达目的地,这是我们共同的理想。为了帮助每一辆车尽快地到达目的地,我们必须遵守一定的规则,就是交通规则,对吧?如果说每个人都在抢先,跑到路口你要进我也要进,最后必然的结果就是大家拥堵在一起,所以这时候就要有红灯和绿灯来控制。你想要尽快,你也要帮助别人尽快,就是前面儒家讲的,"己欲立则立人,己欲达则达人",你不想被堵在路上回不了家,那么"己所不欲,勿施于人",你也要让别人尽快地回家,最后的结果才是你自己也能尽快地回家。这时候的交通信号灯,就等于刚才讲的儒家提出的一套伦理规范,人是社会的人,大家在社会中就要遵奉一定的规则、规范,从而才能更好地实现自己,就像"红灯停,绿灯走",这是一套比较好的设计。但是如果说这个红绿信号灯掌握在一个专制集权人的手上,他不遵守法制,他自己又有绝对的权威,我看你顺眼,我就让你走,我看你不顺眼,我就不让你走。是我的亲朋好友,我让你优先,你是我不认识的,对我没有意义,没有帮助的,我就不让你走,甚至还要罚你。上面的例子说明当权力掌握在一个专制集权人的手上，就像我们讲的警察如果不守法，他对自己讲人情，就像过去，如果碰到交通事故，出了意外，都要找熟人走关系，因为警察有很大权力（而他自己又不守法），那么这套规则就很难实行。当然现在这种情况少多了。

我举这个例子是说，儒家其实也是希望每一个人都能在现实社会中很好地实现自己，所以每一个人又要受一定规矩的约束。而这个规则的约束必须要有一个法治的环境，到汉代以后，中国社会成为一种专制集权的社会，所以三纲五常，所谓的伦理道德就变成了一种纲常名教，变成了外在的一种帝王所使用的统治工具。那么儒家的理想只能纸上谈兵了。只有打破、推翻这个专制集权，儒家的这一套才有可能真正得以实现。所以当作为天理流行的三纲五常发展为吃人的礼教的时候，儒学、儒家对每一个人的关注，也就逐渐淹没在对人伦关系的强调之中了。我们看到的现实就是这样，汉代以后，三纲五常被强调，到了明清启蒙思想出来，把所谓的儒家、儒教称之为吃人的礼教。

最后简单提一下儒教问题。现在在学术界，有这样一种看法，就是儒家思想发展到汉代以后，慢慢地走向了宗教化。即它本身是一种伦理学说，一种思想学说，但慢慢就变成一种宗教了。以任继愈先生为主要代表，在八十年代又重提这个观点。当然学界对这个问题也有不同的争论和看法，有的认为儒学具有宗教性或具有某种宗教的功能，但它本身并不是宗教。即使认可儒家后来发展为一种宗教了，也有一些不同的提法。比方说有学者认为从董仲舒强调三纲五常，儒学就宗教化了。有学者则认为一直到宋明理学，特别是到宋明理学的集大成者朱熹那里，强调所谓的要复尽天理灭尽人欲之时，儒学就完全变成了一种宗教，对人的思想人的行为成为一种束缚了。

这点因为时间关系就不展开了。我要说的是,儒学从探讨人的价值,追求仁的实现出发,最终在专制集权的封建社会却导致了对人的束缚,对人性的束缚,应该说这是儒学的悲哀、儒学的悲剧。所以只有打破封建的桎梏,才能真正结束这种悲剧,救出儒学中对现代社会和人生有意义有价值的东西,这也是现在大家共同的使命。它要求我们在21世纪的今天,积极投身到社会改革中间去,为拯救儒学的合理内核创造更好的条件。

我们下面慢慢地从儒家过渡到道家。就儒家我介绍的这些内容,主要是谈"仁"。儒家、儒学谈仁基本上是仅限于现实,就是此生此世。而且儒家谈仁的实现,强调的主要是一种道德上的自觉,是一种劝善。劝人为善,劝人要做一个好人,劝人要做一个君子,劝人要不断地提升道德,增强道德修养,完善人的道德人格。但问题是你怎么从人的自身来强调为善去恶的必要性? 如何使得这种劝善具有一定的权威性和强制性? 劝人要做君子,不要做小人,但是如果碰到有人不想做君子,他说自己就是一个小人,就像我们现在碰到的一些人,讲到这里我就会想到王朔以前有句话说"我是流氓我怕谁"。在现实生活中,我们大家都有这种体会,在路上碰到一点事情,遇到讲理的,你去沟通他会听。比如你说你这个不行,这个不对,这是不道德的。对方可能会说,不好意思,对不起。如果碰到一个不讲理的,你说这个不对,他会回答不对就不对;你说你这样不好,他说不好就不好;你说你这不道德,他会说我就不道德,你怎么样? 如果你碰到这种人,靠儒家的思想来劝他,好像就缺少力量。

另外还有一点非常重要,就是儒家劝人要努力,要不断地进步。问题是,人们在社会现实中间,在社会关系中间,有时候并不总能顺利地实现自己的理想,我们在古代历史上看

文津演讲录14

145

到过很多，有些人满怀着热情要报国报民，像岳飞，但最后外在的条件使他受到陷害，未能报国，他想要努力实现自己的理想，但在那个社会关系中间，根本没有可能。大家都知道，儒家经常讲"天下有道则见，无道则隐"。另外还有一句话大家可能更熟悉"穷则独善其身，达则兼济天下"。这些话是对的，在中国古代封建社会，如果碰到明君，在用贤用人的时候，你主动站出来；碰到昏君，那你就自己慎独，好好地待在家。但是我们看儒家，即使讲独善其身，讲天下无道你就隐，他其实还是在等待机会。所以我这里引用了《论语》的一句话"隐居以求其志"。也就是说，儒家始终坚持积极进取的一种精神。即使天下无道，他暂时退隐，也期待着能够有机会入世。所以孔子自己也曾经讲过"知其不可而为之"。他还是要努力，但问题是这样做是否能够解决全部问题？显然还是有所不足。

这就过渡到下面讲的第三个部分：道家和道教。道家、道教提供了另外一种思考人生解决人生问题的方法和途径。刚才也提到，老子道家最核心的一个思想，就是提出了一个本性自然的道。道的本性是自然无为，通过无为而实现无不为。所以在这一点上，我们也经常说老子的自然无为，并不是像有些人理解的那种简单的消极的无为。他这里的无为是不要违背自然的所谓有为，而是强调要顺应自然，这是无为。通过无为而无不为，顺应自然的规律，顺应天地的运行变化。在道家看来，天、地、人是一个整体。天、地、人都体现了"道"，就是庄子讲的"道通为一"。所以天道自然无为，人道当然也应该效法天道。故而道家有句名言，"道大、天大、地大、人亦大"，"人法地、地法天、天法道、道法自然"。

道家根据它的基本思想、基本理想，对"仁义有为"有批评。所谓"大道废，有仁义。智慧出，有大伪"。这样看来，所谓的仁义其实就意味着大道已经被废弃。所以又讲"失道而后德,失德而后仁",所谓的礼也是"忠信之薄,而乱之首"。读这些话,好像觉得道家不要礼仪规范,不讲仁义,如果从表面上理解,似乎道家在这一点上不如儒家。但是,道家其实是从另外一个角度在看社会的发展和人生的一个理想状态。

这里举一个例子,可以帮助说明。我曾经给台湾来的学员上课,他们刚到就看到我们南京在整治环境,马路上拉了很多横幅,说"以不闯红灯为荣""以不随地吐痰为荣",诸如此类的一些横幅。他们来了以后就说,南京人很文明啊,一路都在宣传不要随地吐痰,不要乱闯红灯,很文明。当时我就笑了,问他们,如果大家都很自觉地不随地吐痰,你觉得有必要拉横幅大张旗鼓地宣传吗? 如果大家都很自觉地文明开车,养成习惯,你觉得有必要大张旗鼓地宣传不要乱闯红灯么? 大家想一下就可以理解了,正是因为出现了问题,才提出需要来整治。

可以想见,道家从另外一个角度在提醒我们,告诉我们在提出仁义的时候,就说明社会中出现了很多不仁义的现象。所谓的有智慧的时候,其实就有虚伪的现象会出现。这个正好从另外一个角度在告诫我们,人类社会的发展,人类文明的进步,需要从多重角度来看待来认识。事实上,我们看到道家的提醒是非常重要的,也是非常现实的。因为随着儒家、道家的出现,随着中国社会的发展,我们看到虚伪的仁义越来越多。鲁迅先生说,他看到很多人满口仁义道德,最后满肚子男盗女娼。而我们在现实中也看到,有些人越是唱高调,他其实可能自己做人做事越是不像话。所以老子道家的智慧就体现在这里,不要以为提出仁义道德,好像社会就进步了,社会就发展了,而恰恰有可能是整个社会虚伪,整个社会缺少仁义,但大家却在嘴巴上满口讲仁义。这点随着年龄的增长,大家对社会的现实感受会越来越深。

为什么道家会从这样一个角度提出自己的见解和看法,跟儒家形成不同?我们可以很简单地来看一下他们两家思想出现的历史文化背景。大家都知道,春秋末期是所谓的礼崩乐坏的时期。既然礼崩乐坏,当时的思想家就要对此做出回应和思考,就是社会应该如何进一步地发展?儒家其实是从建设的角度,希望重建礼乐文明制度,它强调圣人的教化,我把它(儒家)称为是积极的建设者,希望通过圣人的教化,通过礼乐文明制度的重建来恢复人类文明良好的秩序,来实现人类美好的人生。而道家走了另外一条路,它是用一种批评的甚至批判的角度来指出人类文明的进步可能导致的负面的影响,我把它(道家)称之为是批判者。

我认为对于一个社会的进步、发展,批判者和建设者都同样重要。我们可以设想一下,在现实社会中间,如果有一项制度或政策要出台,一边倒地大唱赞歌,在座的觉得这一定是很好吗?我们说任何事情总有它的两面性,都有它的局限和不足。在推行一项制度,推出一项政策的时候,如果充分地看到它的不足,看到它的负面,或者是可能引出的负面,比你一面倒地唱赞歌可能更有意义和价值。我们现在在现实中就碰到好多事情,是不是?出台一项政策,很多问题后面就出现了。所以我们现在提倡先要进行一些调研,听听不同的意见。那同样,如果说一种制度、一种政策、一个措施要推出,你总是说不好,总是反对,大家设想一下,这显然也不行,那就什么事情都做不成。任何事情都有两面性,我们只能在利弊得失中间取它利大的一面,尽可能地克服它的弊端。这样的社会,这样的人生才是比较良性的,比较健康的。

儒家和道家在我看来正好是扮演了这两个不同的角色。一个是积极推进建设性的,而另一个是批判性的,不断在提醒你可能引发的一些弊端。有些人对道家有误解，包括先秦的荀子。荀子也是一个大思想家，被认为是集先秦思想之大成的一个大思想家。但是他对道家也有批评，当然他表面上批评的是庄子，实际上批评的是整个道家。一直到现在还有人来借用他这句话来批评道家，称为"蔽于天而不知人"。荀子认为庄子过分地强调了自然，强调了天道，而对人关注不够。在我看来，如果是说道家对人的社会性关注不够，它比较多地强调人的自然本性，强调人的个性，那么荀子的批评是有一定的道理。但是如果说庄子乃至整个道家对人不关心不关注，我觉得这是不准确的不全面的。因为道家的理论框架，我下面将会讲到，虽然是自然，但它的着眼点其实始终没有离开过人，它为什么谈自然？它不是为了自然而自然，而是希望人能够顺应自然来实现自己的理想。最后的落脚点还是为了人的幸福，包括它对仁义的批判，是希望人们关注虚伪仁义的可能性。

文津演讲录14

我刚才讲了，事实上在后来的历朝历代，这种虚伪的仁义，特别是在统治者那里存在太多。魏晋的时候是最典型的，大家知道魏晋时期社会的变化，朝代的更替非常频繁，而当时相互之间的攻击都是用仁义，用忠孝。有些是大臣把自己的主子皇帝杀了取而代之，那他这个时候就是不忠，就要强调以孝治天下，因为他自己没有做到忠。另外有的是他自己家庭造反，儿子造了老子的反，取而代之当了皇帝，实际是属于不孝，那他这时候就要强调忠，即别人要对他这个皇帝尽忠。互相之间，有的讲对方不忠，有的讲对方不孝，其实大家都是不忠不孝之人，但是都用忠孝互相攻击。老子道家就在提醒我们注意这些，真正理想的就是大家不要有那么多奸诈，不要有那么多心机，不要有那么多假仁假义。大家淳朴一点，其实我们在现实中也可以看到有些人很淳朴，他可能讲不出那么多道理来，但是我们很愿意跟他相处，因为觉得他很淳朴。有些人夸夸其谈，一套又一套的，什么东西他都懂，什么东西他都在理，但是你就不敢跟他交往，因为你会觉得他城府太深，或是太会做表面文章，其实这就是道家的道理。

这里我说老子讲的"道大、天大、地大、人亦大"，人居其中之一。表面他讲天，讲道，但丝毫没有贬低人，没有不重视人，他是给人的地位以足够重视，足够肯定。只不过道家在对人的看法，对天的看法，对天道的看法，对理想的社会和理想的人生的看法上，走了与儒家不同的道路。从另外一个方面来提出自己的见解和想法。

比较一下，儒家比较重视的是人的社会性，从孔子强调仁，他是从人的社会性的角度来看人性，看人的理想的实现，必须放在社会关系中间。而道家比较强调人的自然性，强调每个人的个性，更强调个人的自主独立和自由，庄子有一句名言，叫做"独与天地精神往来"。

现实生活中，在每一个人的价值实现这个问题上，我们也看到儒、道两家各有特长。儒家走的是入世的道路，通过入世有为，所谓"修身齐家治国平天下"，通过这样来成贤成圣，所以提出"内圣外王"这一套。而道家主要是通过避世无为，强调的是返璞归真，它想挣脱社会伦理的束缚，通过效法自然的无为来实现人生。老子的自然无为，其实也是一种人生论。我认为他是为人生道路的实现提供了另外一种迂回曲折的道路，与儒家走的是两条道路。

老子、庄子他们的人生论，我觉得也是有意义的，它包含着对人类文明本质的深层思考，和伴随人类进化所带来的某种弊端的反省。他其实强调了人的生活，人和人生活的本来面貌及其重要意义，也提出了人类在创造文明的同时，不断被异化的可能性。这一点,我觉得非常有现实意义,而道家的这样一种智慧和洞见现在也越来越被大家所认识和肯定。因为在现实中,我们看科技发展可以说是日新月异,但是科技的进步是否一定给社会和人类的生活带来幸福? 现在看来,未必。很多科技的新发明、新创造,有可能给人类带来幸福,也有可能给人类带来灾难,而且科技进步越发展,越有重大突破,给人带来的威胁可能也越大。包括克隆技术,包括原子弹、原子武器,最近朝鲜的事情也闹得纷纷扬扬的。原子能技术它可以给人带来幸福,比如发电。但也可能带来灾难,甚至把整个地球毁灭几遍都够了。这时候就需要有一种智慧来把握,所以我们经常讲知识和智慧是不一样的。知识可以不断地创造财富,但知识不一定都能带来幸福。必须要有智慧,我觉得道家在这一方面给了我们重要的提醒。

我这里提到庄子,大家可能经常听到,过去批评庄子,因为《庄子》里面有个小故事。庄子举例子,说有个简单的机械装置,可以从深深的井里面取水。在深井里取水,如果用绳子把它吊上来非常费劲。但是利用杠杆原理,用一个辘轳把它摇上来就比较轻松。可有了这个发明后,有一个人仍然不愿意用,庄子很奇怪,问他:用简单的机械可以把水轻松提上来有什么不好呢? 那个人就说:一个人要保持纯朴,如果用了这些机械的东西,人就会生起机巧之心。他认为要保持初心,就不该用这些机械的东西。过去我们因为这则故事批评庄子复古保守、反文明。现在换一个角度来看的话,庄子举这个例子实际上是提醒我们回归人的真诚淳朴,同样非常重要。

儒、道尽管有上面两种我讲的不同的倾向,两种对社会人生理想的不同看法,但是他们的共同点都是为了实现美好的社会和人生。所以我们也看到在战国中期以后,一直到秦汉,儒、道两家其实也在互动。

《易传》里面讲的"天下同归而殊途,一致而百虑",其实就看到了这个问题。大家的共同理想和目标有一致性,但会提出不同的见解,不同的方案。《庄子·齐物论》是名篇,我们经常说可以从不同的角度来理解什么叫齐物。过去比较简单,批评它相对主义,抹杀事物的差别,其实不是那么简单。一般认为,至少可以从两个方面来理解:一个是齐物之论,一个是齐同物论。齐物之论是看到事物有差异也有共同点,讲"道通为一",从道的角度来看,天、地、人有共性。另外一个,齐同物论,说明庄子也看到了,这个物论就是关于事物不同的见解和理论,虽然各家学派有很大的分歧,但是他看到其中有共同点,所以齐同物论本身也想寻找共同点。

从战国中期到秦汉一直到魏晋玄学的出现,其实都可以看到儒、道两家是在兼收并蓄其他思想学派的基础上脱颖而出的,在中国传统思想文化中发挥越来越大的作用。同时,他们两家也互相融合,魏晋玄学就是一个儒、道思想结合的产物。传统的儒家思想从董仲舒以来被奉为主导意识形态的思想,随着汉王朝的灭亡,它就不再有过去那样一种权威了。但是它所提倡的所谓通过人与人之间的关系,社会与人伦关系来实现理想的这样一种理论,还是有它的意义和价值。它强调的所谓仁义礼智信这些道德原则,在整个社会关系没有改变的状态下,仍然是最有意义的,也是最重要的。

这样的话,就有一个在新的时期(魏晋时期)怎样既能发挥儒家的理念,同时又对它的不足进行修正的问题。这就是玄学出现的一个重要背景。玄学讨论很多虚玄的问题,但是同样,它也没有离开对现实社会人生的关注。我们看它讨论的各种所谓的本末、有无、言意之辨等,都是玄学,魏晋玄学在哲学上达到一个新的高度。但是它关注的核心问题是名教与自然的关系,我们称之为名教与自然之辨。其实名教就是儒家强调的伦理,从人的社会性来看人看社会,自然就是道家强调的每个人有自然的本性。这两者,我前面也讲了,各有它的特殊的意义和价值。魏晋玄学就是讨论这两种是否有可能结合,是否可以既保留每个人独特的个性、独特的本性自由,同时又能在社会伦理中得到实现,这就是名教自然之辨,我把它看做是儒、道两种思想的一种结合。以道家的哲学来论证儒家的伦理理想,这两者结合,使二者从诸子百家之学中脱颖而出。这两者之间的这样一种结合,也为接收外来佛教提供了思想理论的准备。这也是外来佛教进入中国所面临的一个现实的文化环境。

佛教是在两汉之际传到中国的,大概在西汉末年东汉初年传到中国,它刚传到中国来的相当一段时间内,人们对它并不是很了解。人们仅仅看到一个宗教,(这个)宗教的信徒是和尚,出家人,就是剃除了须发,披上了袈裟,给人的感觉是一个不忠不孝的宗教。因为他出家,不在家里尽孝,然后他不娶妻生子,儒家说"不孝有三无后为大"。他又是作为方外之人,出家之人,对现实的礼法不加尊重,不加重视,不加遵守。所以当时就出现所谓不礼敬王者,沙门不敬王者,受到了批评。而对佛教的思想理论,它的文化精神,最初人们并不是很了解。到了魏晋时候,佛教所谓的"万法皆空",通过有无的辨析来表达,正好跟魏晋玄学所谓"贵无崇有"的话比较相通比较相同。所以佛教的思想、理论、教义学说伴随着玄学的流传而在中土传播开来,外来的佛教真正进入中国的思想界、文化界、哲学界,是从魏晋时期开始的。魏晋时期中国原有的思想文化土壤和环境,对佛教的传播和发展产生了很重要的影响。这也是佛教能进入中国,并成为文化三大主干之一的原因,中国本土文化环境提供了有利的外部的条件。

这里简单说一下道教,道教是会通了神仙信仰,而对道家做了宗教性的拓展。道教是东汉时候创立的,有太平道、五斗米道、魏伯阳的金丹道。非常有意思的现象是:道教没有统一的创始人。它跟其他宗教都不一样,其他的宗教像基督教、佛教、儒家或者儒教都有一个创始人,而道教其实没有一个统一的创始人。从道教的源头上看,更早的当然可以追溯到秦汉时候的黄老道、先秦的方仙道,到了真正创立的时候,它又有不同的创建。太平道,大家知道黄巾起义打的口号就是太平道,"苍天已死,黄天当立",是农民起义曾经推崇过的,后来流到民间,就失传了。五斗米道,就是大家熟知的天师道,张天师有这么一个传承。另外当时有一个魏伯阳的金丹道,主要是通过修道,炼丹。由于时间关系,我不展开了。

道教以道家思想为理论主干,又杂以其他多家学说。它不讲道家效法天道的自然论和贵生重己的人生论,而讲长生久视之道,把道家讲的长生久视,进一步发展为成仙不死之道,它希望通过修德行,修方术来追求理想的人生,过一种永恒的无忧无虑的神仙生活。道教跟道家在指导思想上有一致性,但是也有一些不同,一个很鲜明的不同就是它创立在汉代,刚才也讲了,汉代是中央集权的统一的国家,在这样一个背景下创立的道教,非常明显地是对名教伦理的妥协。所以第一部道经《太平经》就明确提出"为子当孝,为臣当忠",它不像前面讲的老子、庄子对伦理的批评。到了东晋葛洪的《抱朴子》,葛洪是一个道教的重要思想家,他进一步提出,你要修道成仙,必须要遵循名教。他甚至提出"欲求仙者,要当以忠孝和顺仁信为本。若德行不修,而但务方术,皆不得长生"。就是说道教要通过道术的修炼才能长生,但是如果你仅仅修道术、方术而不修德行,不讲忠孝和顺仁信,你是成不了仙的。也就是把遵奉儒家伦理名教,遵奉社会道德规范,成为他成仙的一个前提。这里我们可以看到道家和道教有很大的不同。

当然,道教也有自己的特色。它有各种各样的道术,各种各样的炼丹等等,这是道教区别于道家的一个非常重要的特点。但是有一个共同点,它们都是模拟自然,以"天人一体"为理论基础。我们看道教一个基本的地方,在道教里面,有内丹、外丹,对吧?道教要炼丹。"修丹与天地造化同途",这是它们提出来的一条基本原则。也就是说,在道教思想体系中,在道教的道术修炼过程中,它的指导思想是天、地、人是一个整体,大地是一个大宇宙,人是一个小宇宙,它是模拟天地的大宇宙来修炼自身的小宇宙,效法天道来修人道。道教修丹有外丹和内丹。在秦汉、汉唐,我们一般说它以外丹为主,唐宋以后,转为内丹为主。早期的外丹是假求于外物以自求坚固,这也是顺应着天地的造化。因为它看到天地之间有一些永恒的,比如黄金,黄金是百炼不消,他们看到了,像葛洪,认为人吃五谷杂粮都能维持生命,那么如果汲取天地之灵气,天地之精华,生命就有可能得到无限延长。黄金可以百炼不消,若把黄金、水银这些东西炼成一个金丹,吃了可以改变人的体质,不也就有可能长存? 当时皇帝很感兴趣,那好啊,就叫你修外丹,修了外丹给我吃,我好长生不死。这个仙丹其实炼不出来,最后给皇帝吃了,皇帝死掉了。炼外丹,有些东西还是有毒的,道经上、道书上也有这方面的记载。皇帝吃了它非但没有长生,反而早死了。所以一开始把炼丹术士聘为三品、二品大官,但由于他炼的仙丹,皇帝都吃出生命危险来了,最后又把他给杀了。所以到了唐代以后,炼外丹就慢慢转为炼内丹。内丹是炼人的精气神,把人的身体比作一个炼丹的炉子，来炼自己的精气神。所谓"炼精还气，炼气还神，炼神还虚"，最后提升为长生不死。一方面给你讲得神乎其神的，也可以给你很多指导，但另一方面最终炼成与炼不成，功夫在个人。你炼不成可能跟你自己有关，对吧？所以唐代以后就经常炼内丹，再往后道教的内丹修炼逐渐地跟佛教会同，慢慢就走向强调人的心性的修炼。

总体上，我们会看到，道教这样一种修炼是循着道家的思想发展的，但是它把效法自然推向了神学的轨道。当然，我们可以说它也是一种独特的人生论，它其实是沿着道家的路向做出了另外一番别致的开拓，就是在现实世界之外，开出一个神仙世界，作为它的一个理想的境界。

我们下面再从儒、道最后过渡到佛教。从表面看起来，

积极进取有儒家，进取如果不顺，退还有个道家和道教，在现实生活中，两者可以进行互补。两者虽然有这样一种互补，但是我们仍然可以看到它们有一定的局限，就是它们比较停留在现实世界、现实人生中。儒家讲"未知生，焉知死"，比较偏重于对人的生的问题的讨论。道家其实也有，道家讲"六合之外，圣人存而不论"，就说明更多地将关注放在现实社会人生，这个以外的东西我们暂且不论。但是我们也经常讲一句话，"不识庐山真面目，只缘身在此山中"，对人生的问题要看得透彻，你身在其中，往往看不全看不透。如果跳出现实的人生来看，也许会提供一个新的角度。所以佛教就是这样，它不是仅从人生到死这样一个阶段看人生，而是把生到死进行拓展，即所谓的"此生此世"；然后，把它向过去拓展，所谓"过去世"；再把它向后拓展，叫做"未来世"。把人生拓展到过去、现在、未来三世，再来看其中一段，它就提供了另外一种视角，也提供了另外一种理论，给人以新的启发。这样的话，佛教跟儒、道两家的侧重点就有所不同了，在这个问

题上它们彼此就能形成一种互补。

我们再来看一下佛教。今天讲的第四个部分就是"印度佛教和中国佛教"。佛教，大家都知道，有印度佛教和中国佛教之别，但佛教都坚守一些基本的出发点，这就是"人生皆苦"。人生是苦海，苦海无边，回头是岸，这是它的一个最基本的出发点。佛教所有的理论，所有的修行，其实都是围绕着解脱生死，解脱人生痛苦这样一个核心，所以我们称佛教是解脱论。佛教的解脱论就是要解脱生死痛苦，这是它的基本出发点。它有很多理论，例如"四谛"，讲苦、集、灭、道，从分析人生的苦难开始，我们在各种思想学说中，会发现佛教对人生痛苦的分析非常有特色，也非常深入、细致而有意义，而且人在接触这种理论的过程中，都能有深刻的切身感受。人都有生老病死，佛教讲各种各样的人生苦难，并分析痛苦的原因。先探寻生老病死的原因是什么？然后来帮你来寻找解脱生死的方法、途径，来教你怎么实践，最后帮助你摆脱苦厄。

佛教有它的一套理论论证，"缘起，无我"。"缘起"是说一切事物都是因缘和合而有，用我们现在的话来说，都是条件的聚合。没有一个不变的主体，没有一个实体，没有永恒绝对的存在（神），所以它就否定了神意，否定了神的创造，强调众生平等。通过缘起，它强调万法性空，空的意思就是没有一个永恒绝对的存在，没有一个不变的主体，用佛教的话来讲就是无自性，也叫"无我"。就像一所房子，比如我们这栋大楼可能在一百年前或者在两百年前没有，同样，在两百年以后，五百年以后，可能也不复存在。就是所谓这个大房子，它是由砖瓦水泥石头，包括工匠，包括设计师，在各种条件聚合下，建造而成的。如果把它拆掉了，我就可以把它盖成其他的建筑。同样这些材料，同样这些工匠，我可以建造出其他的东西，即一个东西它不是永恒不变的，所以从这个角度讲它就是虚幻而不实的。如此看起来佛教对人生苦痛的分析，以及它的追求好像是一种很消极的人生论。但是，它背后是有追求的，我经常讲它强调人的自作自受的业报轮回，就是说，你为什么痛苦？是你自己造下的业。你现在的境遇是你过去所做的一个结果。它的特点是强调自作自受，跟儒家、道家不一样。像儒家也有"积善余庆"说，积善之家必有余庆，积不善之家，必有余殃。就是讲为善之人，可以福及到整个家族。所以我们要祭祀祖先，就是希望祖先做的好事可以惠及到子孙。道教也一样，道教有所谓的"承负"说，意思是他做的好坏善恶可能会影响到子孙。而佛教非常强调自作自受，你自己的境遇状况都跟你自己密切相关。佛教

通过这样一种理论，把人们引向"诸恶莫作，诸善奉行"，是教人为善去恶，以此解脱人生的痛苦。佛教要追求永超苦海的极乐世界，这种宗教思想、教义学说里面，其实包含着对人的肯定，包含着通过人自身的努力来实现人生永恒幸福的一种追求。但是这样一种追求在印度佛教里面，是被隐藏的，是被它的教义学说所压抑的。就是说这种东西在印度佛教中没能得到充分的发展，是我从这里面挖掘出来的。你说你信奉佛教，那最终要干什么呢？最终还是要追求一种永恒的绝对的西方极乐世界，所以这个里面本身就包含着积极的人生论。仅仅不同的是，它把美好的人生理想放到未来。在不信教的人看来，那是虚无缥缈的未来，但对信教的人来说，那就是一个真实的可实现的理想、梦想。印度佛教中所蕴含的这种对人生幸福的向往和追求，在中国文化中得到了新的拓展，并提供了与佛、道融合的基础和可能。

　　佛教对人生内涵的扩大，就是我刚才讲的从现实的人生扩大到过去和未来，以及对道德行为自作自受的强调，其实

正好体现了佛教的一个特点,也保证了佛教这样一种为善去恶的道德说教的威慑性和权威性。它跟我前面讲的儒家道家就有点不一样了,它叫你为善去恶,有一种天堂、地狱在那里对你警示。所以,如果你碰到恶人,你叫他为善,他说我是流氓我怕谁,甚至你说这是犯罪,他说犯罪大不了枪毙杀头,过去讲杀了头不过碗口大的疤,他连这个都不怕,你说你能拿他怎么样?但是佛教就不一样,佛教会告诉你,你如果犯了罪杀了头,死掉了,是你另外一个人生的开始,你还要在地狱继续受苦。所以佛教与儒、道有所不同,它的人生论也有一种特殊的魅力,最终还是希望你为善去恶,追求有理想的永恒的幸福。这跟我们中国的儒、道又有相契合的地方,就提供了一种融合汇通的可能,也提供了相融互补的契机。

在佛教刚传来的时候,我刚才讲到,它跟我们儒家的传统文化有很大差异,佛家弟子被批评为不忠不孝。当时的佛教徒就大力论证,我是出家人,你不能拿简单的社会礼数来看待我们,评判我们。比方说,我修道成佛了以后,父母兄弟都能够得到解脱,这不是最大的孝?你怎么能说我不孝。你说的孝是小孝,我追求的是大孝。另外你说我不忠,我就说佛教的教义学说是劝人为善,请大家一起来修身修佛,对整个的国家,对整个的社会的和谐都具有儒、道起不到的作用,非常的重要。中国佛教里面也引用了很多儒家的东西,以强调与儒家其实不相违背。

还有个老子化胡的传说。《史记》里面讲老子西去,最终不知到哪儿去了。等到佛教传来了,有人就说,哦,这可能是老子的传人又回来了。当时有个说法叫"老子化胡",就是老子跑到印度,跑到西天变成了胡人,变成了胡神,又回来了。就像走娘家又回老家来了,所以从这个角度,外来的佛教本来就是中国文化的一个流派,回到中土不应遭到排斥。但也有人说，即使你与儒道无异，那既有儒道，何用佛教？这也促使外来的佛教自己思考，既要跟儒、道不相违背，又要提供与儒、道不同的东西，这样它才能真正在中国传播发展。完全不相干，完全相反，会被赶出去；完全一样，又会成为多余，所以这是个非常有趣的现象。以后有时间，我会专门讲一次外来佛教本土化、中国化的过程，佛教是一步一步走进来的，这是一个非常大的话题，也是一个非常有意思的话题，这里提一下。

下面我们看下佛教融入中国的理论过程。印度佛教本来是反对婆罗门教的，强调"缘起无我"，以此来否定神创，否定不死的灵魂，否定一切神意，这样就把未来统统交到每个人自己的手上。这是佛教的一大特色，也是非常有意义有价值的。每个人要对自己的行为负责，未来的幸福取决于现在的努力。所以它就把婆罗门教的神创、种姓制度打破了。大家知道印度有种姓制度、神创说，婆罗门教讲四种姓，就是大梵天身体不同部位生出来的。婆罗门是头顶生出来的，当然是高高在上。奴隶等级是从脚底生出来的，故而是等级最低。佛教的缘起无我论打破了它，破除了神创，也破除了不死灵魂。但是既然你要轮回，要修道，要成佛，总要有个承担的主体，所以在印度佛教里面对这个问题的解释就比较复杂，有很多不同的说法。但是来到中国，我们发现不一样，前面介绍儒家有本善的心性，尽管荀子讲性恶，孟子讲性善，大家都知道孟子的性善论占了主导。性善论认为人人都有本善的心性，同时中国古代宗教观念中也有"人死灵魂不灭"的说法。虽然不死的灵魂不能转世投胎，在佛教传来之前，中国传统的宗教里面，人死后有不死的灵魂，但是不能再重新投胎。因此道教强调要长生，道教经常讲人一生是非常不容易的，一旦死了以后，就再也不能复生。所以人要珍惜生命，要修道要长生,这是中国古代的观念。中国古代还有神仙信仰。

我们看到这样一种思想背景跟外来的佛教会发生一些冲突,在冲突中也不断调和融合。比如说"无我"就是因缘和合才有一个人的个体,佛教称之为"五蕴",色、受、想、行、识,五蕴和合才有人,所以没有永恒绝对的所谓的你、所谓的我。但是当时在中国"无我"被翻译成"非身",两个词一比对大家就可以看出,无我是没有灵魂之我、肉体之我,即否定的是灵魂之我和肉身之我两方面。而"非身"仅仅否定了肉体之我,保留了灵魂之我的可能性。这样的话,传统不死的灵魂、传统本善的心性跟佛教轮回所需要的那种需求融合在一起,最后就成为中国佛教的佛性论。所以中国佛教有天台宗、华严宗等八宗,其基本主导就是人人都有佛性,而这个人人都有的佛性跟人性紧密地结合在了一起。

我经常讲,抽象的佛性和现实的人心在中国佛教里面是结合在一起的。我们可以看到佛教原本是想破除任何实体、任何主体,但最后在中国,最有代表性的禅宗其实是突出个体,突出主体,张扬自我,这中间有一个转换。从哲学、从宗教教义上看,这是个非常有趣的转换,最后也同样转到中国佛教的信仰上,因为佛教毕竟是一个宗教,它不仅仅是一种哲学。在宗教信仰上,在佛教刚传来的时候,由于中国文化中有神仙信仰,有神灵崇拜,我们看到佛教初传都在讲故事,讲汉明帝永平传法。汉明帝永平年间的传法怎么传的?就是汉明帝做了一个梦,梦到有一个金色的人飞到他的殿下。第二天他问大臣说,昨天晚上做了一个梦,怎么有一个金人飞到我殿前来了?有人给他解梦,说西方有圣人释迦牟尼佛,所以他才派出人去西天求佛,这是公元纪元60年代的时候,第一个世纪的事情。这个故事传说也长期被认为是中国佛教的初传。即过了几年，佛法传回来了，白马驮经到洛阳，专门建了一个寺，叫白马寺，被称为中国佛教第一寺。从这个故事我们看到佛陀变成金人飞到皇帝面前，而佛陀在历史上应该是一个很普通而又不平凡的人，他知识很渊博，修道成了佛。佛是什么？佛是觉悟者，佛陀后来成了一个有觉悟的人。他不是神仙，不会飞行变化，但中国人接受佛教，接受佛陀，有一定的神话色彩。所以我们同样看到现在烧香拜佛，善男信女求佛保佑，求菩萨保佑，都是把佛菩萨作为一个神灵在供奉。当然，佛教在印度发展到大乘佛教时期也有把佛陀神化的倾向。

再有个极端的例子，在做讲座的时候经常有人提到，大年初一烧香，非要赶在一大早烧头香，有的寺院前几年还拿出来拍卖，烧个香要几万元，烧一支不够，要烧一捆香，好像香越粗越大，求得的福报就越多。我经常笑，你似乎把佛菩萨看成是现实社会中的贪官了，这是贬低了他，他接受你的香越多，给你的好处越多，我是个穷人，我烧香烧得很少，我心很诚也没用，你说他这个佛菩萨是高尚的，还是像贪官一样的？你说用这样一种贬低佛菩萨的心理来求神拜佛，能求得佛祖保佑吗？这实际上是中国人的一种过分的极端表现了。本来中国佛教的人间化、人生化，表明了中国人对幸福人生的追求，这是好事，但是如果把它过分异化，原本佛教是要教人戒除贪欲，知足常乐，你最后却追求名利功利，就有违佛教，有违其本意了。所以我们了解一些佛教的本意，了解佛教进入中国以后发生的变化，这对我们是有帮助的。中国佛教文化中有很多有意义有价值的东西，我们要取其精华去其糟粕，我们从传统思想文化中间能够借鉴能够挖掘对我们现在社会有意义的东西，同时也需要我们现在必须有鉴别与取舍。

由于时间关系，后面的问题我简单地说下，就是三教互补。三教的互补，我觉得对现实的社会和现实的人生都是有意义有帮助的。一方面我们要用儒家的积极进取，作为一个现实社会中间的人，我想要求我们每个人都去退避山林，都远离社会，这不现实。社会还是需要大家的共同参与，积极进取。当然，有时候在现实社会中遇到挫折，遇到困境，用一些佛和道的观念来适当地调控心境，这也是需要的。因为人生不如意的事十有八九，所以我们也需要一些佛、道的观念来做一些调整。中国古代有个概括：以儒治世、以道治身、以佛治心，就是说三教可以在不同的领域发挥不同的作用，善用它们能够帮助我们更好地丰富人生、完善人生。所以，我想三教如果融合互补，运用到日常就要做到积极有为，先天下之忧而忧，后天下之乐而乐。还要积极进取。但是在精神上，我们要尽量地超越成败得失，不要有烦恼。既要有社会正义感，也要保持人格的独立，心灵的清净，这样对于整个社会的安定，对于我们人生的幸福，我想都是有意义的。因为人生很复杂，人的需求多种多样，有精神的，有物质的，在不同的时期，不同的状态，用不同的文化，不同的哲学，来满足自己，调控自己，会使我们的人生更充实更幸福。

最后我想说一下，传统文化有很多有意义有价值的东西。同时，到了 21 世纪的今天，我们回过头来看它同样也有一些局限，有一些不足。尤其是在改革开放，在全球化时代，中华文化要走向世界，需要借鉴世界上一切人类文明成果来更新发展，使其更好地为整个世界人类的和平幸福发挥更积极的作用。

谢谢大家！

张其成

易为主干　三家互补
——中国文化的基本精神

张其成，北京大学哲学博士，北京中医药大学国学院院长，教授、博士生导师，中国人民大学、北京大学、清华大学特邀教授，国际易学联合会副会长，中国自然辩证法研究会易学与科学委员会理事长，中华中医药学会中医药文化分会主任委员，北京市哲学社科重点基地"北京中医药文化研究基地"首席专家。多次在中央电视台、凤凰卫视、北京卫视主讲国学与养生。著有《张其成讲读周易》系列、《张其成全解五经》系列、《张其成养生大道》系列丛书。

一、中国梦与中华文化伟大复兴

大家都知道习近平自从当了总书记之后，两次系统阐述一个问题——"中国梦"。他在 3 月 17 号全国人大闭幕会上，讲"中国梦"的时候，强调了三个词。第一个词，中国道路；第二个词，中国精神；第三个词，中国力量。中国道路和中国力量，都不需要太多解释，什么是中国精神？中国，就是我们中华民族，在历史长河当中，它的精神支柱是什么？我觉得这个问题是需要来探讨的。

中国精神，在习近平的论述当中，主要讲了两点：以爱国主义为核心的民族精神和以改革创新为核心的时代精神。爱国是爱国家的什么东西？当然这片国土我们要热爱，但除了这片国土要热爱之外，还有什么东西？我觉得这个可能是更加重要的东西，那就是我们国家的文化，中国精神就体现在中国文化上，任何一个国家的精神都是这个国家文化的最集中、最深层的体现。

我现在请教大家一个问题，当代中国最大的危机是什么？信仰危机！信仰危机最大的表现是什么？信仰的缺失与信仰的多元。对每一个人来说，信仰危机的具体体现就是没有敬畏心！有一句话叫"我是流氓我怕谁"，这是最可怕的。我们作为中国人要有信仰，要信什么？这个问题值得我们探讨。我们祖祖辈辈是信仰什么的？现在的中国人，又要信仰什么？我看应该信仰中国文化。关于中国文化，我们来看一看两代领导人是怎么说的？胡锦涛说了三句话：第一句话，中华文化是中华民族的根基和灵魂；第二句，中华文化是中华民族生生不息、团结奋进的不竭动力；第三句，中华文化是海内外无数中华儿女的精神家园。

什么叫"精神家园"？我的理解是，"精神家园"就是我们的信仰支柱，精神支柱。精神家园里面最重要的东西是精神的支柱，没有支柱这个家怎么能支撑？这个支柱是什么？胡锦涛说是中华文化，我们民族的灵魂。中国精神集中所在的那个地方是中华文化！

中华文化里面，包括马列主义、毛泽东思想、邓小平理论、科学发展观、"三个代表"等等，这样说是对的。但是中华文化的主体是什么？我认为是中华传统文化。所以后来我看到了习近平在中央党校上的一篇讲话，他是这么说的："中华优秀的传统文化是中华民族永远不能离别的精神家园。"所以我认为，我们当代中国人要信中华文化。当然，它的主体就是中华优秀的传统文化，这是我们的精神家园。中华优秀的传统文化，跟我们所说的国学是什么关系？不用太多解释，国学就是中国传统的学问，或者叫中国传统学术。那么中华国学和中华文化这两个概念相比较，哪一个概念大？当然是文化的概念大，国学的概念小。也就是说，中华国学就是中华传统文化当中的核心部分、主体部分，或者叫精华部分。

国学按照传统的分类，分成四类。当然最早是分六类的，我们的图书最早分六类，后来有所调整，分四类就是经史子集。这个在座的肯定都非常清楚。《四库全书》就是按照经史子集来分类的，那是否四部分类法到清代乾隆年间才出现呢？当然不是，四部分类很早就有，早在西晋时期就开始这种分类了,只是不叫经史子集,叫甲乙丙丁,其实是一回事儿。我们的国学也可以按这种分类,叫经学、子学、史学、集学。集学就是文学。梁启超把国学分五类,除了刚才讲的四类,经学、史学、子学、文学,再加一个小学。

那么如果按照现在的学科分类,我把它分为六大类,字、文、史、哲、科、医,字指文字文献,相当于小学,小学主要包括文字学、音韵学、训诂学。然后文、史、哲、科、医分别为:文,文学艺术;史,历史典制;哲,哲学宗教;科,科学技术;医,中医养生。

其实这个六类和四部是一回事。我们来看一看哲学宗教在四部的哪一部? 我们先不看经部,就看史、子、集这三部。哲学宗教主要在"子"。一讲哲学,马上想到的是老子、孔子、庄子、孟子、韩非子等等,诸子百家,所以在子部。那么历史典制在哪一部? 在史部。文学在哪一部? 在集部,这刚才讲了。科学技术呢? 注意,我们的国学,当然应该包括科学啊,好多人把它排除在外,或者不予重视。其实,中国古代科学技术世界领先,其中最有名的是天文学、历法学、物候学,还有数学,如《九章算术》《周髀算经》《杨辉三角》等等,这些应该分在经史子集的子部。为什么? 因为"子",就是诸子百家,应该包括天文家、历法家、数学家。中医养生,我们的中医学呢? 它也是诸子百家之一,也在子部,所以子部比较综合。

古代的图书分四类,现在图书分二十六类,是按照ABCDEFG一直到Z分类排列的。

"史""子""集"我们都清楚了,那么"经"是什么? 记住,"经"才是最重要的,它实际上是把史子集当中最原创最权威的著作叫做经,所谓学国学其实最重要的是要学经。

让我们来看一位老先生的照片,他叫马一浮,大家看着他的眼睛通常会有敬畏的感觉。我刚才说了，当代中国最大的危机是信仰危机。信仰危机其中有一个表现就是没有敬畏心。孔夫子讲，做一个君子必须要三畏：第一，畏天命；第二，畏大人；第三，畏圣人之言。马一浮就是当代的圣人，我们学术界，一般说当代有三大圣人，第一马一浮，第二熊十力，第三梁漱溟。注意，什么叫当代？1949年之后叫当代，1919年之后叫现代，1840年之后叫近代，这个概念要搞清楚，也就是1949年之后还在世的国学大师不少，但是能称为圣人的学术界一般认为是这三位。我的师爷叫冯友兰，他去世比马一浮还要迟，但是可能还称不上当代的圣人，当然是国学大师这个毫无疑问。所以大家看着马先生的眼睛，有了敬畏心，就说明你有信仰。

信仰能给人带来幸福！大家发现没有，我们中央电视台记者拿着话筒追问，你幸福吗？这话还问到普京那里去了。普京一下愣住了，思考了一下说，这是个哲学问题。什么叫幸福？我认为至少一点，一个真正幸福的人，必须要有信仰！没有信仰谈何幸福？要信什么？要信中华文化，中华优秀的传统文化。

二、国学五经

中华传统文化精髓在哪里呢？马一浮用一辈子八十四年的生命体悟出来一句话：

国学者，六艺之学也。

他说国学就是六艺，六艺是什么？六艺有小六艺和大六艺，小六艺是礼乐射御书数，古人八岁入小学，学的是小六艺，明小节知小礼，而十五岁入大学，学的是大六艺，明大节知大礼。马一浮这里说的是大六艺，大六艺指六经，就是经史子集的经,它是最重要的。

六经就是《易》《书》《诗》《礼》《乐》《春秋》。现在有一个问题,你说我们背的不是《诗》《书》《礼》《乐》《易》《春秋》吗?怎么你说是《易》《书》《诗》《礼》《乐》《春秋》,是不是因为你研究《易经》就把《易经》放在第一位啊?这个排列谁排的?不是马一浮,更不是我,这两种排列方式都是汉人排的。《诗》《书》《礼》《乐》《易》《春秋》,现在只有五经,最早是六经,后来有一经失传了变成五经。哪一经失传了?《乐经》失传了,但是我报告大家一个好消息,《乐经》找到了!现在在清华大学简帛研究中心,当然还没整理出来,据说整理出来还要至少五年以上。因为《乐经》早失传了,所以汉武帝设立五经博士。博士这个词早在汉武帝的时候就有了,距今两千多年了。那个时候只有五经,叫五经博士。

好,我们再来说这两种排列方式,《诗》《书》《礼》《易》《春秋》,五经的排列把《诗经》排在第一位,这是今文经的排列方式。而把《易经》排到第一位,这是古文经的排列方式。今古文经之争在中国学术史上影响极大。一直到近现代,都还有今古文经之争。我不展开讲,我要说的是,这两种排列分别是按照什么来排的,它的依据是什么?第一种把《诗经》排在第一位,《诗经》一共305首,分为风、雅、颂三个部分,采用了赋、比、兴三种表现手法,按照从易到难、从浅入深的一种教学次序来排列的。而第二种将《易经》排第一位,是按照这六本书形成的时间先后排列的。《易经》最早,所以排第一位。马一浮说,学国学就要读这六部经,什么意思?意思是你要不读这六部经,就不懂国学。所以这是个核心。然后为什么要读这六经啊?我认为,

国学者,人生之学也!国学者,修心之学也。

因为学国学的目的,说到底是为了人生。人生最高境界

如果用三个字来概括，就是真、善、美！至真、至善、至美，都在这六经当中。马一浮说，《诗》《书》是至善，《礼》《乐》是至美，《易》《春秋》是至真。当然你不能理解为《诗》《书》就是至善，没有至美、至真，不是这个意思。真善美是合在一起的，只是说《诗》《书》是以至善为主，兼容了至美、至真，《礼》《乐》是至美为主兼容了至善、至真，《易》和《春秋》是至真为主兼容了至善、至美。

我们再看一句马一浮说的话：

世界人类一切文化最后之归宿，必归于六艺。

请注意他的用词，必归于六艺，就是一定要回归到六经。所以我们作为一个中国人非常值得骄傲，我把这句话稍微修改一下，世界人类一切文化最后之归宿，必归中国传统文化。

因为六艺——六经就是我们中国传统文化的核心。当然，今天我们普通老百姓都读这六部经，或者说读五部经，可能不太现实。所以怎么办？这六经里面，如果用一部经来代表，是哪一部？只能是《易经》。中华文化用一本书来代表是哪一部？《论语》不能，《道德经》也不能，只能是《易经》。我认为西方有《圣经》，东方有《易经》。请注意我的用词，我没有说中国有《易经》，我说东方，什么意思？包括了日本、韩国都崇尚《易经》。大家看韩国，它的国旗都是太极八卦。日本叫大和民族，大和取自于《周易》"保合大和，乃利贞"。日本这个民族是很伟大的，它为什么那么团结？它有一种神道教，出自于《周易》，神道设教。

我们来看下当代的另外一位圣人熊十力怎么说的？他说：

义理以六经为依归，六经归宗于大易。

他跟马一浮观点完全一致。中华民族的义理思想、人文精髓就在六经当中，而六经又归宗于大易，《易经》。熊十力

很了不得,他也活了 84 岁,很有意思。73、84,阎王不请人自去。为什么?因为孔子活了 73,孟子活了 84,庄子也活了 84,熊十力和马一浮都活了 84,我的博士生导师朱伯昆先生也活了 84。讲到这里,大家不要紧张。马一浮、熊十力都是"文革"时期有感于中华文化的摧残、衰落而离世的。

两位当代圣人都强调六经里面最关键的是抓住一部经《易经》。实际上作为我们普通老百姓来说,一是要读《易经》,另外四部经可以不读。我认为作为一个中国人,你要有中国的精神,要有我们中华民族的信仰,要有精神支柱,这个信仰就是以易为主干,儒释道三家互补。所以必须要读五部经,这五部经就是《易经》《论语》《道德经》《六祖坛经》《黄帝内经》。这是整个国学的五经,不是儒家所说的四书五经。如果你读了这五部经,你就可以大胆地说我懂中华文化了,我找到中华民族的精神支柱了。这五部经有什么关系?《易经》是一个源头,后面的是它的三个支流,如果再加上医的话,那就是四个支流了。

我讲下，这五部经怎么个读法。中间三部经，在人的一生当中，应有选择地重点读。当然我们在座的各位，你可以把这五部经放在一起，比对着来读，但是如果在人的一生当中，少年、青年必读《论语》，中年必读《道德经》，老年必读《六祖坛经》。《论语》共 15921 个字，分为 20 篇，492 章。读了《论语》有什么体悟呢？它告诉你来这个世上你要做什么，它可以让你先成人后成才。中年必读《道德经》，为什么？因为读了《道德经》你会明白来这个世上不要做什么。而读了《六祖坛经》，它告诉你来这个世上，你要往哪里去。好，这是中间这三部经，你可以在人生的不同阶段重点的读。那一头一尾《易经》和《黄帝内经》呢？很简单，一辈子都要读。所以这五部书很重要。

　　这五部经是有密切关系的，我发现后面四经实际上都是在解读《易经》，后面我再说。

三、中华文化的基本结构

　　我们中华传统文化有一个基本结构，这个结构很有意思，与我们中华大地的结构一模一样。中华大地的结构，如果从它的河流来说，叫做一源三流。中华大地的源头在哪里？在青藏高原，具体地说在玉树。从这个源头上流出三条江河，黄河、长江、澜沧江，澜沧江流到东南亚就叫湄公河。这三条江都在一个源头上，所以玉树称为三江之源。有意思的是我们中华文化的结构也是一源三流。其实我们人体的生命结构也是一源三流，这都是中国人伟大的发现。中华文化的源头在哪里？当然是以《易》为代表的六经，它们是最早的一批经典，而这里面又以《易经》为代表。

　　中华文化的三流是哪三个？第一家是儒家，第二家是道家,第三家是佛家。佛家创始人释迦牟尼,看过《易经》吗?肯定没看过。而老子和孔子肯定看过。儒家创始人孔子实际上是明解《易经》,他写了《易传》。道家创始人老子是暗解《易经》,中国化佛教代表禅宗可以说是活解《易经》。而医家第一经典《黄帝内经》是直解《易经》,都跟《易》这个源头有关。如果不抓住源头,你就没有抓住中华文化的命脉。

好,我们再来看看佛家。佛教源自印度,佛教在西汉末年从古印度传到中国以后,逐渐和中国文化相结合,形成了中国化的佛教。中国化佛教的代表是禅宗。隋唐时期佛教分为八个宗派,其中最具中国特色的是禅宗。禅宗我给它一个定义,就是印度大乘佛教中观派和中国三玄结合的产物,三玄即易老庄,《周易》《老子》《庄子》,禅宗是中外文化结合的最好,最成功的一个例子。

我们再来看医家——中医。中医实际上是什么呢? 是我们当代社会唯一还保存的、我们所有人一辈子都会使用的一种人文与科学相融合的一种文化形态。中医,它吸收了儒释道的精华。当然《黄帝内经》时期,佛家还没有传过来,所以它吸收了儒和道的精华,尤其是道家的精华。但是隋唐以后,中医就受到了儒释道三家的影响。

所以中华民族的文化有四大支柱,儒释道以外还有一家——医,请大家不要轻视中医。

一源三流四支,它们的代表作、第一经典分别为:儒家第一经典《论语》;道家第一经典《老子》;中国化佛家禅宗第一经典《六祖坛经》;而医家的第一经典《黄帝内经》,加上源头《周易》这五本书,就集中地反映了中华文化的一源三流四支。

一源三流四支彼此是什么关系? 可以说易为主干,三家互补,然后医为运用。易把儒释道医贯穿起来,我作了一副

175

对联，"易贯儒道禅，道统天地人"。这个道是易之道，《周易》之大道，它贯穿了儒道禅。而大易之道，又统领了天道、地道、人道，易贯儒道禅医，易道统天地人心，这就是我的一个基本观点。

我开玩笑地说，如果自己死了之后，还能留下点什么，那大概就是这八个字。我们中国人要信仰什么东西？要信仰中华文化，即易为主干，三教互补。三家也可以说三教，历史上说三教合一，现在人们不太爱用"教"字。其实"教"是非常重要的，任何东西取代不了宗教。

陈独秀想以科学取代宗教，蔡元培想以美学取代宗教，梁漱溟想以伦理取代宗教，冯友兰想以哲学取代宗教，最后都没成功，宗教是骨子里的东西。中国的教，儒道佛，儒教、道教、佛教。不要争论儒家是不是儒教，这是个假问题。如用西方的宗教标准，儒释道三家都不是宗教。我有一个基本理论，哲学是多元的，科学也是多元的，宗教也是多元的。三教必须互补，那三教各有偏重，缺一不可，三教互补的交叉点在哪里？三教共同的支撑点在哪里？我认为就在"易"。"易"是中华文化的源头和灵魂，"易"是中华民族的精神支柱，是我们中国人的信仰。

四、易学源流

现在我重点来说一说为什么易是主干，然后讲下这三家是怎么串起来的。首先为什么易为主干，两个方面来证明。第一个从时间上来看，易是最久远的，它是个源头。《周易·系辞传》说：

古者伏羲氏之王天下也，仰则观象于天，俯则观法于地。观鸟兽之文与地之宜，近取诸身，远取诸物，于是始作八卦。

《史记》里面没有专门提伏羲作八卦，但是在《太史公自序》里面讲到：

余闻之先人曰：伏羲至纯厚，作易八卦。

班固《汉书·艺文志》里面讲得非常清楚，说《周易》这本书"人更三圣，世历三古"。经过了三个圣人，伏羲作八卦，周文王演六十四卦，孔夫子作《易传》。时间经过了三个古代，上古、中古、下古，上古的伏羲，中古的周文王，下古的孔夫子。可是从考古上还没有发现伏羲时代的八卦。

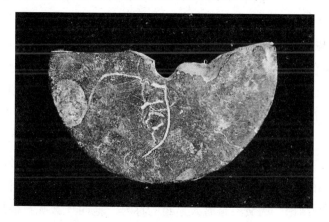

我们中华民族第一人文始祖不是黄帝，应该是伏羲。伏羲距今多少年说法不一，有人说六千多年，有人说七八千年。所以说中华文明上下七千年是从伏羲算起，上下五千年是从黄帝算起。司马迁的《史记》一共130篇，第一篇《五帝本纪》，里面第一个帝是黄帝。但如果继续追溯可以追溯到伏羲，为什么伏羲是中华民族第一人文始祖呢？据说他有十大功德，但是最重要的一件事是作八卦。目前最早一个八卦于2006年5月在河南淮阳平粮台这个地方发现。那就是一个陶片，上面刻了个符号。李学勤先生认为，这是离卦，就是最早的八卦。李学勤先生应该算是先秦考古界第一人，夏商周断代工程首席科学家,清华大学简帛研究中心主任。他说这是最早的八卦,当然还有争议,学术界有的人不同意。这个陶片用碳14测定,距今四千五百年,连黄帝那个时代还没到。

伏羲之后是炎、黄,历史文献记载有"古三易",不仅仅是《周易》。《易经》有三部,第一部叫《连山易》,第二部叫《归藏易》,第三部才叫《周易》。遗憾的是前两部已经失传了,据说神农炎帝作了《连山易》,轩辕黄帝作了《归藏易》,周文王作了《周易》。夏代的人信奉《连山易》,商代的人信奉《归藏易》,周代的人信奉《周易》。历史上神农氏又有一个别称叫连山氏,轩辕黄帝也有一个别称叫归藏氏。神农作《连山》、轩辕作《归藏》与伏羲作八卦一样,至今还没有考古文献的证明,但能不能否定这些说法呢? 不能! 为什么? 因为说不定什么时候就有这样的考古发现了呢! 所以对古人说的东西千万不要轻易否认!

《周易》是周文王作的,商朝末年,周文王去世之后,他的第二个儿子姬发把商纣王给灭了,建立了周朝,时间是公元前1046年1月28号,这是考证出来的,是夏商周断代工程研究的结论。周文王是后人追封的称号。他叫什么呢? 姬昌,他被商纣王囚禁在羑里这个地方,羑里在哪里? 现在的河南省安阳市汤阴县境内。如果说伏羲作八卦多少还有传说的色彩,那么周文王演六十四卦却是真实不虚的。当然也有人说这个卦爻辞是他儿子写的,哪个儿子? 第四个儿子,第四个儿子名气很大,叫周公,周公叫什么名字,很好记,叫姬旦。不是吃的鸡蛋,元旦的旦,姓姬名旦。那反正至少这本书《易经》形成于西周早期或者前期,这个是没有问题的,学术界公认的。

好,那我问你,这本书距我们今天多少年?《易经》,三千年了。后来,到了二千五百年以前,春秋末期,有一个人叫孔子,他注解了《易经》,即注解了周文王写的经文部分,这部分很难懂,但是传文部分呢应该比较好懂,他的注解叫《易传》,当然是不是孔子亲自作的,后来就有人提出质疑。第一个提出反对的是谁?这个人名气很大。是北宋时的欧阳修,他第一个怀疑孔子作了《易传》。到后来历代都有怀疑,都说孔子作《易传》不可能,没想到我们20世纪70年代,1973年湖南长沙马王堆那里发掘出一批竹书和帛书,其中有《易经》。那个上面的"子曰",好几处就写着"孔子曰",当然"孔子曰"不一定是孔子亲自写的,但至少反映了孔子的思想。所以对古人东西不要轻易否定。

那《周易》究竟是本什么样的书呢?回过头,我还要补充一下,《周易》分为两个部分,一个是经文部分,周文王作的,经文部分距今多少年?三千年。另一个是传文部分,而传文部分据说是孔子作的,传文现在考证出来的,一般是在战国时期,战国中后期才形成的,不一定是孔子亲自作的,可能是他的弟子及再传弟子们汇集的,反映了孔子的思想。当然传文部分,应该说是先秦哲学的一个汇总,是先秦哲学的最高峰。除了反映了儒家的思想,还反映有道家的思想。《易传》距今多少年呢?形成于战国时期,距今两千二百年以前。也在轴心期时代。这个时期的文化必须要懂,我们再回过头去看这五部经典,把时间梳理一下,《易经》距今多少年?周文王写的《易经》经文部分距今多少年?三千年!《论语》和老子《道德经》距今多少年?两千五百年左右。《六祖坛经》距今多少年?《六祖坛经》是六祖慧能的弟子汇集的,那六祖慧能是哪个朝代?唐朝。距今多少年?一千三百年。

有谁见过六祖慧能的真身呢?网上见的不算。我见过,去年五月份我去拜见了六祖慧能。慧能大师,他已经一千多岁了,他的真身还在,就在广东韶关南华寺,距今一千三百多年了，真身不腐。

《黄帝内经》这本书是谁写的？是不是黄帝写的？当然不是了。如果是黄帝写的距今多少年？如果从黄帝算起有五千年，不可能是他写的。根据考证，应该是西汉中期汇编成书的，距今两千年左右，汉武帝稍后一点。所以从这五本书来说，《易经》是最早的。这是我讲的第一个方面。为什么讲易是主干？我刚才说从两个方面来证明。第一个方面从时间上，它最早，它是一个源头，是国学之源。第二，它是中华民族的灵魂，是国学之魂。

《周易》这本书是《易经》加《易传》，经文加传文，这个传是什么意思？传只有一个意义，对经文的解释叫传。《周易》这本书是个什么样的书呢？有人说是占卜的书。一想《周易》，你们马上想到什么？算命算卦的书。把《周易》就看成是算命的书是中华文明史上第一桩冤假错案！也有人说是历史书，谁说的？近百年以来第一国学大师章太炎，他说《周易》就是一本历史书。《周易》是用六十四卦来写的。六十四卦从乾坤开始，乾为天坤为地。先有天地，然后一直到既济、未济，再到周朝初年，所以它是一部从天地宇宙刚开创一直到夏商，然后到周朝初年的历史。

也有人说它是一本哲学书，谁说的？最有代表性的是冯友兰，他说《周易》就是宇宙代数学，他的临终遗言是，中国哲学将大放光彩，要注意《周易》哲学。当然也有人说《周易》是科学的书，谁说的？基本上是外国那些科学家，比如说莱布尼茨，他从伏羲八卦里面看出二进制。还有一个量子力学的专家叫玻尔，他从《周易》里面的太极图，看出了波粒二象性，所以最后选择族徽的时候，他就用了太极图，上面刻了一句铭文，翻译过来就是对立即互补。你们说《周易》是本什么书啊？说它就是占卜书，肯定不对。说它与占卜无关，也不对。

它里面有哲学,也有科学,当然它并没有讲什么二进制,什么波粒二象性。但符合科学的原理。它也反映了历史。所以它是本什么书呢?百科全书。简单地说呢?两个字,"天书"。什么天书?有字天书!为什么是天书?因为它反映了天道,这是最关键的,它是群经之首,这个刚才已经讲了,也是大道之源,它反映的是一个道,所以《易传》讲了,"易者非它也,三才之道也"。哪三才?天地人,它反映了天道、地道、人道。简单来说,就是天道,因为天道可以统领地道和人道。所以我们中国人祖祖辈辈是有信仰的,信仰什么?信天,敬天法祖。谁要违背天道,必遭天谴。这个传统正是《周易》开创的。《周易》第一卦乾卦就讲了天,天道。"乾道变化,各正性命,保合太和,乃利贞。首出庶物,万国咸宁"。乾道就是天道。

五、易道:中华民族的精神支柱

易道,是中华民族之魂。这个灵魂体现在哪里?体现在《周易》的道中,《周易》用六十四卦的卦爻辞、卦爻象,展现出来的都是天道。天道究竟是个什么,我们要搞清楚。开始我说,孔子也读《易经》,他最初也读不懂。什么吉凶啊悔吝啊,这是讲算命,孔子最反对算命了。可孔子毕竟是孔子,他看不懂,但是下工夫看。下了多少工夫?叫"韦编三绝",牛皮绳都断掉了多次,然后他读懂了,原来《易经》不是讲算命,而是讲天命。天命是什么?天道,天理。

请问,这个时候孔子多大岁数?他看懂了《易经》,多大岁数?五十岁!为什么要说孔子是五十读懂《易经》的?他只是说五十而知天命,但并没有说五十是读懂了《易经》而知天命的。究竟说了没有?说了,不是这一句,是另外一句。

孔子说："加我数年，五十以学易，可以无大过矣。"把这两句合起来，就知道，他五十岁左右，读懂了《易经》是讲天命、天道、天理的，然后按照天命、天道来做就不会有错。到五十五岁孔子开始周游列国，十四年后，六十八岁回到了鲁国，他走了有七八个国家，但都没有离开现在的山东省和河南省境内。他去干吗？去传道，传播天命、天道、天理。因为读懂了《易经》，他知道了天命、天道，所以才可以去传道、弘道。

《周易》这本书，是儒道禅三家共奉的，在儒家被奉为五经之首，道家被奉为三玄之一，道家崇尚三本玄妙的书，哪三本？刚才提到了，易老庄，《周易》《老子》《庄子》。中华的佛家禅宗也信奉易，禅修是结合了印度佛教禅修的方法和我们中国易老庄无思虚静的方法之后，形成了后来禅宗的一些做法。比如说话头禅、默照禅，我都修炼过。《周易》上有一句叫"易无思也，无为也，寂然不动，感而遂通天下之故"。可见"易"统领了三家三教。

我们中华文化用一本书来代表，什么书？《易经》。我们中华文化用一个人来代表，哪个人？伏羲。用一座山来代表，什么山？泰山。用一张图来代表，什么图？太极图。现在我们就通过这张太极图进入中华文化的核心。这张图体现了所有的易理。当然它的出现比较晚。我现在就不讲《易经》的原文了，《易经》乾卦、坤卦的最核心的思想，就在这一张图里面。这张图就是我们中华民族最完美的最形象的表达方式，就是中华民族之魂，中国精神、中国文化的最形象的表现。

大家都见过太极图，可是你们见到的太极图，99%都是错的。下面这张太极图才是唯一一张正确的太极图。我做了一个系统的考证，大家可以看我的书

《易图探秘》。学术界一般认为明代初年赵撝谦的太极图,是第一张太极图,我考证,至迟南宋张行成《翼玄》中已经有标准太极图,就是这个唯一正确的太极图。

那我现在就以这张图为例,简单来说一说,中国精神,中国的灵魂。这张图主要是讲了什么呢? 三句话:宇宙周期变化的大规律,人类知变应变的大法则,人生为人谋事的大智慧。我主编的《易学大辞典》(1992年出版,中国第一部《易学大辞典》,170万字,已绝版,国图有藏)、《易经应用大百科》(1994年出版,也绝版了,国图有藏)对这张图的来龙去脉、各家解释都有详尽的介绍。

六、从太极图看三家互补

太极图反映的大规律、大法则、大智慧,这点我今天没有办法展开讲,我今天重点要讲的是这张图里怎样展现了易为主干、三家互补的问题。这张图里面有儒家,有道家,有佛家,大家先感觉一下,儒释道三家在哪里,在这个图的什么地方? 这张图简单地说,它有白的、有黑的,中间S曲线,还有两个点,外面一个圈。

你们在其他地方看到的太极图和这张太极图最大的区别在哪里? 对了,你们见到的太极图是由两个半圆组成的,白的是半个圆,黑的是半个圆。如果把这两个圆看成是鱼头的话,你们看到的都是大鱼头,我这张图是小鱼头,不是半个圆,只有这个小鱼头的太极图是唯一正确的太极图,你们看到那半个圆的大鱼头太极图全是错的,因为他们不懂这张图的精髓,所以就变成一种LOGO。

在这张图里,我们来看一看,儒家在哪里? 道家在哪里? 佛家在哪里? 不仅如此,你们每个人的身体状况,在这个图的什么位置？你的体质在这个图的什么位置，你的人生境界达到了这张图的什么位置？你的企业发展或者你做的那件事情，到了哪一个位置？都可以在图上找到相应的位置。所以学会这张图，用八个字概括：一通百通，一了百了。你就成佛了。这张图，就是中华民族之魂啊。

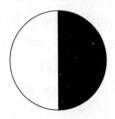

这张图可以看出中华文化和西方文化最大的区别，西方文化就是这张图，它最大的特点是二元对立，一刀两断，两种文明的冲突，白就是白，黑就是黑。按亚里士多德的逻辑，这叫矛盾律、排中律，即排斥中间情况。所以你发现了吗？伊拉克战争，利比亚战争，其实说到底是文明之争，是宗教之争，都是一个道理。可是我们是这张太极图，世界未来必定是以它为主导，太极图不是二元对立的，而是阴阳中和的，阴中有阳，阳中有阴。阴与阳和谐地处在一起。这种文化必定带来世界的和平与发展。如果继续以西方二元对立图为主导，两种文明继续对立，冲突下去，就会带来世界的战争与毁灭。但是你放心，将来的世界肯定是文明和谐的世界，为什么？因为有中华文化，中华文化反对战争，主张和谐。

美国哈佛大学教授，塞缪尔·亨廷顿在1993年写一篇文章，这篇文章的题目叫《文明的冲突与世界秩序的重建》。现在美国领导人就是这种思维，非要找一个假设敌，现在找的就是我们中国。那是错的。应该按太极思维，东方人的思维，只有这样，才能促进世界和平发展。所以马一浮说，世界人类一切文化最后之归宿，必归于六艺。我说必归于中国传统文化，那么具体来说，必归于太极图，太极思维，太极阴阳中和的价值观。

我们简单地看一看，儒家在哪里？白的。道家在哪里？

黑的。为什么儒家白,道家黑? 有一次我讲课,有个人举手说,那不有黑道嘛。我说你太有才了,那还有白道,这样黑白两道就全了,是吧。为什么? 其实很简单,《周易》早就讲了,"百姓日用而不知,故易道鲜矣"。易道就是阴阳中和之道。

我们看一看儒释道三位创始人你就明白了,这里面有两个秘密。第一个秘密,出生时间的秘密。我刚才简单地说了,但没点明。这三个人出生时间差不多,孔子生于公元前551年,阳历9月28日,阴历8月27日。9月28日,这是海外华人全都认可的教师节。为什么要将孔子生日当做教师节? 不是因为孔子是第一个老师,早在夏代就有学校,有学校就有老师。也不是因为他是第一个教育家,而是因为他是第一个民办教师,第一个私人授徒、有教无类。

老子生于公元前585年,阴历二月十五,这三圣里面他的岁数最大。释迦牟尼生于公元前565年,阴历四月初八。他们活了多大呢? 孔子,七十三。释迦牟尼呢? 八十岁。老子活了多大? 不知道,《史记》记载四个字,不知所终。不知道到哪里去了。一般说他一百多岁,就是他活得最久。他们主要的生活年代是在公元前500年左右。这是轴心期时代,文化的高峰,在中国是春秋战国诸子百家兴起的时代,在西方是古希腊时代。这是第一个秘密。

第二个秘密,坐骑的秘密。大家一看马上就知道儒家为什么白,道家为什么黑? 他们的坐骑是不同的。老子骑的是什么? 青牛。青牛进一步就是什么? 黑牛。所以道家是黑。那再看孔子他的坐骑是什么? 孔子周游列国的时候坐的是什么? 马车。什么颜色的马? 也可能白马,也可能黑马,也可能红马,也可能黄马。但这个问题不在于颜色,而在于一个是牛,一个是马,什么意思? 《周易》里讲得很清楚,乾为马,坤为牛。马代表了乾卦,阳刚的;牛是代表了坤卦,阴柔的。所以一个崇阳，一个崇阴。一个是崇尚阳的，阳的当然就是白，所以儒家是白的；道家崇尚的是阴柔，是黑的。《周易》究竟讲什么？用两个字来说是讲"阴阳"。《周易》上讲得很清楚，一阴一阳之为道，这个道就是易道，大易之道，两个字阴阳。易字有两种写法，第一种写法像蜥蜴，变色龙。第二种写法，上面是日，下面是月。日叫什么？我们老百姓称为太阳，月叫什么？太阴。所以，日月就是最大的阴阳。《周易》上又讲了，"悬象莫大乎日月"。当然比日月更大的阴阳是什么？是天地。

佛家如果用这张图来说明的话，在这个图的什么地方？佛家在外面一个圈，因为佛家讲的是空性，中间是空的。四大皆空，五蕴皆空，十二因缘皆空，三法印皆空，四圣谛皆空，万法皆空。那中医在哪里？在中间 S 曲线。所以好多人攻击

我们中医，说你们中医就讲阴阳。说一个人有病，阴阳失调，怎么治病？调和阴阳。那病好了呢？阴阳调和了。说你们太简单了。我说这就对了，因为越简单的东西越接近事物的本质，越复杂的东西越偏离了事物的本质。我们中国人的智慧就是把复杂的问题简单化，最后简单为阴阳五行八卦。我有个定义，把复杂的问题简单化叫智慧，反过来把简单的问题复杂化叫知识。学国学不是学知识，是要开智慧，越学越简单。老子说：

> 复归于婴儿，复归于朴，复归于无极。

当你像婴儿那样，你就了不得了。老子发现婴儿四大秘密，第一个毒虫不螫，猛兽不据，攫鸟不抟。第二，骨弱筋柔而握固。第三，未知牝牡之合而朘作。第四，终日号而不嘎。仔细去读这个，太了不起了！为什么最近习近平说，治大国若烹小鲜。大家要好好去领悟这句话，我已经分析出七八条意思了。结果上一次在我的弟子班上一起讨论，讨论出十多

条意思,经典里这都是宝啊,只是大家自己不知道罢了。

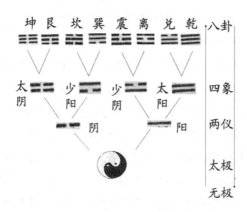

刚才好多人看出了儒家在哪里？两个点；道家在哪里？两个点；佛家在哪里？两个点；医家在哪里？两个点。也有人看出都在中间S曲线对不对？对！两个点和S曲线都表示中和,四家都讲中和。你们对两个点特感兴趣,你们知道两个点是什么吗？这两个点代表两个卦。我现在简单地说一说为什么只有这张图是唯一正确的太极图,然后我再反过来说儒释道的精神。你一看就明白了,其实这张图就是对伏羲八卦图的另外一种表达方式,伏羲八卦图据说是当年伏羲氏,从天地人当中推出了阴和阳。然后经过三次变化,太极生两仪,两仪生四象,四象生八卦,八卦定吉凶,吉凶生大业,这样推出来。它是按照两个法则,第一从下往上,第二先阳后阴。生成三次就得出八卦,依次序为:乾一、总二、离三、震四、巽五、坎六、艮七、坤八。后人就把这个八卦次序排成了一个太极图。

前四个卦,乾一兑二离三震四按逆时针方向排在左边,后四个卦,巽五坎六艮七坤八按顺时针方向排在右边。再看中间,黑白鱼,实际就是对八卦的形象描绘。八卦的阴阳比例是可以量化的,所以黑白鱼的弧度也是可以量化的。太极图八条半径就是八个卦,所以只能这么画,别的画完全错了。

大家注意,找到圆心,最上面这条半径,全是白的,白的为阳,所以就是乾卦。最下面这条半径,全是黑的,唯一这个地方全是黑的,黑的为阴,是坤卦。左边这条半径,大家量一下,有白有黑,白跟黑的比例是一比一。一半白一半黑,但是注意,这是白的这一半在外,黑的这一半在内,也就是外面为阳,里面为阴,阳包阴就是离卦。右边这条半径也是有白有黑,白跟黑的比例也是一比一。但是它是黑的这一半在外,白的这一半在内,也就是阴包着阳,这就是坎卦。上下左右,乾坤离坎,这四个卦称为四正卦。八卦当中最最重要的就是这四个卦。这是四个正位,都清楚了。再看四个隅位,同样也是可以量化的,四条半径对应四个卦。所以这个太极图实际上就是八卦图,它只能这么画。太极图按顺时针运转表明宇宙周期变化的大规律。

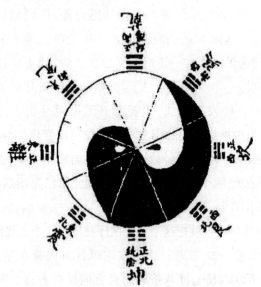

我们来简单地说一下,一年阴阳运动变化的规律,一年当中哪一天黑夜最长,白天最短?冬至,冬至就在坤卦这里。冬至一过,白的马上来了,阳气越来越多,到什么春分的时候

白的黑的一样多,白天黑夜一样长。春天里阴阳对半分,叫春分。春分就在离卦这里。春分一过,白天越来越长,到哪一天白天最长?夏至。夏至就在乾卦这里。夏至一过,黑夜就开始长了,越来越长。到哪一天,黑夜白天一样长?秋分,秋天里阴阳对半分。秋分就在坎卦这里。然后秋分一过,阴气越来越多,又回到冬至。

好,我们再来看,黑白两个点什么意思?这两个点就是两个卦。黑点是白中有黑,阳当中含有阴,这就是离卦!阳中外面是阳,中间是阴。

再看白点,是黑当中有白,阴当中含有阳,什么卦?坎卦。

我们的故宫就是《周易》的立体展现,它是轴心线上有六个建筑:前三殿后三宫,前三殿第一个殿是太和殿,中间那个殿叫中和殿,后面那个殿叫保和殿,就取自于《周易》,"保和太和乃利贞"。

后面三个宫,第一个宫叫乾清宫,最后那个宫叫坤宁宫。乾清宫,乾卦;坤宁宫,坤卦。中间的叫交泰殿,是泰卦,阴阳结合的泰卦。故宫开四个门。最后这个门神武门,神武门就是玄武门,是坎卦。最前面那个门叫午门,就是朱雀门,是离卦。东边是东华门,震卦。西边是西华门,兑卦。这完全是按照文王八卦来的。

我们再回到那个问题,儒道的基本精神,都可以用八卦来表示。儒家的基本精神是乾卦,乾卦"象曰:天行健,君子以自强不息"。道家的基本精神是坤卦,坤卦"象曰:地势坤,君子以厚德载物"。佛教为什么在中国传播开来,就是靠坤卦文言传两句话。"积善之家,必有余庆;积不善之家,必有余殃。"一开始佛教进入中国的时候,我们中国人是排斥的,所以当时有一种说法叫做"老子化胡说",老子化成了释迦牟尼。为什么后来一下子普及开来?就因为它看了这两句话。

佛家说我们就是讲这个,善有善报,恶有恶报,不是不报,时候未到,时候一到,一切即报。于是佛教在中国马上传播开来。因果报应,这是铁的规律,这就是天道。乾坤的精神,就是中华民族的两大精神,一个自强不息,一个厚德载物。

七、中华文化的基本精神

现在我们来总结一下,从太极图总结出四个字,就是中华民族的基本精神,哪四个字?"阴阳"肯定要有,儒家崇阳,道家崇阴,佛家崇空,医家崇中,儒释道医,都崇尚"中和"。"阴阳中和",就是中华民族的基本精神。

准确地说,儒家是站在阳刚的立场上来讲中,叫中庸。孔子说,中庸之为德其至矣乎。君子中庸,小人反中庸。什么叫中庸?不偏谓之中,不易谓之庸,《中庸》说:

> 喜怒哀乐之未发,谓之中;发而皆中节,谓之和。中也者,天下之大本也;和也者,天下之达道也。致中和,天地位焉,万物育焉。

道家是站在阴柔的立场上来讲中,叫中道。《老子》第四十二章中说:

> 道生一,一生二,二生三,三生万物,万物负阴而抱阳,中气以为和。

《老子》第五章,"多言数穷不如守中"。也讲中道。

那佛家讲不讲中?佛家也讲中,叫中观。中观派是大乘佛教一个重要的门派。大乘佛教分两派,一个是中观派,一个是瑜伽行派。什么叫中观?龙树菩萨用八个不来说明:不生不灭,不常不断,不一不异,不来不出。心经上讲六个不,不生不灭,不垢不净,不增不减。其实都要讲中。

总结一下,佛家是站在空性的立场上来讲中,叫中观。

儒家站在阳刚的立场上讲中庸,乾卦。道家站在阴柔的立场上来讲中道,是坤卦。佛家中观如果非要用一个卦来说,可以说是艮卦。唐朝佛教学者李通玄说一部《华严经》就一个字,"艮"。儒家的精神,阳刚的精神,包括了自强不息,勇往直前,百折不挠。勤劳勇猛,拼搏进取,与时俱进,仁爱孝悌。道家是阴柔的精神,是厚德载物,是包容宽厚,柔弱须静,自然无为,居下不争,谦虚谨慎。乾坤二卦体现了天地之道、天地精神:平等自由和谐,天地是最公平的。你说老天有时候不公平,我告诉你那是短暂的,终极肯定是最公平的。这就是中华民族的精神。

紫禁城太和殿里面悬挂着"建极绥猷"牌匾,这四个字是什么意思?建极是对天说的,绥猷是对人说的。建极要建立一个最高准则,绥猷指要顺应大道。天子承载着天和人,达到天人合一。那这个极是什么?最高准则是什么?那就是核心价值观,我们中华民族的基本精神,中华民族之魂。极就是太极。它的精神是什么?四个字,阴阳中和。这是天道。再如,养心殿里面悬挂着"中正仁和"牌匾。太极中和,阴阳中和。

我们现在提倡社会主义核心价值观,非常好。从十六届六中全会到十七届六中全会都提出社会主义核心价值,但是一直都没提出具体内涵。到"十八大"的时候提出了24个字,我认为这24个字里面最核心的是八个字,那就是公正、自由、平等、和谐。我认为就这八个字,这才是核心的核心。核心价值观分三个层面来说,第一层面是国家层面,富强、民主、文明、和谐。第二个层面是社会层面,自由、平等、公正、法制。第三个层面是公民层面,爱国、敬业、诚信、友善。这三个层面中,社会层面是核心,但法制应该替换为和谐。简单地说就是"阴阳中和",中正就是公正,要公正必须平等,要和谐必须自由。有好多人攻击我们,说中国是不讲平等的,自由、平等、博爱这不是基督教的精神吗?不错,我认为这是人类的普世价值观。自由和平等,有好多人说儒家讲等级、礼教,不讲平等,其实孔子是有平等意识的,到后来太过了,太注重礼教了,以致不平等。道家、佛家是最讲自由、平等的。所以三家必须要互补,光用一家肯定不行,会使民族文化中断,很简单,三教互补,最坚强了。所以中华文化是世界上唯一流传到今天而没有中断的文化,原因就在于此。有哪一家像佛家和道家这样讲自由讲平等吗?佛家说众生皆有佛性,明心见性即可成佛。众生都有佛性,万物都有灵,这还不是最平等?庄子《内七篇》第二篇叫《齐物论》说:"天地与我为一,万物与我并生。"道家是最讲平等,最讲自由的。《逍遥游》讲了四个故事,最后那个故事是绝对的自由,绝对的幸福。所以我们自己不要把自己的文化给丢了,要把它弘扬起来。

在前文的太极图里面,体现着这样三家互补的精神。当然里面也体现了中医养生的基本原则中医治疗的最高法则,都是阴阳中和。阴虚呢,那就要补阴,阳虚了要补阳。

大家懂得了这一点,才算真正懂得了中国文化。

最后,祝我们每一位朋友都在中华文化的智慧当中,去寻找自我、去圆满人生。祝大家都有一个健康的人生,快乐的人生,智慧的人生。

谢谢!

孙亦平

国学中的幸福观

　　孙亦平,女,南京大学哲学系、宗教学系教授,博士生导师。宗教学教研室主任,全国老子道学研究会副会长,中国宗教学会理事,美国哈佛大学、香港浸会大学访问学者。主要研究方向为:宗教学原理、中国道教和佛教。著有《道教的思想与信仰》《道教文化》《东亚道教研究》等。

各位，大家上午好，今天我非常荣幸能够到文津讲坛，跟大家一起分享国学中的幸福观。

国学中的幸福观是我近两年来，在我的宗教学研究过程中一直思考的问题。大家知道，宗教学的研究对象是历史上曾经存在过的、以及现在依然活跃的各种各样的宗教。而这些宗教，虽然表现的方式不一样，信仰不一样，但是最高与最核心的信仰，都是有关于我们人的问题：人的存在的问题，人的价值的问题，人的意义的问题。而对这些问题的追寻，最后归结到你当下的生活是否幸福。这一两年来，我一直是在南京大学宗教学系工作，在自己的学习和研究过程中间，对这个问题比较关心。

文津演讲录⑭

我们可以举一个小例子，中国文字中，以《康熙字典》为例，大概有两万多字。汉字非常得多，但是有个字其实是我们中国人最期盼的一个字。我们可以看到，在过年辞旧迎新的时候，大街小巷，居民楼各家的门上、窗上，经常都会贴着一个大红的"福"字。迎春接福，迎春纳福，甚至于还把这个福反过来贴，意味着什么呢，福到了。福到我们家了，代表新一年对美好生活的期望。

一、三种幸福观

什么是幸福呢？这是我们今天要讨论的问题，也是我们国学中着重讨论的问题。

195

可能大家都记忆犹新,去年央视走基层了解百姓心声,做了一个有关于幸福的调查。当时记者在街头随机采访普通人,提出几个问题:你幸福吗? 你觉得你幸福吗? 有的时候还追问一两个问题,你最想要的是什么? 你有什么遗憾的事情? 其实这些问题看似简单,却构成了幸福观这样一个重要的话题。我们通过电视,得到的答案是千奇百怪的。有一个打工的人,记者问他,你幸福吗? 他打量了一下记者说,我姓曾。后来,大家在网络上回应说,这是一个神回复,引发了观众很多的热议。从这里我们可以看到,在21世纪,幸福指数、幸福问题已经成为中国社会被广泛运用来衡量中国民众生活满意度的一项综合的指标。可见,现代人吃饱了,穿暖了,对自己的生活其实有一种更高的期盼。

今年是2013年,现在更多关心的话题是,你的梦想是什么? 换主题了吗? 其实如果你追根下去的话,还是与幸福有关。幸福是什么? 幸福是人们对生活境遇的一种体验、一种感受、一种追求、一种理想。这是幸福的内涵,是人们千百年来所追求的一种人生理想。换言之,人的一切行为的最终目的,其实都有一种对幸福的渴望和期盼。

这也是哲学、历史学、伦理学、社会学等学问所关心的问题。为什么? 因为在现实的生活中间,幸福与不幸,快乐与不快乐,构成了人生的两面性。特别在今天,面对着社会结构的转型,市场经济的发展,金融危机的威胁,精神家园如何安顿等问题,幸福问题也凸显出来。从历史上看,人们对幸福的概念各不相同,有各种各样的认识。但大致可以把它分成三类。概括起来,有这样三种幸福观:

第一种是从感觉主义出发,把幸福看成是追求满足感官欲望的物质享受,以此得到快乐。这是追求满足自己日常生活需要的种种欲望。它是所求大于所得。我们往往把它概括为是一种不断索取的幸福观。这种幸福观念会导致享乐主义、纵欲主义盛行。

第二种是从禁欲主义出发。把幸福理解为通过排斥感官享受,而获得超越世俗生活的一种精神上的满足。在所得不变的情况下,追寻所求小于所得。这是一种自我约束的幸福观。这样一种幸福观我们可以从历史中的那些宗教徒,特别是禁欲主义的宗教徒身上看到。

第三种是从理性主义出发。把幸福视为身体上没有痛苦,精神上没有烦扰,追求所得和所求能够互相平衡的一种幸福观。

历史上对幸福的看法各种各样,但因对快乐的看法不一样,对欲望的看法不一样,所以构成这三种幸福观之间的差异。

不同的人对幸福的认识、理解,可能是有差异的。那么不同的宗教对幸福其实也有自己独到的见解。相比较而言,从古希腊哲学家一直到中世纪,然后一直到近代,西方的哲学家、宗教学家他们对幸福的问题讨论的比较多。在中国古代,大家都知道,往往是用一个字来表达概念,所以幸福这样一个两个字组成的词其实是现代才出现的。中国古代没有突出幸福这个概念。那么是不是我们中国古代的学问中,有关于幸福的讨论比较少呢?其实并不是这样的。如果我们对国学的研究深入下去,就会发现中国古代的思想家、哲人,往往把智慧贯穿于对日常生活的理解中,通过对理想的人生,对完满的人生的探讨,提出了他们的幸福观念。所以,国学中对幸福的探讨,跟西方人及西方基督教从神学目的论的角度出发,然后来关注幸福问题是有所不同的。国学中的幸福观主要是从关注人的角度,关注我们当下生活的角度,关注人的精神状态的角度,抽象出幸福的概念,然后把它作为人生的目标。

当人们思考自己人生的价值和意义的时候，其实幸福问题就提出来了，有时候你自觉，有时候你不自觉，但是在每个人生活中，其实都会有这个问题，它存在于你的意识深层之处。从这个角度讲，幸福观是国学中的一个非常重要的问题。

二、国学中的幸福观

国学是指一个国家固有的传统历史文化和思想学术。这是从一种宽泛的角度加以认定的。大家知道，中国思想文化的内涵非常丰富。先秦的时候有诸子百家，到了汉代，佛教传入之后，儒教、佛教和道家道教这三教就成为国学的主干。

在我们丰富的国学中，有关于幸福的观念，最早来自于哪里？幸福的观念，它的内涵如何？我们在探讨一个问题的时候，必定要追根溯源。孔子修订的五经中有一部是《尚书》。在《尚书》中最早提出了幸福的观念，它提出了"五福"这样的一种思想。如果我们对幸福观追根溯源的话，可以追踪到那里。

大家知道，儒家的创始人孔子修编了五经，《诗》《书》礼乐春秋，其中的《书》也称之为书经。后来到汉代，把它称为《尚书》。什么意思？尚古之书。也有一种说法，"尚"是把卷着的、包着的、裹着的东西，摊开来。"书"，文字，记录档案。它不是一般的文字记录档案，按照我们今天的话来说，是国家档案馆保存的皇家的档案汇编，它记录的是国王及贵族们的谈话。相传孔子晚年集中精力修编五经，其中《尚书》指的是上古从尧舜一直到春秋秦穆公时代所记载的各种文献汇编。他经过认真地挑选，选出来一百篇，编成夏书、商书、周书等。相传孔子修订《尚书》之后，曾经把它作为教育学生的一个教材，发给学生，让学生阅读。在国学中占有主导地位的是儒家。在儒家思想中间，《尚书》来自于孔子的修编，也占有重要的地位。那么，它所提出来幸福观在历史上影响比较大。

三、《尚书》之"五福"

虽然《尚书》是孔子修编的，但是后来秦始皇焚书坑儒也对它的流传带来了毁灭性的打击，《尚书》的抄本几乎全部焚毁。那么，现在的《尚书》是不是过去的《尚书》，以及它所提出的幸福观是不是过去的《尚书》所蕴含的呢？

汉代时，汉武帝重视儒学，有秦博士伏生专门口授，用汉代通行的文字隶书写了《尚书》，共二十八篇，这就是著名的今文《尚书》。到了后来，在孔子的老家，鲁恭王的住宅的墙壁中发现了很多古书，其中有另外一部《尚书》。这部《尚书》是用先秦的古体字写成的。所以，人们把它称之为古文《尚书》。这个古文《尚书》，后来经过孔子的孙子孔安国的整理，篇目比今文《尚书》多了十六篇。到了西晋永嘉南渡的时候，战乱年间，北方的朝廷往南方迁移，就迁到了南京（南京过去叫建康），以至《尚书》又失传了。当时有一个豫章内史梅赜，重新给朝廷献上了一本《尚书》，作为官学的教材。这本《尚书》有五十八篇，包括今文三十三篇，古文二十五篇。这就是流传到今天的《尚书》。梅赜的这个本子后来收入唐代的《五经正义》，然后成为儒家经典的正宗《十三经注疏》之一，在中国流传了这么多年。那么，它提出的这样一种"福"的观念，在中国社会中影响非常大。因此在国学间，对福的解释大概要数《尚书》讲的最早,而且最透彻。

五福的观念出现在《尚书·洪范·九畴》里。周武王在平定天下之后,拜访商朝的遗臣箕子,向他请教治国平天下的道理。原文如下:"武王胜殷,杀受,立武庚,以箕子归,作《洪范》","惟十有三祀,王访于箕子。王乃言曰:'呜呼,箕子!惟天阴骘下民,相协厥居,我不知其彝伦攸叙。'"武王打败了殷朝之后,立了武庚——商纣王的儿子。然后特别把商纣王的叔父箕子迎回来。箕子被称为是"中华第一哲人"。其实他也是最早进行中外文化交流的人。了解东亚史的人可能会知道,箕子发现在殷末商初社会大动荡中他的理想可能不一定能实现,便带了五千族人去了朝鲜半岛,建立了箕子朝鲜。所以朝鲜文化跟中国文化有渊源关系,交流也非常得早。箕子向周武王陈述了九条治理国家的法则,被称之为《洪范九畴》,即九条大的法则。

"初一曰五行,次二曰敬用五事,次三曰农用八政,次四曰协用五纪,次五曰建用皇极,次六曰乂用三德,次七曰明用稽疑,次八曰念用庶征,次九曰向用五福,威用六极。"传说,在上古时代,有河图洛书之说。据说这六十五个字来自于洛水神龟出的洛书上。当然,这里强调的是它的神奇性。这个九条大法强调的是,我们治理国家要根据金木水火土五行相生相克的变化的自然规律来进行。

第一个,五行。这是中国哲学中对自然规律的一个最基本的看法,也贯穿到社会与人生的变化中,他把五行作为最主要的自然规律。

第二个,要敬用五事。在人与人之间、在君臣上下之间交流时,要注重貌、言、视、听、思。

第三个,农用八政。也就是在具体的行政管理中,要注重这八条。这八条后来被中国的中央集权制形成的一种行政管理体制保留下来,到今天我们依然可以看到它的影子。

第四个,协用五纪。人事的变化在古人的观念中,跟天上的自然星象的变化是联系在一起的。所以一方面,要根据星象变化来安排我们的人事,另一方面,人要对天抱有一种敬畏之心。

第五个,建用皇极。皇极是一种最高的规则,这种规则以中正之道为本。那么皇极的中正之道最重要的特点是什么,"敛时五福,用敷锡厥庶民"。要搜集这五样最能够使老百姓受益的事情,然后赏赐给臣民。五福的观念就在这里出现了。

第六个义用三德。培养自己的臣民要有正直,要有刚克,要有柔克,这样的一种民族性格特征。

第七个要明用稽疑。古人在很多事情上不知道未来发展方向如何时,就通过占卜算命这样一种方法。所以,"择建立卜筮人,乃命卜筮"。就是通过占卜的方式来了解未来事情的发展究竟会如何。这也是我们中国文化中的一个传统。

第八个念用庶征。通过自然的变化,来了解社会的变化,特别是安排农事活动。中国是一个农耕大国,这样的一种经济发展的特征一直到今天。

第九个最重要的是如何将好的东西惠及臣民,如何教导臣民在生活中避免不好的东西。这条特别值得我们关注,它说要"向用五福,威用六极"。这五福是什么呢?"一曰寿,二曰富,三曰康宁,四曰攸好德,五曰考终命。"这是五福的概念。所以人生的五种幸福其实包涵了长寿、富裕、快乐平安、爱好修德,最后要老而善终。在五福中间,除了寿和考终命属于自然规律之外,其余三个福,富裕、康宁、攸好德,其实都是跟我们自己当下的修为有密切关系。

后来汉代有一个大经学家叫做郑玄。他曾经专门校注古文《尚书》，是古文学家。他提到五福时说，这五者都是善事，好的事情，自天授之，谓之以福。福者，备矣。备是完备的备。福是什么呢，你这五样东西都完备了，才能称之为有福。所以他讲"备者"是大顺之意。你有了自己的幸福才能称之为是顺，不仅是顺，而且是大顺。这就是中国儒家所提出来的，用福、对人生的美满状况、顺利状况的一种设定。这样的一种观念在国学中一直被继承和发扬下来，成为中国人的一种集体潜意识。

大家注意，五福的观念涉及到人生的方方面面，它强调只有五福并臻，才能够称之为福。这五个要素中间，少了一个，都不能算是有着完满的幸福。比如讲你长寿，但是你很穷，生活质量差，再加上有病，心情又不好，家庭关系也不好，那么你仅仅是一个活的年纪比较大、身心有创伤的老人而已，不能算幸福。幸福一定要五种因素都能够具备。要长寿，要比较富裕，这之后你的心情要比较平淡，比较平和。然后你还要爱好美德。如果你不爱好美德的话，你不善，也不可能获得幸福。最后老而善终，很安详地离开世界。《尚书》中提出的五福观念，其实是告诉我们，在有限的生命中，要做一个享有高寿以延长生命的长度，生活富裕以充实生命的内涵，然后身心健全提高生活质量的人。如果你身体不好，其实一切都免谈。所以经常有人讲，你要保重身体，身体是一，后面财富等东西都是零，如果一不在了，那些零真的就是化为零了。还要修德助人，扩大生命的境界。然后享受天年，充分体会生活的乐趣。这样的生活才能充满喜乐，才能称之为幸福。

《尚书》为了更能体现五福，还提出了六极的观念。如果五福是人们所向往的一种境界，那么六极却是人们避免的凶恶的事情。六极是什么呢？"一曰凶短折"。早死、生病、忧郁、贫困、丑恶,懦弱。这是人们应该避免的,所以五福和六极形成了一个鲜明的反差。一个是古今中国人孜孜不倦追求的东西,一个是避之不及的东西,赶快跟它远离开来。《尚书》将两种不同的状态放在一起,作为一个鲜明的对照,其实是告诉你,在五福和六极之间,你如何做,你如何选择,如何珍惜你的生命。

四、德福之道

汉代提出来德福之道其实包含着如何获得幸福的问题。幸福不是靠追问就能获得的,也不是一个简单的话语能够获得的。它是一种体验,一种感受,这种体验和感受跟人当下的修为是有关系的。在汉代,有个孔安国,在《尚书》的注释中,把商周文化背景下提出的有关福的思考进一步深入,进一步系统化、理论化,然后,把它归纳为德福之道。什么意思呢?一个人好美德是获得幸福的一种道。你要获得幸福,你要去得道,就必须要有所修为,要去行善,要去为善,所以德福观念是商周文化中间的一个主要思想。经过孔安国的诠释,被保留下来,一直影响着中国人的幸福观念。

在德福之道中,他讲得很多。我个人的看法,其实有一个字是特别值得我们关注的,就是"好"美德。如何好,我们如何去德福,这有一个方式方法和路径的问题。所以孔安国讲的这些东西核心也就是如何去为善,如何去去恶,他把善恶的观念引入了幸福观之中,也加强了幸福观中人为的因素。幸福并不是一个抽象的概念,跟你当下的生活以及你当下的修为是联系在一起的。你如何做,会决定你获得多大的幸福。这是德福之道的一个关键问题。德福的观念可以从五个方面去理解。

第一，行善的目标是追求幸福。所以幸福和善是联系在一起的。第二，行善的依据是个人的美德，正确的言行。所以幸福是要靠每个人努力的，并不是你坐在那儿就可以获得的，这是儒家的观点。第三，"天人感应"的善恶报应说是理解德福之道的关键。也就是说你要获得幸福，其实也有一个报应的问题，而这个报应的主体来自于哪里？来自于上天的一种赏罚的观念。所以，德福不得不诉诸于客观的第三者上天来进行赏罚，这一点又使儒学具有了一点宗教性。我们今天老百姓经常讲"三尺头上有神明"，即你的一言一行都会有神灵在后面看着你，这些行为都会带来果报。这样一种天人感应的观念是中国儒家的一种观念，是德福之道的一个关键问题。第四，德福之道在宗教上又表现为"转祸为福之道"。

需要说明一点的是，儒家向来重视道德这样一种神灵赏罚，道德上的劝善。在儒家的经典中，关于教人劝善的，教人行善的言论很多。它们也讲到了天人感应这样一种善恶报应说。但是在神灵如何赏罚的这个问题上面，其实没有制定出系统的说法。在这一点上，儒教不如道教，不如佛教对人的约束力更大。也就是说当时的儒家思想虽然提出了天人感应这样的观念，但是并没有制定出一种具体的系统的德福之道的方法。第五，"劝善"是国学中宣扬的获得幸福的一个重要途径，这是我对德福之道的理解。在这样的理解中我们看到它加入了一些善的概念，加入一种善恶报应的概念，加入了转祸为福的概念，把行善、劝善跟福与获得幸福、德福联系起来，由此加强了人本身的行动力，以此来对自己的生活产生影响，这也是它一个非常独特的地方。

儒家提出了福的概念，对福的内涵做了清楚的解释。到了汉代的时候，又把劝善、行善的概念，引入了幸福观中。它的幸福观非常重要，但是对人的行为的约束力也有值得进一步完善的地方。

在这一点上,我想回到我们的主题,国学中的幸福观,以道家和道教为例。我们可以看到儒家提出了福的观念,那么,道家也提出了幸福观,儒道互补构成了国学中幸福观的两个方面。

道家有很多学者,其中两个最重要的思想家,一个是老子,一个是庄子。道家的老子倡导道法自然,把见素抱朴、少私寡欲作为人生行事的一个非常重要的准则。要人保持一种言行淳朴,保持自己的自然的本色,要人减轻私心杂念。在《老子》第十二章中,有一段话经常被人们引用:

五色令人目盲;五音令人耳聋;五味令人口爽;驰骋畋猎令人心发狂;难得之货令人行妨。

是以圣人为腹不为目,故去彼取此。

短短的几十个字,但含义却非常深刻。它告诉我们,在日常生活中,怎样叫做为善,最重要的是遵循自然大道来行事。那么,自然大道是什么呢? 他认为在别人看来,漂亮的五彩缤纷的色彩都是人们喜欢的,美妙的音乐也都是人们喜欢的,这些好像是增加我们幸福的重要的指数。但是如果深层次的追寻下去,其实你可以看到事情的另外一个方面。老子说五彩缤纷的颜色有时候看得你眼花缭乱,叮叮当当的音乐,听上去好像让你精神振奋,但是听多了以后,让你的耳朵嗡嗡作响。美食是大家喜欢的,但是,如果你天天吃那些美味的东西,就特别想我今天能不能回家吃一碗令人爽口的泡饭啊。"驰骋畋猎令人心发狂",如果你总是在外面驰骋打猎,你的心怎么能够安静下来? 那些难得的东西,奢侈品,过多地去追求它,你生活中会发生什么样的情况呢? 老子非常有智慧,他从另外一个方面告诉你要思考,一般人们认为的那些好的东西,它是不是真正能够给我们带来幸福呢? 所以他强调"圣人为腹不为目"。

老子在第三章中他也提出："虚其心,实其腹,弱其志,强其骨。"其实老子要强调,圣人、有智慧的那些帝王将相,最重要的目的是要让人们丰衣足食,要强大国家。而不是号召人们去追求物欲,去追求难得之货,如果过多的追求这些,国家就很难治理好。老子强调:圣人为腹不要为目。不要被外在的东西所吸引,而要强调内在的东西,所以要取彼去此,这是圣人的做法。而一般的老百姓及不明事理的人,身为物累,心为物役,为感官的享受所拖累,导致名利心生,好恶心生,是非心生,利欲心生等等,跟着自己的物欲走,使欲望随着感官的要求而膨胀起来。之后,满足了,很快乐,新的追求又来了。然后接着去追求,如果不满足,就不快乐,甚至于痛苦,甚至于让人的五脏六腑不安,让人的神智混乱,疾病缠身,乃至于衰老早死。

老子强调"五色令人目盲,五音令人耳聋"。其实他并非否定这些人生享受,而是告诉你不要过多地去追求,因为那样,会使人忘记你本来的自然的状态,那种最合乎中道的状态被打破,对你的身体必然会产生影响,必然会导致你有一种不幸福的感觉。所以老子倡导道法自然,见素抱朴,少私寡欲,这也是道家非常聪明的地方。它告诉你不是禁欲,而是合理地控制自己的欲望,既不要纵欲,也不要禁欲,要持中,追求一种自己觉得很快乐,很淡泊,很愉悦的幸福感。老子道家倡导的这种思想非常值得我们重视。

我们再来看一下庄子。虽然有关于《庄子》是不是庄子本人的作品,还是庄子后人的作品,也有讨论。一般认为《庄子·内篇》七篇是庄子所写,《外篇》和《杂篇》可能是后人的作品。但是,它们也代表了道家的思想。《庄子·外篇》中有一篇叫《至乐》,什么是最大的快乐,是这篇文章的主题。开篇就提出来：

> 天下有至乐无有哉？

天下有没有最大的快乐呢？如果有的话,这种最大的快乐是什么呢？人生在世什么是最大的快乐,什么是最大的幸福呢？

> 有可以活身者有无哉？今奚为奚据？奚避奚处？奚就奚去？奚乐奚恶？

庄子还提出来,天下最大的快乐有没有呢？有什么东西可以存活自己的身体呢？现在我们应该做些什么？我们应该回避什么,追求什么,喜欢什么,然后又讨厌什么呢？

下面我们看看他是怎么回答的。庄子说：“夫天下之所尊者富贵寿善也。”天下人所喜欢的所尊重的所追求的是这些：第一个,富。有钱,有钱的这种感觉好啊。第二个,贵。高贵,有权力,别人都对你恭恭敬敬的,感觉好啊。第三个,长寿。活得比别人年纪长,能够充分享受自己的生活。第四个,善。因此,所尊者是这四样东西。

文津演讲录14

“所乐者身安厚味美服好色音声也”,最喜欢的是什么呢？是身安,身体的安逸。厚味,丰盛的食品。美服,漂亮的衣服,能够适合自己身材的衣服。好色,绚丽的色彩,美丽的人。音声,好听的动听的音乐。这是人们所喜欢的。

最讨厌的是什么呢？“所下者贫贱夭恶也”,所看不起的,不喜欢的是贫穷、卑劣、短命、恶名。这是人们所讨厌的,所看轻的东西,所要回避的东西。

那么所苦者是什么呢？身体得不到安逸,嘴巴吃不到好东西,穿不起漂亮的衣服,看不到好看的东西,听不到好听的声音。“若不得者,则大忧以惧。其为形也亦愚也”！如果得不到这些东西,就一直心情不好。

在庄子看来,这样对待自己人生的做法,实在是太愚蠢了！如果换一个角度看问题，可能会不一样；有的时候幸福观就是从这儿来的。什么呢？

> 夫富者，苦身疾作，多积财而不得尽用，其为形也亦外矣。

富有的人劳劳碌碌，一天到晚都辛苦、勤勉地工作，积攒了很多的家财，却没时间享用，也不能全部享用，他对自己的身体也太不看重了，值吗？

> 夫贵者，夜以继日，思虑善否，其为形也亦疏矣。

那些有权力的人、高贵的人，他们夜以继日地思索，怎样才能保住自己的权位，怎样才能使自己更有进步，怎样使自己的收入更多一点。每天都在考虑这样的事情，考虑各种各样的人际关系。以至于没有时间考虑自己的身体，忽略自己的身体，这样值吗？庄子说：

> 人之生也，与忧俱生，寿者惛惛，久忧不死，何苦也！

对于一个现实的人生来说，幸福与不幸，痛苦与快乐，是人生的两面，缺一不可。但是我们在生活中怎样最大地减少痛苦，追求快乐；怎样最大地减少不幸，追求幸福呢？庄子提到，"人之生也，与忧俱生"。其实人在生活之中，烦恼也是跟着幸福一起产生的。长寿是好事，但如果长寿的人成天昏昏，糊里糊涂，长久在忧患中而不死。所以人如果年纪大了，身体也不好，再吃不饱穿不暖，其实很痛苦。庄子说何苦呢？他也看到人生的这样一种状况。所以在生活中，如何使自己既长寿，又能够幸福地生活，保持健康的心态，平静地生活，这才是应当追求的境界。

接着，庄子又写道：

> 今俗之所为与其所乐，吾又未知乐之果乐邪，果不乐邪？

世俗人所认为的快乐，我不知道是真快乐呢，还是不快乐。那种世俗的快乐,大家都全力去追求它,拼命地去追求它,甚至于不达目的决不罢休。但是,庄子却提出来,他说人人都说这是最快乐的事情,但是你要去看,这对你来说是不是真的快乐的事情。他强调"果有乐无有哉"。庄子最后提出来:

> 吾以无为诚乐矣,又俗之所大苦也。

世上果真有快乐还是没有呢?其实无为就是真正的快乐。他强调"至乐无乐,至誉无誉"。最大的快乐就是没有快乐,最大的荣誉就是没有荣誉,这是庄子的思辨的方法。

所以我们经常讲庄子是一位伟大的哲学家。庄子通过这种辨证的方法来告诉你,什么是最大的快乐。至乐而无乐,当你感觉不到,当你不向自己再提问什么是快乐的时候,你才真正处在快乐的状态。因此庄子说:

> 天下是非果未可定也。虽然,无为可以定是非。至乐活身,唯无为几存。

天下的是非是不可以定的,无为的观点和态度却是定的,最大的快乐是使自身能够活下去。从这点上,我们可以看到老子、庄子他们代表的道家哲学,思考问题的出发点都是自己的身体。从自己的身体出发来考虑问题,这是道家的一个非常重要的特点。

所以人生的忧患来自于哪里?来自于身体。老子有一句话,可能大家都非常熟悉:

> 吾所以有大患,为吾有身,及吾无身,何患之有?

我之所以有痛苦,痛苦来自于哪里?来自于我的肉体,我有这个肉体,所以我要存活下去,我每天要吃饭要睡觉,要保持我的身体,要有了身体,就有了肉体上面的种种困扰,有精神上面的种种困扰。因为我有身,所以我就有忧虑,有烦恼,有忧患。如果我无身了,吾有何患?道家思想是从人的身体来思考人生、社会、宇宙，这是它的一个出发点，也是它幸福观的基点。从这点上，我们可以看到道家思想跟儒家思想的思考基点是不一样的。

　　道家的幸福观有三个维度，第一个强调的是返璞归真的理想人格，第二个强调的是小国寡民的理想社会，第三个强调的是崇尚自由的幸福的精神维度，这是它三个非常重要的特点。从这些特点中间，我们也可以看到，道家的幸福观是有理论深度的，但是也有一些不足的地方。所以我们在读中国哲学的时候，经常会看到一些批评老子和庄子的观点。比如，小国寡民是老子的理想国。小国寡民消除了统治者和被统治者之间的关系，往往被批评是一种乌托邦式的理想社会。甚至于认为道家是一种无政府主义。人老死不相往来，则被认为是一种退化的观念，所以经常被批评。还有道家强调返璞归真，强调隐遁，强调逃归山林，强调即使大隐也隐于市，隐于市却不关注社会。那么是不是如此？还可以再做进一步的研究与探讨。但是道家的幸福观从另外一个视角来帮助我们去理解人生，特别是辨证地去理解人生，这一点是值得我们重视的。

　　我们知道，中国的传统宗教是道教，道教和道家有着密切的关系。道教是中国土生土长的传统宗教，所以我们经常讲道教就像个大葫芦，它搜罗中国传统文化中的各种各样的东西，然后放在其中。道教是以老庄的思想为教义的基础。在幸福观的问题上，道教其实延续了道家的思想。然后，它又依据自己的信仰，作了进一步的发挥。得道成仙是道教追求的一种理想，所以道教作为中国的传统宗教，它往往教导人们学道、修道、弘道。它的幸福观建立在老庄道家思想基础上，更强调幸福不在于占有众多的物质财富，拥有极大的名声，而在于通过生命的修炼来维护自己的身体健康，来保持自己的精神愉快,追求延年益寿,健康地活下去,长久地活下去,甚至于得道成仙,最后不死。"长生不死,得道成仙",这是道教的一个最重要的最基本的理想。从这里,我们也可以看到,它把老子、庄子对身体的关注进一步强化,甚至于把肉体的长生作为一种信仰。它的修道,它的行道,它的弘道,其实都围绕着这个信仰而展开。所以道教给我们最大的印象是什么?除了它的神仙信仰之外,重要的是养生的观念。我们可以看到,千百年来,道教发明了各种各样的养生方法。内丹、外丹,服食金丹,然后福禄、拜神、行气、道引、炼金……凡是能够想到的修炼方法,都被道教收罗进来。这一切的目的是什么?保持健康长寿。这是他的一种宗教观念,这种宗教观念也代表了我们中国人对身体的关注,对幸福的关注,通过道教的信仰保存了下来。所以道教的信仰是非常独特的。

我们可以看到世界上各种各样的宗教都拜神,都信神。虽然在各种宗教中,信仰的对象有所不同,但是都可以用神来概括。基督教的上帝,伊斯兰教的真主安拉。道教在拜神的同时,也崇拜神仙。神仙是什么?仙,从这个字形上就可以看到,人在山林中修行,最后得道成仙,羽化升仙,这些都是中国人所追求的一种生命理想,通过道教这样一种宗教形式把它表现出来。

在幸福观上,道教也有它的一个独到之处。它更强调,神灵对人的行为善恶进行赏罚的重要性。道教有本书是《太上感应篇》。这本书只有几千字,内容非常得短。但是它却用言简意赅的形式告诉我们在生活中间,你如何做才能获得幸福,它讲得非常具体。

《太上感应篇》中太上其实是指老子,老子后来被道教奉为教主,尊为太上老君,奉为道德天尊。在北京的白云观中的三清殿,里面供奉的三尊真神之一就是太上老君。道教的道经很多,都是借用太上、太上老君之口来讲述的。这篇经的开篇就讲了十六字:

祸福无门,唯人自召。善恶之报,如影随形。

幸福其实跟行为的善恶、跟每个人的修为是有关系的。你幸福还是不幸福,并不是确定的,而是根据你当下的行为来定。善恶的报应就像你身后的影子一样,你不喜欢它,你不注意它,但是它时刻跟着你,这是因为:

是以天地有司过之神,依人所犯轻重以夺人算。算减则贫耗,多逢忧患,人皆恶之,刑祸随之,吉庆避之,恶星灾之,算尽则死。又有三台北斗神君,在人头上,录人罪恶,夺其纪算。又有三尸神,在人身中,每到庚申日,辄上诣天曹,言人罪过。月晦之日,灶神亦然。

天地之间有司过之神。你看不见,摸不着,但是它冥冥之中就是存在。它根据你平时的行为情况,根据你做事的好坏的轻重,然后来夺你算,进行报应。那么这个"算"是什么呢,一百天是一算。如果你做得好,它就给你增加寿命。如果你做得不好,它就减你的寿命。它的赏罚非常具体,不赏罚其他方面,就赏罚在你生命的长短上。如此对人的赏罚是非常厉害的。所以"多逢忧患,人皆恶之,刑祸随之,吉庆避之,恶星灾之",如果你的"算"尽了,生命的寿限到头了,那么你就死了。同时,天上还有三台北斗,也在人头上记录人的罪恶,然后来夺你的纪算。而这一"纪"的时间比较长,是十二年。在道教看来,人的身体里上中下有三个丹田,三个丹田中,都有三尸神存在。上丹田彭倨,中丹田彭质,下丹田彭矫,居住着三尸。上尸在人的脑子里面,好宝物。中尸在人的心中,好美食。下尸在人的下丹田中,好色。他们在你的身体里,每天记录你的善恶。到了每年庚申日那一天,趁你夜里睡觉的时候,他们从你的身上悄悄地跑出来,然后到天上去,向天朝报告你的罪过。这个设想非常具体也非常生动,强调神灵离你不远,每天记录你的善恶,起到一种威胁恐吓的作用,通过这种畏惧心来告诉你,你必须为善,不能为恶。在我们今天看来,这些东西都是迷信。但是在古人心里,如果每天都诵读这样的经典,对人的精神意识就会产生或多或少的影响。道教的劝善书比一般的那种仅仅是陈述什么是幸福,什么是不幸福,来得更有说服力。

《太上感应篇》更加强调人应当如何行善,如何去恶。什么是善事?有 26 种,属于善的,属于好的事情。如果你按照它说的去做,可以增加你的生命长度,可以增加你的幸福指数:

> 不履邪径,不欺暗室。积德累功,慈心于物。忠孝友悌,正己化人……敬老怀幼,昆虫草木,犹不可伤。

经常有人讲道教中也有保护生态环境的思想,往往就是指这个。你看它讲到"昆虫草木,犹不可伤",就是要人爱护生态环境。这个是 26 条善行,如果你遵从它去做的话,那么天道会佑之,福禄会随之,众邪会远之,神灵会卫之,所作必成,神仙可冀。最后你自己就能够成仙。所以天跟人是不远离的,人通过自己的修行可以成仙,这是道教的一个非常重要的理念。

这跟西方基督教的信仰是不一样的。在基督教信仰中,人和上帝有着无限的距离,人只能敬拜上帝,只能去向上帝祈祷,只能去向上帝忏悔,但是,人永远不能成为上帝。上帝高高在上跟人之间有着永恒的距离,所以基督教的祈祷都是向上的。而中国的宗教,特别是道教,它强调人可以成仙,所作必成,你神仙就可冀。所以它往往向下,通过冥想、存思、修道,努力回到自己的本心。人通过修炼是可以成仙的,所以人跟仙之间并没有无限的距离。这是东方宗教跟西方宗教一个非常重要的区别。在道教看来，人要成仙的话，仙也有不同的档次。如果你要成天仙，就要当立一千三百善。如果你要成地仙，则需要三百善。善是成仙的必要条件。道教强调，先成人道，再成仙道。你要先做一个道德完满的人，那么你才能成仙。如果你道德上面不修为，不好美德，你是不能成仙，也得不到幸福的。

再来看一下，它列出来的170条恶行。什么是坏蛋？做这些恶事的人就是坏蛋。我们经常讲坏蛋不是一个抽象的概念，在《太上感应篇》里面，坏蛋是非常具体的。如果你在170条中间占上几条，你就是坏蛋。比如，"侵人所爱，助人为非"。你拿人家喜欢的东西，你去帮助人家做不好的事情，你是坏蛋。"逞志作威，辱人求胜"。以欺负别人来表示自己的权威，表达自己的胜利，你是坏蛋。它讲了170条，可见人的恶行有的时候比人的善行还要多。所以这也提醒我们，人怎么获得幸福，怎么转善求恶，其实任务是非常艰巨的。同时也告诉我们，宗教在人伦教化上，在道德向善上，在引领社会风气上，从某种意义上来讲还是有它积极的意义。这本经中还讲到：

> 司命随其轻重，夺其纪算，算尽则死，死有余责。

如果你这个人作恶，罪恶极大的话，不仅仅罪恶会降到你身上，而且还要殃及子孙。这样一种宗教说教、道德说教，会对人的心理上产生非常大的影响，这也是宗教的感染力所在。而这部经更重要的是在强调如何转祸为福，关键在哪里？关键在自己的心：

> 夫心起于善，善虽未为，而吉神已随。

如果你心里向善，吉神也就随之。你心起于恶，恶虽未做，而凶神已随之。所以有的时候你自己不自觉，但是按照道经上面讲,其实就会有所感应。如果你承认做过恶事,后来你发现需要忏悔,需要改正,诸恶莫作,诸善奉行,这个时候,你就慢慢地转祸为福,转恶为善。它强调"故吉人语善、视善、行善"。要成为善人,语言表达要善,眼睛看到的东西要善,关键是你做的事情要善。你如果每天做三件善事,三年必降之福。而"凶人语恶、视恶、行恶,一日有三恶,三年必降之祸"。宗教的劝善书,打着神灵护佑、神灵赏罚的旗号,对人心的束缚力是不可小视的。

《太上感应篇》一般认为是起于北宋,到南宋时开始流行。南宋的皇帝专门为这本书作序,后来得到了学者、朝廷、道观的大力推行,在社会中影响非常大。南宋时候,儒者真德秀,也是朱熹的学生,他就专门评价道教的《太上感应篇》,认为这本书最重要的特点是扶助正道,启发良心。这是道教劝善书一种最大的功德,也是它的社会功能、社会作用中格外值得重视的特点。以上是儒者的看法。这些道教的劝善书《太上感应篇》《阴骘文》《吕祖纯阳功过格》等等,在南宋以后开始流行。《功过格》后来更强化了《太上感应篇》中有关于作恶行善所带来的果报。所以,"功"就是你做了善事以后,给你生命的奖赏。"过"强调的是对你生命的惩罚。类似的功过格讲得都非常具体。如果你救了一头家畜,那么你有一功。它强调的是戒杀生。如果你戒杀生一年,那么你就有20功。所以这种功过格在明清社会中,影响是非常大的。

在这本书中,不仅仅讲的是道家和道教,其实它会通三教。它认为在中国传统文化中,儒佛道三教,都关心人心教化的问题。但是对于如何教化,三家有不同特点。第一个,儒者讲正心。它告诉你怎么样去做一个真正的人,心怎么样才能摆得正。第二个,道者存心。道家、道教告诉你怎么样去根据自然大道的变化来安排自己。第三个,佛者明心。明心见性,了解自己的生命的本质。儒佛道三教,都是以修心为本。而修心的目的是什么呢?行善去恶,求功去过。这是转祸为福之道,也是功过格的看法。我们可以看到,道教的劝善书、功过格的流行,对人心具有很大的约束力。经过皇帝作序,经过官府的大量印刷,加上道教宫观的广泛散发,在社会上影响非常大。后来到了明清的时候,儒家用儒学的道德规范对道家的功过格又加以改造。

日本学者酒井忠夫专门写了一本书叫做《中国善书研究》。他强调,在明清之后,儒家思想中出现了道德劝善运动。对道家的功过格进行改造,借鉴佛教的因果报应说,特别是净土思想,去除佛道思想中过多的宗教成分,然后强化其中积德成佛、因果报应的说法。儒门中的劝善书,比如《厚德录》《劝善录》《乐善录》等等,这样的小册子在社会上广泛传播。劝人为善,重建道德秩序,重建社会秩序,其实是当时社会中一个非常重要的任务。这种善书运动,对于国学中幸福观的影响非常大。

劝善书可分成三个方面,一个是传统道德,一个是社会道德,一个是个人道德。它通过讲一些古今的故事,古今的典故,以及一些感人的灵验故事来教化人。比如讲某某人通过怎么样孝敬父母,然后得到善报。某某人原来是如何作恶多端,因受到神灵启发,或者是自己的良心发现,一下子改变了之后,渐渐获得了好报。它强调助人为乐、尊老爱幼、拾金不昧等等,往往就能得到善报。

此类劝善书对我们今天去辨证的认识人生,去了解我们的社会,有什么样的帮助?我觉得这是值得我们思考的。

五、德福之道的现代意义

最后,我们再来看一下,德福之道的现代意义。我们在讲了儒家《尚书》,老子和庄子,道教的《太上感应篇》之后,可以看到,德福之道其实是中国国学中一个非常重要的观念。这种观念不仅仅在于话语的陈述,而且在于我们怎样运用它,能够使我们的生命充满喜乐并具有意义。我想这是我们了解国学中幸福观的一个非常重要的目的。而德福之道,最重要的是鼓舞,是劝导人们修德向善。其实从每个人的心里来讲,这种向善的观念是人内心中深层次的东西,是特别值得加以爱护的。

德福之道的现代意义,我们可以从以下几个方面加以理解。

福是什么?按照汉代郑玄的注解,"福是人之所欲,以尤欲者为先"。这给我们提出两个问题,欲望和幸福是什么关系?这不是一个抽象的观念,你回过头来问问自己,在自己每天的生活中,如何把欲望和幸福处理成一种合理的关系,使自己生活充满喜乐;如何去除贪欲,知足常乐。其实,欲望本身应当是中性的,它没有好坏之分,它是人与生俱来的,是人的本性。按照今天的医学研究,在人的大脑里面有一个欲望中枢会产生多巴胺,人只要活着,他就会有欲望,就会有需求,欲望得到满足,他就会产生幸福感,这是人的生理现象。

根据人的生理现象,20世纪美国心理学家马斯洛提出了人的五种需要理论。他说人活在世界上,其实永远是具有需要的动物。人的基本需要有五种:生理的需要、安全的需要、爱的需要、尊重的需要及自我实现的需要。它们各有特色,大家可以看下图,它们是从不同的角度来分的。

第一,对个人来说,这五种需求形成了人生需要的金字塔。最大的需要是生理的需要,所以在下面,最宽大。生理的需要、安全的需要是一种物质的需求。上面社会需要、尊重需要和自我实现的需要是一种精神的追求。也有人认为

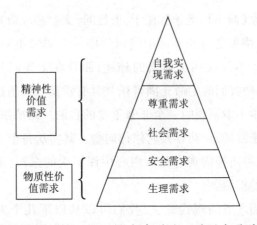

下面两种是温饱阶段,上面是小康阶段,到了自我实现的时候,是富裕阶段。那么,这五种需要在心理上和作用上又存在差异,分成不同的层次。大家可以看到,生理需要是精神需要的基础。欲望有两重性,是一把双刃剑。如果一个人没有欲望,就没有进步的动力。如果一个社会没有欲望,就不能发展,就会死气沉沉,甚至于落后倒退。在今天的社会中,落后就要挨打。所以没有欲望是不行的。但是,如果你欲望过多也是不行的。所以道家强调知足常乐,既不禁欲也不纵欲,而适度的持中,走出一条中庸之道,其实这是一种比较合理的看法。对个人来讲,欲望和幸福之间该如何摆正它们的关系。

第二,从一个家庭来看,积善修德,尊老爱幼,家庭的幸福也是人的幸福获得的一个重要的来源。去年,我看到一个专门做的调查,特别是对家庭的调查,2012年家庭幸福感热点调查问题,大家可以看几个数据。被调查的周围人群中间,幸福人群的比例的推测,结果显示被调查的人认为,周围幸福人群绝大多数家庭幸福的占15.6%,然后大多数家庭幸福的占54%,两个加起来大概有70%。所以70%的家庭是基本上幸福的,而一般家庭幸福的人的幸福指数要高于家庭不幸的,我想这个道理是显而易见的。那么对我们每一个人来讲,如何经营一个比较和谐的家庭,也是提高自己幸福指数的一个非常重要的问题,所以我在这儿专门引《易经》里的一段话:

积善之家,必有余庆。积不善之家,必有余殃。

积善的人家里面好事连连,积不善的人家里面坏事连连,后来道教把它发展为承负说。那么,这种说法在佛教是强调自作自受,强调每个人对自己的幸福要负责。在善恶报应上面,后来佛教更强调人的生命的延长不仅是一世,甚至到过去、现在、未来三世。由此形成三报论的说法。三报论其实更强调自作自受,而道教的承负说强调的是自作他受这样一种观念。

第三,对于国家来讲,《尚书》中说"皇建其有极,敛时五福,用敷锡厥庶民"。也就是强调,政府该建立一个良好的社会制度来保证国民的幸福,保证每个人幸福能够很好地增长。其实对于一个社会来讲,只有处于社会下层的人,大家普遍感到幸福,这个社会才是真正的幸福。中国改革开放30年来,追求幸福已经成为衡量公民社会价值和人类自身意义的一种自觉意识。在追求幸福的同时,幸福的焦虑也在增加,所以幸福观这样一个主题也是值得我们关注的。

如果说,民族伟大复兴的本质是国家富强、文化繁荣,那么,用合理的制度来促进人们追求"德福之道",促进整个社会健康和谐繁荣发展,才能将中华民族近代以来为实现伟大复兴的"中国梦"真正化为全国人民的幸福理想。因为时间的关系,我们今天的课就讲到这儿。谢谢大家!

牟钟鉴

孔子仁学与当代社会人生

牟钟鉴,中央民族大学哲学与宗教学学院教授、博士生导师,宗教学专业学术带头人;兼任中国宗教学会顾问、国际儒学联合会副会长;享受国务院政府特殊津贴;主要研究方向为哲学与宗教,传统文化与民族问题等;出版专著《涵泳儒学》《老子新说》《新仁学构想》等十余部,并合著、主编多部学术作品。

我今天讲的题目是《孔子仁学与当代社会人生》,为什么要讲这样一个题目?是出于两点:一是长期以来,可以说接近一个世纪了,中国人在文化问题上采取了一个比较激进的态度,对于儒家孔子的思想精华在哪里,糟粕在哪里,很多人分不清楚,往往是全盘否定,把精华也否定了。比如我年轻的时候经历过"文化大革命""批林批孔",把孔子叫"孔老二",要把他打翻在地。这种全盘否定,对中国社会的影响,特别是对年轻人思想的影响,还是比较大的。这是第一点。

我们的习总书记在最近有两段非常重要的讲话,一个是说"中华文化积淀着中华民族最深沉的精神追求,是中华民族生生不息、发展壮大的丰厚滋养",这就是去年的"八一九"讲话;还有习总书记到山东曲阜讲的一句话,就是"国无德不兴,人无德不立",这句话也非常重要。所以现在看来,我们国家的领导人对中华文化的地位和作用,已经提到一个空前的高度。

那么接下来的问题就是,中华文化里面最核心的是什么?我们不能否认,是儒学。因为古代中华文化的核心就是儒释道,当然还有基督教、伊斯兰教以及其他各种文化。儒释道是以儒为主,佛道为辅。那么儒家文化的精华在哪里?我认为就是孔子的"仁学"。孔子的仁学,在今天仍然是社会所需要的,对于社会人生有着激励的推动作用。这也是我今天讲这个题目的第二个出发点。

讲这个题目,我自己不愿意做一些纯学术的探讨,也要结合今天的一些社会问题谈一点我个人的体会。因为我个人经历的事情比较多，基本上建国以来的历次运动我都经历过了，所以有些个人体会，大家听起来比较亲切一些。

一、孔子儒学的精华：仁学

（一）仁学的贡献和内涵

中华文化的主干是儒学，那么儒学的精华是什么？很明确，就是仁学。孔子的学说可以有各种方式的概括，有的人就叫"仁礼学"，又讲仁，又讲礼；有人说是"内圣外王之道"。我的看法是，礼，周代就有了，甚至更早，夏商周，周代最发达，有礼文化，周公制礼作乐，所以周代就有礼了，孔子的主要贡献不仅仅继承了周代礼仪文化，他又提出了一个仁学。他提出仁学以后，把礼乐制度文化上升为礼义精神文化，可以说中国最早的礼文化理论体系就是孔子的"仁学"。仁是礼的灵魂，礼是仁的外在表现。这样一来，礼文化就有了一个鲜活的内在的仁学生命，中华文化从那以后就没有走神学的道路，而是走一个仁学的道路，"以人为本"这个大的方向。其他各种宗教也有，但宗教不断地和儒家人本主义相结合，它虽重视"神道"但在本质上强调的是"人本"，这是中国宗教的自身特点。所以我感觉到孔子的贡献是非常巨大的，精华也在这里。

那么，孔子以前有没有人讲"仁"呢？有。《春秋左传》里就有"仁"，但是没有形成体系。孔子把"仁"形成体系了，这个体系主要有以下几个内涵。

一是仁之本为孝悌。《论语》里就有这句话。大家都知道，"孝悌者其为仁之本也"。这个"本"是什么意思？就是从哪来的。孝悌是什么？中国是个家族社会，直到今天，虽然大家族不多了，但是家庭还有，而且中国人到今天都重视家庭，这是我们中国人流淌在血液里的基因。所以每年快过春节的时候，全世界的国家，没有几个像我们过春节那样要回家团聚，即使火车票再难买，在外地打工的人也都要纷纷回家，这在全世界没有第二个国家。

每个家庭都有父母子女的关系，中国古代就认为，一个人在成长过程中，首先要孝敬父母，要尊重兄长，这是孝悌。一个孩子从小的时候，他最早的爱、仁爱之心，是爱父母，爱兄长。儒家的思想和墨家不同，墨家也很伟大，就是讲兼爱，但是儒家讲爱有差等，从亲人开始。我觉得这更合乎情理。慢慢地，等孩子长大了，就知道爱自己的老师、同学，到社会上知道爱朋友、爱国家，再往外推，爱人类。所以，儒家认为开始的这个出发点，孝悌者为仁之本也。一个人要爱社会，要爱天下，首先要爱家庭，爱父母。如果一个人不爱父母，说我爱人类，爱群众，你不要相信他，不是真实的，是不可能的。所以讲"仁之本为孝悌"，这是孔子《论语》上的话。

二是仁之义为爱人。孔子的学生樊迟问孔子，仁的含义是什么？孔子讲"爱人"，就这两个字。孟子讲"仁者爱人"，非常清楚。"爱人"是什么意思，就是我们今天讲的爱心，同情心，恻隐之心。人是一个文明的动物，在丛林里面的禽兽也有亲子之爱，不过他们之间可以互相残杀。那么到了人，作为文明的动物，就是有一种同情心。人和动物的区别在哪？就是有道德心，即孟子讲的"恻隐之心"，就是见到同类有痛苦有灾难，不由自主地会同情，希望能够去帮助他，这是人人都会有的，问题就是你这个同情心能够发育到什么程度，这各有不同。所以"仁者爱人"非常重要，就是说保持你的心不是冷的，而是热的。我们现在看到社会有很多丑恶现象，可以说有很多人已经倒退到动物时代了，心是冷的，往往为了一些个人利益就去伤害对方,甚至是置人于死命,这种人就是禽兽不如了。所以心一定要保持一个温暖的温度,这就是爱人,爱心,就是孔子再三强调的"仁者爱人"。

三是仁之方为忠恕。怎么体现爱心?孔子提出了忠恕之道。忠是什么?我看了很多历史上的解释,解释得最好的就是朱熹,朱熹讲什么叫"忠",尽己为"忠"。因为历史上也有"忠君思想",那是一个狭义的"忠",把"忠"的本意扭曲了。"为人谋而不忠乎",忠是什么?就是帮助别人,关心别人,尽自己的心为别人做事情,这就是"忠",这个别人当然包括他人、国家、社会,忠于国家,忠于民族,这个我们要继承。恕是什么?"如"和"心",将心比心,就是尊重人,体谅人,以平等的态度对待别人,这叫"恕"。按照孔子的说法,"忠"较容易做,"恕"做起来很难。一个人总是见义勇为,仗义疏财,这个比较容易做到。"恕"就难了,难在哪里?就是怎么样以平等的态度去体谅、尊重别人,将心比心,就是换位思考,这就比较难了。我们现在看这个世界上有的事就是为了害人,比如法西斯希特勒、东条英机。但也有很多人是好心,表明他是为了拯救你,但是他走了什么路呢?"己所欲施于人",我认为好的,我要加到你身上,我是为了救你啊,帮助你,但是你接不接受,你怎么想的,他不考虑,他没有恕道。所以就造成了很多的痛苦。你如果不接受我的价值观,我就打你,让你来接受。基督教原教旨主义有一个信条叫"基督以外无拯救",宣扬上帝要拯救人类,都要信基督教。如果不信的话,你得不到拯救,你要下地狱的。如果是这种原教旨主义,就必然容易配合霸权主义了,认为别的教都不行,别的教都不能拯救人类,那就是一元主义、文化霸权主义了,那世界就没有和平了,因为我不接受你的拯救,那就要对抗。

而儒家不是这样的,儒家是"己所不欲,勿施于人",我觉得这个比"己所欲施于人"要高明很多。但孔子也讲过一句话，"己欲立而立人，己欲达而达人"，怎么理解？我自己要独立自立，我也希望你独立自立；我自己要发达，也希望你发达。至于你用什么方式独立，什么方式发达，是你自己的事情，不把自己的价值观强加于人，所以孔子还有一句话叫"和而不同"，《易传》里也有一句话叫"天下一致而百虑，同归而殊途"，承认文化的多样性。在日常生活中，有一些父母，对待孩子、对待子女也是用一种强迫的爱，他的出发点是好的，但是要强加给子女，比如说找对象、找女朋友男朋友，这个不行，那个不行，必须要按照自己的模式要求。他是为了孩子好，这个没人怀疑，但是孩子的感受呢？孩子的感受是痛苦，因为他不理解，彼此没有对等的交流，父母没有站在孩子的立场上来思考，没有换位思维，所以这种爱往往变成了怨，变成了恨。

所以我觉得儒家的忠恕之道太重要了，就是反对强迫的爱，而主张互相尊重的爱。这种互相尊重的爱才是真正的爱，仁爱。故而"仁之方为忠恕"特别重要，小到一个家庭，大到整个世界，如果将来能够实行忠恕之道，这个世界就和平了，这是一个永恒的原则。

四是仁之行为安百姓。孔子说"修己以安百姓""修己以安人""修己以敬"，仁爱不是一句空话，表现在国家的治理、社会的管理上，就是要使老百姓过上稳定、祥和、富裕的生活，这是孔子的理解。仁之象为"恭宽信敏惠"，这也是《论语》里面讲的，就是说，一个仁者表现他的气象，应该是恭、宽、信、敏、惠。这个"恭"就是很恭敬，恭敬不光是对人有礼貌，还有做事情要有一种敬业的精神。"宽"就是包容，宽厚待人；"信"就是有诚信，言而有信；"敏"就是做事情要非常认真，非常有效率；"惠"就是要使老百姓得到实惠。

五是仁之制为礼乐教化。就是"仁"表现在社会制度方面，要有礼乐制度教化。这个"礼"是什么意思？具体的"礼"有很多已经过时了，但是本质的"礼"就是社会秩序、生活规范。因为社会是一个集体，必须要有一定的规范。我们今天也要有"礼"，要把古礼改造，要有新礼。"礼乐教化"就是要有一些道德教化的手段和制度。

所以我们看孔子的仁学已经形成一个体系了。《论语》里面孔子回答弟子最多的就是问仁，什么叫"仁"？他从来没有固定答案，他对不同的学生讲不同的话，但是内容非常丰富，它背后是有个体系的，我只是给它做了一个简单的概括。

（二）仁学的创新和历史

关于仁学的价值和创新，我认为有两点：一个是孔子是最早明确地自觉发现了人心中普遍存在的仁爱之心。这种爱心由爱亲人向外推，由彼及人，由近及远，一直推到爱天下、爱万物，这是孔子伟大的创新和发现。二是这个创新具有普遍性。我们今天看儒家的思想有很多已经过时了，比如我经常讲，"三纲"一个也不能留，"五常"一个也不能丢。"三纲"过时了，"君为臣纲，夫为妻纲，父为子纲"，今天是公民社会，讲平等讲公平的社会。"三纲"是等级服从，是糟粕。但是"五常"不能丢，五常里面"仁义礼智信"，"仁"是最核心的，是永恒的。可以这样讲，在今天，我们如果想把儒家留下的资源加以转化，为现实服务的话，那么这个"仁学"就是我们首先要关注的，这就是它的价值所在，它可以不断创新，是永远都有意义、有价值的，而且是现今人类最缺少的东西。

我下面要回顾一下仁学的历史。有一个很奇怪的现象，我今天大胆地在这里讲一下，我看儒学史的时候感到很遗憾，就是仁学很明确是精华，因为孔子讲"人而不仁，如礼何？人而不仁，如乐何"？意思是说只有"礼"没有"仁"，这个礼是一个徒有形式的东西,是不行的。但是后来儒家的学派里面,直接把儒学的理论建立在仁学的基础上来发展自己的理论却并不多,对仁学也有很多的解释,但是他们建立的每一个体系都偏离了。我个人认为,直接建立在仁学基础上主要是两家,一个是孟子,一个是近代的谭嗣同。

孔孟之道,孟子是"亚圣"。孟子在孔子仁学的基础上把孔子的"性相近、习相远"发展成"性善说",认为人生来就有恻隐之心,强调人性本善。但孟子是不是说人人都是圣人,人人生来就是好人?他也不这样认为。他认为你有一个善端,端就是一个萌芽,所以你如果做了坏人,不要强调外部的条件。你有可能做好人,是你自己不懂的,你把自己的仁爱之心丢了,你要找回来。所以孟子提出性善说,而且他提出"仁义",把"义"又提升了,"仁"和"义"放在一起了。我们现在讲仁义道德就是从孟子开始的。他讲"居仁由义","居仁"是什么,就是一个人在精神层面有一个很宽广的房间,你住在里面才最舒服。那么"由义"就是你走的最正确的道路,"居仁由义"是孟子的发展。

孟子还有一个很大的发展,就是提出"仁政"说,非常了不起。孔子也讲民生问题,但是没有孟子讲的那么透彻。孟子说你要兴仁政,仁人在位,就是最高的领导人一定是一个有仁德的人,否则你这国家没法治理。那么你的仁德表现在哪些方面?就是老百姓的民生问题要解决好。孟子提出"五亩之宅,树之以桑,百亩之田,勿夺其时",要使老百姓养生送死无憾,衣食无忧,鳏寡孤独能够得到救助。孟子还讲"治民之产",就是老百姓一定要有稳定的产业。不能像人民公社,把土地都收了,一大二公,老百姓就不干了,没有稳定产业,无恒产而无恒心。我们看现在社会犯罪最多的是什么,没有产业,没有职业,没有居所就容易犯罪。所以现在你看十八届三中全会里面说,努力使农民现有的土地产权更加明晰,个人所有权要更加扩大。我们的包产到户搞了几十年,国家农业提高上来了,就像孟子讲的,有恒产,要制民之产。孟子的思想非常切实,而且还讲到市场经济。当时有个叫许行的人,反对商品交换,孟子就批评他,说"一人之身,而百工之所为备",你自己身上穿的用的有百种的手工业才能满足,不是一个人季节生产所能满足的,因此必须等价交换,而且不要垄断。所以孟子非常重视经济,重视民生,要实行仁政,如果没有仁政,那仁爱就是一句空话。故而说,孟子直接发展了孔子仁学。

谭嗣同是近代改革开放最早的思想家之一,由于戊戌变法失败,在菜市口被杀,非常年轻就去世了。他有一本书叫《仁学》,此书开宗明义地讲"仁以通为第一义",这是以前的人没有直接讲过的,以前讲仁者爱人,他讲"以通为第一义"。"通"是什么? 通就是相互平等。怎么通呢? 就是上下通,上下不要有等级;男女通,男女要平等;内外通,要开放,不要闭关自守;人我通,不要分你的我的,天下是一家的。因此他主张通商、通教、通学,只有这样,才能富裕进步,生产才能发展起来,老百姓才能富裕,仁爱之心才能得到体现。老百姓不富裕,很穷,空谈仁爱是没有用的。我们看谭嗣同把孔子的仁学一下带到现代,和现在工商业社会结合起来了。孟子还没有,因为孟子那个时候还没有这个条件,所以我觉得这两家对孔子的仁学贡献是最大的。

那么其他各家,我不否认,二程、朱熹对"仁"都有很好的阐释,但是宋明理学家都提出来一个"理",而"理"没有直接建立在"仁"这个概念基础上,他有所偏,叫"存天理灭人欲",理论上就有缺点,所以后来就出现以理杀人,因为人是有感情的,但"理"没有感情,就很坏,很危险了。咱们中国人有一句话叫合情合理,既要合情又要合理,光合情不合理行为就容易滥了,没有理的制约。反过来,只有理没有情,这个理比法还坏,以理杀人。清人戴震批评说理教杀人,说如果一个人死于法还有人同情他,如果死于理,就证明这个人违背了天理,没人同情他,这就更加可怕了。后来到了民国年间,鲁迅批判礼教吃人,礼教为什么吃人啊?没有情了,没有仁爱之心了,这就违背了孔子"仁内礼外",仁是灵魂,礼是形式,违背了孔子的精神。所以我是有所批评的,我不能说宋明理学家没有贡献,但是他们没有建立在仁学基础上,很可惜。为什么不能抓住仁学的精华发展自己的理论呢?这是我的一点感慨。

(二)仁学的价值

下面谈谈仁学在当今世界的价值。首先是全球化的需要。众所周知,今天的世界已经成了地球村,是一个利益共同体和命运共同体,但是人们的思想还停留在冷战,停留在更早的阶段。我前面讲过,一神教原教旨主义就是太保守,但是现在基督教并不都是原教旨主义,也有开明的。现在功利主义流行。因为现在讲市场经济,一切向钱看,最近我们社会流行一个新词"土豪",土豪是什么?爆发户炫耀金钱,炫耀身份,就是金钱崇拜,把钱当成神,实质就是物质功利主义。有一个民意调查,说现在中国人有相当一部分人认为有钱才是成功的标志,这个是很可怕的。咱们看给航天事业做贡献的伟大的科学家,有钱吗?没有多少钱,他们应不应该得到赞扬和尊重?危害社会的还有社会达尔文主义,就是弱肉强食,适者生存,强者为王,在这个世界到处横行,美国就是霸权主义,日本还要恢复军国主义。所以现在族群冲突空前加剧,社会危机、道德危机、生态危机空前严重。

在这种情况下,想想人们为什么缺乏爱心,或者说他的爱心只出现在一个范围里面,仅仅局限在一个国家、一个民族里面,而不能推广开来。比如美国侵略伊拉克,死了四千多美国大兵,美国老百姓不干了,感觉到损失很大;伊拉克死了几十万,他们却无动于衷。所以表现在有一些人在具体的问题上似乎有爱心,但是遇到其他民族、其他国家就非常的冷漠,冷漠得可怕。而儒家思想就没有这种民族和国家的界限,他们强调"四海之内皆兄弟"。

因此我觉得现在社会,非常需要仁学。孔子的思想应该走向世界,使更多的人用这种爱心来抑制欲望。一个人为什么变坏?就是贪心太大了,人的欲望和人的理性不平衡了。那么在这个地球村的时代,你走也得走,你不走也得走,一定要互爱,和谐共用,否则的话,人类就会同归于尽。我相信人类是有理性的,通过很多教训逐渐就会体会到,我们需要拥有仁爱之心。在当今世界上,我觉得能够体现孔子的仁爱思想的人,就是南非的曼德拉。他通过强大的号召力,实现了南非的种族和解,而且不报复白人,他追求人类的和解,非常了不起,说明他拥有仁爱之心,人类是可以把仁爱之心找回来的,因为这个世界很需要,这个社会也很需要。

其次是中华民族正在和平崛起的需要。中华民族正在崛起这一现实有目共睹,没有人能够否定我们在经济社会发展上取得的巨大成功。所以我的朋友们在一起的时候,非常感谢我们这个社会。我们这些老年人遇到了好的时候,也看到周围的人都富裕起来了,衣食无忧,当然也还有少数人比较贫困,但这对于一个拥有十几亿人口的大国来说,已经是很了不起的事情了。可是如果没有文化的复兴,中华民族就不可能实现真正的复兴。而文化的复兴,道德文明是关键,因为习主席讲了"国无德不兴,人无德不立",道德文明是我们的软肋,是我们的薄弱环节。我们现在还是文化的贫困户,在世界上文化是进口的,远远大于出口。英国撒切尔夫人就说,我不怕中国人,中国人只输出商品,输出不了文化和价值。但是我们中国是文化资源最丰富的国家,我们没有把这个资源很好的利用和开发,我们本来应该是一个文化富户,但是现在还没有实现由穷变富。明朝的王阳明有这样一句话:"抛却自家无尽藏,沿门持钵效贫儿",什么意思?就是家里有宝藏,但是他看不到,认识不到,结果他觉得自己很穷,拿了一个饭碗满街去要饭。我们中国曾经一度也是这样,甚至觉得西方什么都好,跟在西方的后面,后来又跟在苏联的后面。我们今天觉悟了,有了文化自觉了,认为我们这个宝藏太好了,所以习总书记讲这是我们最大的优势,是我们最大的软实力,全世界有识之士都很向往。非常庆幸的是,我们的孔子学院在世界很多国家开办,很受欢迎。前几年我出国的时候,外国人对儒家、对孔子非常的崇拜,认为孔子是非常伟大的一个人。

但是实际情况并不乐观,现在由于各种原因,造成今天社会的道德滑坡,也有人说是道德爬坡,虽然在某些方面有所改善,但总体上是滑坡的,明摆着,食品安全各种各样的问题摆到我们眼前,这个每天在电视里面就能看到的。我到韩国去看,韩国也搞现代化,它没有像我们发生这么多的问题;到台湾、香港去看,也没有发生我们这么多的问题。

究竟是什么原因造成这种道德滑坡?我个人认为,第一,长期以来,我们把中国的传统美德作为封建道德加以批判,不断地清扫,不分精华、糟粕,都认为是坏东西,包括礼义廉耻,结果很多人一提到传统的封建的,就要否定。第二,"文化大革命"使社会主义信仰遭到重创,改革开放之初,中国人的思想状态既缺少传统的美德,也缺少社会主义的信仰,在这种前提下搞市场经济,结果拜金主义进来了,功利主义进来了,能够好吗? 市场经济它必然有两重性啊,推动生产力发展的同时,肯定要追求利润,这是毫无疑问的,它有负面的东西。我们以前对市场经济的负面作用估计严重不足,现在能够看出来了,冲击力是很大的。市场经济要搞,但是不能搞市场社会,如果对学术领域、对教育领域、对政治领域也搞市场化,那就很坏了。

所以在今天这种情况下,我们应该提倡儒家的仁爱思想,儒家的仁爱道德,这也是我们中华文明崛起一个必要条件。中华一定要成为一个新的礼义之邦,一个文明的高地,让全世界都向往,那时我们中华民族才是真正崛起了。我个人认为,我们今后的软肋在这里,我们的光明前途也在这里,这是我们大家要共同努力的一个特别紧迫的任务。但是这个任务和盖楼、修路又不一样,它是无形的,需要长期努力,不是马上就能见到功效的,是比较困难的,但我们要努力。

二、新仁学的主要内涵:三大命题

(一)以仁为体,以和为用

鉴于仁学的重要性,我写了一本书叫《新仁学构想》。我想在孔子仁学的基础上,结合今天的社会情况来创新,也不一定真能够创新,就是做这种努力吧,所以我提出了一个"新仁学",出了一本书,也写了文章,在《光明日报》上发表过,得到了很多回响,大家都比较赞同。

新仁学主要内涵有三大命题,第一个就是以仁为体,以和为用。为什么要这样提呢? 因为一些朋友认为中国文化的核心和精华就是和谐。说实在话,我不否认和谐重要,但是我认为"和"是用,"仁"是体。也就是说人必须有爱心,在这个基础上才能真"和",如果没有爱心,为了利益暂时可以和,但是不能持久,在别的问题上又要发生冲突。所以我认为"仁"是体,这个特别重要,以仁为体,以和为用,才能够把和谐的思想进一步落实下来。

我在前面已经讲过,爱心就是慢慢地向外推动,爱心表现在日常生活和人际关系里边,家和万事兴,家庭内部我们经常看到为了家产、钱财吵架,父子反目,这就是缺少爱心。在这种情况下,这个家就不会和谐,不会有幸福。即使把钱和房产争到自己手了,但是亲情没有了,而亲情是买不到的。所以说,家和万事兴,家庭和睦太重要了。我非常感谢我的父母,给了我一个和谐家庭。我父亲活了93岁,我母亲去年刚去世,活了102岁,长寿的原因就是家和,没有人惹他们生气,七个子女从来没有因为利益而争吵过,我们都得到了很好的成长环境,我父母也生活得非常愉快。

对一个社会来说,有爱心才能政通人和。一个领导得有爱民之心,中国人讲天地君亲师,"君"就是国家政权,一个好政府老百姓才会尊重,政通则人和,向下沟通才会顺畅;那么在世界就是协和安邦,这是《尚书》里面的话;在自然界就天人一体,即中国儒家天人一体,天人合一的思想,就是把天下看成一个整体,把宇宙看成是一个大的生命。当你看到自然界受到破坏的时候,有一种不忍之心,你要去爱护它,这就很容易生成和平和谐、互助合作、团结协调、公正有序。要做到这一切,都需要爱心来支撑,所以我们有一首歌叫《让世界充满爱》。

爱有三要素:情、理、行。我为什么要批评朱熹?因为朱熹的"理"缺少"情"。孔子曾经对他的弟子说,父母死了要守三年孝,这是当时的习俗。他的弟子认为三年时间太长了,耽误很多事情,打算守孝一年。孔子说,一年你就停下来,不孝顺父母,你安心不安心?弟子回答安心。孔子说,如果安

235

心,你就做吧。孔子没有要求弟子一定要怎么样,关键是问他是否心安,这是个情感问题。你在父母怀抱里三年,你才离开父母,才能独立在地上行走,你回报父母三年过分吗?这是孔子的话,所以这是一个感情的问题。我们现在过春节的时候,北方基本都没有祭祀活动了,回家就吃吃喝喝的,祭祖也不祭了。为什么要祭祖? 是要感恩,祖先虽然不在了,但你要时刻想念他,这是个情感问题。孟子讲"恻隐之心",也是如此,当你看到一个孩子往井里掉,你当时不会想自己为了什么要去救这个孩子,可能来不及想,自发就是要去救他。但是转念一想,人就怕转念一想,人的初念都是善的。比如你在街上看到流氓欺负一个人,你的初念就是赶快去帮他。但是转念一想,我受到伤害怎么办? 这应该是警察的事,等等。所以王阳明有一句话叫"初念为圣贤,转念为禽兽",一转念,功利性的考虑就多了。所以这个爱这个情要有理,为什么要有理? 因为情是自发的,人是文化的动物,他需要后天的修身教育才能巩固,爱心的巩固,不能光靠自发,还需要理。

"文化大革命"批刘少奇同志的书叫做"黑修养",因为刘少奇同志在书里引用了很多儒家的修身方法,比如"慎独""反躬自省"等等。虽然后来给刘少奇同志平反了,但是"修养"这个词成了贬义词,没人理会了,这是不行的。人要成为文明人,必须修身,必须有涵养,这不是生来就有的,所以有"理"还不够,还得有"行"。王阳明讲"知行合一",就是仅仅口头上喊是不行的,要有行动。比如你口头上懂得怎么尽孝,但是事实上你什么也不做,在儒家看来,你是不懂的。因为你只是表面的,只是停留在书面上,你没有行动,所以你不懂。因此说"情、理、行"是仁爱的三要素,就是这个意思。

（二）以生为本，以诚为魂

"以生为本"是什么意思？就是爱护生命，尊重生命，提升生命，尤其是在今天，应该用是否尊重生命、关注生命作为衡量一个主义、一种信仰、一种思想的最高标准，不管他什么花言巧语，残害生命就应该受到谴责。比如"非典"时期，在北京，我们国家领导人提出要把人民的生命和健康放在首位，放到至高的地位，这是对的，群体的生命也是每个人的生命，因为生命只有一次啊！为什么我们谴责暴力恐怖主义？前不久，伏尔加格勒发生人体炸弹，暴恐份子为了一个特定的目的，不惜去残害无辜的生命，这是最罪恶的一种行为。我们自己对个人的生命也没有权利去损害，所以不能自杀的。生命是奇迹，人类是宇宙的奇迹，每个自我也是奇迹，但是要提升生命，因为生命有健康和不健康之分。所以我认为要以生为本，仁爱就要表现在爱护生命、尊重生命上面。民胞物与，天下一家，天人一体，宇宙就是一个大的生命。"民胞物与"是宋人张载写在《西铭》里面的话，意思是老百姓都是我的同胞，万物都是我的同类，和我痛痒相关。

诚是生命的灵魂，为什么呢？因为"诚"的问题，其实也是人的问题。"诚者天之道也，思诚者人之道也"。诚是什么？诚是真实。而人就不一样了，人有大伪，老子讲人会作假，会包装自己，搞两面派，来欺骗别人，这样就会出现一个虚假的社会行为、虚假的人、虚假的言论等等。任何一个生命、文化，如果虚伪化，变假了，就没有生命力了，因为诚是生命的灵魂，你自己不诚，你是一个假的人，两面人，那你就等于没有生命。任何一个主义，任何一种信仰，如果是伪，被老百姓发现是假的，是两面的，不是真诚的，马上就没有号召力、影响力和凝聚力了。所以"诚"特别重要。

人无诚不行，就像习近平总书记讲的"空谈误国，实干兴邦"，如果不做实事，只会空谈，老百姓就不会信任，民无信不立，没有了群众基础，就很危险了。商无诚不久，你欺骗我一次两次，我就再也不会上你的当了，所以长久的经商之道必须以诚信为本。德无诚不感，你没有真诚，就感动不了人。文无诚不化，一种文化没有真诚的声音在里面，就不可能去变化人心。人无诚不真，不怕有缺点，虽然个性不一样，但是要做性情中人，不要带着假面具来生活，让人不了解你真实的状态，就无法交往。而如果你是个性情中人，也许你的性格和我不一样，但我愿意和你交往，因为我了解你，我们可以真情相待。

（三）以道为归，以通为路

以道为归，这个"道"在中国人来讲，有求道、学道、弘道、得道之意，就是最高真理，具体体现在社会上，就是有道之世，即今天我们讲的中国梦，是一个追求最终、最理想的社会，那么在儒家来看，就是一个大同世界了。大同以前有小康，就是我们讲的建设小康社会。大同社会没有压迫，没有对抗，没有战争，天下为公，是我们的一个最高理想。我觉得这个理想和共产主义理想是一致的，表述不同而已。

那么"以通为路"是什么意思呢？就是国家、民族之间，社会阶层行业之间，思想文化之间，要建立起畅通无阻的沟通、交流、合作渠道。现在时代在进步，比如在家里用电脑，马上就能和美国的朋友进行沟通，坐飞机到美国也就是十几个小时。还有高速公路，从北京到曲阜开会，两个多小时高铁就到了，非常畅通。还有我的个人信息也很难全部保密，因为网上都有。但是确实也有不通，比如政治不通，中日两国之间就有不通，这个主要问题在日本。在抗日战争时期，日本侵略者那么残暴地对待中国人，中国人死了好多，我的一个爷爷就是被日本鬼子捅死的，这是活生生的例子。但是现在日本政要还在年年拜战犯，你为什么不到南京大屠杀纪念碑拜一拜受害的中国人？没有怜悯之心！还有民族不通，你看现在民族之间打架打得多厉害。宗教不通，因为宗教极端主义，认为自己的宗教是唯一真理，别的都不好，都是和他敌对的，所以现在整个的说都不通。不通则痛，就会导致病态，人类目前处在一个严重的病态阶段。

如何才能通，我认为在开始的时候，也不用一下子做到理想，先利益相通了，叫利通，找到共同利益；还有法通，找到共同规则；文通，文化交流。比如中日关系，在政治上我们绝对要高度警惕，要采取非常坚决的态度。但是在文化上，佛教、儒学可以沟通，赵朴初先生认为佛教是中日韩的黄金纽带，是可以沟通的，中日友好人士可以互相来往，孤立极少数的右翼势力，所以文化是可以相通的。还有商业、贸易可以沟通，最后要做到心通，我觉得那时人类才能真正成为地球村的一个合格成员。如果心灵不通，虽然有路，也只是烽火之路、泥泞之路、断裂之路。但是如果心通了，以后就四通八达了，就像谭嗣同讲的"人我通、内外通、上下通、男女通"，所以这个"通"太重要了。

今天这个社会是既通又不通，有的地方太通，有的地方完全不通，完全隔膜，有误解，也有各种各样的障碍。怎么去打通？我们不能老是在等。我去国外看，发现很多外国人对中国的了解太少了，有的还停留在"文化大革命"时期，他完全不知道中国几十年的发展变化。有的外国人对中国文化很不了解，比如中美之间在文化交流上我们是弱势的，中国人了解美国比美国人了解中国要多得多。虽然中美文化之间有一座桥，但是这个桥是倾斜的，他们进来容易，我们过去很难。所以要加强沟通，只有沟通，爱心才能传播出去。

以上就是我前面讲到的三大命题，我再重复一下：以仁为体,以和为用;以生为本,以诚为魂;以道为归,以通为路。

三、新仁学与当代社会人生

(一)新仁学与当代人生困境的出路

下面我结合今天的社会现实,讲最后一个问题,就是新仁学与当代社会人生。我个人认为,新仁学和我们现在的人生、人格的养成关系非常大。不可否认,现在这个社会因为各种原因,造就了很多的经济人,就是满脑子都是经济,经济人应该有,但是纯粹经济人这就有问题了;还有智能人,智力很发达,没有德行;孤独人,为什么是孤独人呢,把对方看成是敌人,没有朋友,表面上吃吃喝喝,实际上很孤独;野性人,也很多,遇到一点问题,就吵架,简直凶得不得了,非常野蛮;两面人,包括一部分年轻人也会这样。我们应该通过仁学造就一批道德人、性情人、自在人、文明人。

我为什么讲到"自在人"呢?因为现在很多人有钱了,但是有钱不一定幸福。大家可以做调研,钱的多少和幸福的指数不成正比。钱太多了,反而会出现很多的问题,因为精神空虚,人格立不起来。所以我认为人的人格应该有尊严,别人要尊重你,你必须要有仁德,没有德行的人不会受到尊重。孔子讲人格三要素,或者称为三达德,就是"仁、智、勇"三条。"仁"就是仁德、仁爱、自信;"智"就是有智慧;"勇"就是能够克服苦难,能够面向挫折,锲而不舍地奋斗。要做到养德为主,兼养智勇。我个人认为,人格要树立起来,没有德是不行的,只有建立了"仁、智、勇",人格才能树立起来。

(二)新仁学与当代市场经济的健康化

市场经济既要追求利润,又应该是法治经济和道德经济,有市场伦理,否则就是唯利是图,这违背了我们社会主义市场经济追求的目标。中国古代在儒家仁学的影响下，形成了儒商文化的传统，儒商文化有三大特点，一是以义取利，诚信为本，见利思义，而不是见利忘义。就是企业要有社会声誉，形成知名品牌，这样才能长久赚钱，否则就要倒闭。二是敬业乐群，内部和谐，员工爱企业。三是企业领导人有文化理想，有社会责任，取之于社会，用之于社会。就是企业赚了钱，除了一部分用来再生产和利润外，热衷于社会公益慈善事业，这就是儒商。我个人觉得，如果儒商队伍成为我们企业界的主流，我们市场经济的健康化就实现了。

（三）新仁学与当代公民道德的重建

我前面刚刚讲过，我有一句话是"三纲"不能留，"五常"不能丢，"八德"都要有，这是我个人鲜明的态度。首先"三纲"绝对不能要，"五常"仁义礼智信，一个也不能丢，我们可以给它一些补充，可以剔除掉一些受时代局限的东西，但是它的基本含义永远不会过时。比如交友有"信"，会过时吗？一万年以后交朋友的原则还是朋友有信，不可能变成朋友无信，这不会成为交友之道的。"八德"就是"孝悌忠信礼义廉耻"，也有人讲是"忠孝诚信礼义廉耻"，或者"忠孝仁爱信义和平"，有各自不同的提法，一个字都不能丢。现在讲廉政建设，这个"耻"字，我们要特别提倡，为什么？一个人只要有"耻"，他再有错误也是可以救药的；一个人如果是无耻，不以耻为耻，很难救药。我举个王阳明的例子，小偷到他家里行窃，他把小偷逮住了，说："你有没有良心？"小偷说："我没有良心，我就这样。"很蛮横。王阳明说："你把裤子脱下来。"小偷说："我不脱裤子，脱了多丢脸啊！"王阳明说："你有良心，你看看你有羞耻之心，你可救。"所以最可怕的就是有些人做了坏事，不脸红，还理直气壮，这是最可怕的。

但是对于"五常""八德"进行改造，要合情、合理、合时，符合今天的需要。还要加强廉政建设,改进社会道德风尚。孔子讲"其身正,不令而行;其身不正,虽令不从"。虽然领导人是少数,但是他有一个导向的作用,社会风尚如果官德不清,是很难改变的。最近我们看到一个显著的变化,就是奢侈之风明显地受到了抑制,上面从中央开始带头,一级一级下来,这个效率有多大! 这就是官德廉政建设的作用。但我们现在还存在很多问题,还没有有效解决怎样把权力装到笼子里,这是一个艰巨的任务,但是一定要做。

再一个就是加强地方建设,兴建一批道德高地。我们国家幅员辽阔,有那么多民族和地区,各地不可能整齐划一,但我们不能坐等。我看到很多单位的风气非常好,领导也好,制度也好,形成了好的风气,结果很多人进来以后,自然就改变了。这个风尚很重要,有的地方风气不好,一个好人进去,慢慢也变坏了,就会有这个问题。所以社区建设,还有部门以及机构的道德建设,应该努力去做。

同时,也要用新道德理念与规范,不断去充实中华道德美德来体现时代精神。2001 年,国家公布了公民道德守则,里面提到爱国守法,明礼诚信,团结友善,勤俭自强,敬业奉献,这就包含了很多的传统美德,也包含了今天守法、团结这些内涵。因为以前对职业道德重视不够,现在我们应该增加进去,还有生态道德,这个应该也要增加进去。

我本人是研究宗教的,我在这里提一下,就是要发挥各种宗教的神道设教、劝善抑恶的优良传统。因为道德建设必须有信仰作为支撑,没有信仰,道德很难取得。我们以前受了苏联的影响,认为宗教是人民的鸦片,这是马克思主义宗教观的基石,"在宗教问题上全部世界观的基石"。但这并不是马克思说过的话,而是列宁说过的话,这是苏联模式。马克思说宗教是鸦片,但马克思没说这是自己宗教学说的基石。唯物主义的宗教观是说宗教乃是支配人们日常生活的外部力量，在人们头脑中的幻想的反映，在这种反映中，人间的力量采取了超人间的力量的形式，这是恩格斯说的唯物史观。很多人不懂历史唯物主义，要"与宗教作斗争"，误认为这是马克思主义的起码原则，代表人物就是列宁。上述观点违背了马克思主义，马克思主义再三强调不能向宗教宣战，因为它的根源还有，它是长期性的，它是一种文化。

前苏联在斯大林时期曾经不断地肃清、打击、限制东正教。新中国成立之初，宗教政策一度执行较好，后来由于深受苏联影响，对待宗教逐渐排斥和限制。其实中国在历史上并非如此，历代王朝统治者采用儒家的神道设教，敬鬼神而远之，很包容，发挥了稳定社会的作用。只是到了后来，我们非要和宗教为敌，把宗教和社会主义对立起来，误认为社会主义社会一个重要任务就是要消灭宗教。但这是不可能的事情啊！因为它的根源还有，所以我们提出引导宗教与社会主义社会相适应，肯定宗教和谐论，宗教文化论，发挥宗教的作用，促进经济社会发展，这在党的"十七大"、"十八大"都有明确的表述，说明我们今天改变了，不再把宗教当成敌对的力量。尽管一个是有神论，一个是无神论，但这个差别彼此之间信仰上要互相尊重，政治上要团结合作，这是中央的方针。但很多人对此并不十分了解，总在宣传无神论，可他宣传的是18世纪战斗的无神论，那不是马克思主义的无神论，是旧的唯物论，它的观点是反宗教的，坚决否定宗教，认为宗教是傻瓜遇到骗子才产生的，非常肤浅，根本不是唯物史观。实际上，我们这个无神论是马克思主义宗教观，对宗教是包容和尊重的，在这个社会里面，除了社会主义信仰，我们还要得到宗教的帮助。凡是有正确信仰的人，他有自我的约束能力，不会胡作非为，对社会主义稳定和谐有好处。

（四）新仁学与当代国民教育的改革

我本人写过几次文章，尖锐地抨击现行的教育体制，虽然现在一直在逐步改革，向前发展，但是我个人觉得问题仍然很多。首先是中小学教育，就是应试教育，可以说在严重摧残青少年的身心健康；大学教育日益变成职业训练，因为我在大学里面工作了20多年，始终以知识技能的传授为主，而道德人格的培养被严重地忽略了，所以学生都是带有功利性的，这个是很普遍的。

其次是重视西方的普世性的科学教育，而轻视中华经典；重视英语而轻视母语。这一点现在在改变，高考英语地位下降了，母语提高了，很难得。全世界没有第二个国家把外语放到这样重要的地位，我有很多好学生考研究生，专业成绩很好，但是英语不行，就给刷掉了，英语成了一道高门槛。英语固然重要，但是不应该所有人都要普遍地学，因为很多人将来用不到，都扔了。我说的不太好听，过度强调学习外语其实有一种殖民地心理。当年日本占领东北的时候，就让中国人学日语，想通过语言来改变中国的文化理念，这不是一般性质的问题。

很多学生对中华文化无知，我们培养的一部分学生第一无道德魂，第二无中国心，第三无创造力。高分低能，只会背答案应付考试。这与孔子的有教无类，启发式教学，因材施教，学思并重等教育思想相去甚远，这是历史的倒退。

我认为，当代国民教育的一个重要工作就是要回归人文素质的培植，就是说要使青少年的生命能够健康地成长，全面的发展，既有科学知识，也有人文涵养，还有道德人格。做到了这些，我们的教育才算成功。所以首先应该把中华经典教育纳入教学的核心课程，让大中小学生都系统地接受经典训练，因为这里面有哲学、伦理、历史、语言、文化、文学的智慧,能够传承中华文化的基因。大学的重要任务就是具有传承文化的功能,不单纯是一般的教育,要培养年轻人的健康人格,促进文化生命的健康成长。

其次就是运用仁学的精神,重建家庭教育。因为目前家庭教育的问题是父母单向教育,学生负担过重,还有溺爱等等偏向。我们主张父母与孩子在平等互爱中共同成长。现在有各种针对孩子的学习班,但是很少有能教授如何培养孩子的父母班。应该怎样做一个合格的父母,很多青年人不知道。应该让孩子从小学会感恩,还要保护孩子的活泼天性,能够知道儿童喜欢什么,要给他们空间,让他们活泼地成长,所以传统的家庭教育也要改进。

(五)新仁学与当代文明对话的开展

另外就是仁学与文明对话,二者之间有没有对话,有,但是对话的效果不明显。我个人觉得其中有一个前提就是各种主义都要成为温和主义。我们曾经批判过中庸之道,但是实际上我们走上了极端,比如"文化大革命"就是极左,就是一种社会主义的极端主义,这也是很可怕的,它带来了很大灾难。我们这个世界为什么不安宁? 因为有各种极端主义,有国家极端主义,强权政治就是极端主义;还有宗教极端主义,搞暴力恐怖活动。这些都是极端主义。这个世界不怕多样性,就怕极端主义。多样性的文化如果都变得比较温和,世界就非常理想,非常美好。什么叫温和? 就是我尊重我自己,我也尊重别人。尊重别人的文化,包容别人的文化,这就叫温和。伊斯兰温和主义正在发展,基督教温和主义也正在发展,这很好。我们现在的社会主义,吸取了"文化大革命"的教训,现在也变得很温和,以人为本,和谐社会,这个很好。我们不走极端,因为我们吃的苦头够多了。所以我认为必须让"温和主义"流行起来。

（六）新仁学与当代生态文明的建设

现在全球生态文明是个很沉重的话题，它留给我们人类可能只有几十年的思考时间了。如果我们还不改变，还在彼此打架，还不去关注环境的改变，将来有一天悔之晚矣！如果大气中的氧气不够多了，所有水都被污染了，温室效应导致气温不断地提高，等等，人类应该怎么办？到其他星球去？这谈何容易！因为到目前还没有发现一个适合人类生存的星球，所以这是一个非常重要的问题。儒家主张对上天要有敬畏之心，还要有报恩之心。老子讲"辅万物之自然"，儒家有"赞天地之化育"，要去辅助天，去补天，而不是去改天换地。征服自然只是很漂亮的口号，其实是不可行的。所以我觉得新仁学的目标，应该把仁爱变成一种普遍的信仰和最高的价值追求。

我最后推荐几本书，一本是《新仁学构想——爱的追寻》，牟钟鉴著，人民出版社2013年9月份出版。还有一本是北京大学教授，现在是清华大学国学研究院的院长陈来著《孔夫子与现代世界》，北京大学出版社2011年出版。再有一本是《中华人文精神的重建》，武汉大学国学研究院院长郭齐勇著，北京师范大学出版社2011年出版。另有一本是我的老乡、山东大学教授颜炳罡所著《生命的底色》，山东友谊出版社2005年出版。如果大家有兴趣，可以找来看一看。

彭　林

家教、家训与民风、政风

导言：国之本在家

今天讲的这个题目，其实我在两年以前就在思考，什么原因呢？我在深圳有一个做企业而且做得比较大的朋友，有一次他忧心忡忡地跟我说，改革开放以后，咱们国家有一批通过长期打拼而形成的企业家，他们的企业都有相当的规模。但是面临的一个最大的问题是孩子的问题，因为他们在打拼的过程中忽视了或者没有时间对孩子进行教育，导致这些孩子相当一部分成天无所事事，开着豪车，到处吃喝玩乐。他们不犯法，法律又管不了，但是这些孩子却也没出息。有的企业家现在七十多岁了，由于孩子不愿接班，每天还要非常辛苦地工作。所以他感觉到家庭教育非常重要。

这两年大家可以看到不光是富二代，还出现了官二代、星二代不断出问题的报道。这些问题怎么办？怎么从根本上扭转现在的社会风气？我们要到传统文化里面去找智慧。所以我就想到要讲这样的一个话题。

在中国文化里面，"家"是非常重要的。西方人认为他们是上帝的儿子，所以对家庭的观念不像中国人这样强烈。因为我们不是上帝生的，我们是爹妈生的，我们有自己的血统，所以在我们中国特别重视家。我们经常讲家国天下，在孟子的时候就有类似的话。

孟子曰："人有恒言，皆曰'天下国家'。天下之本在国,国之本在家,家之本在身。"

——《孟子·离娄上》

孟子说人有一句老话,我们都会说天下国家。"天下之本在国",那时天子有天下,下面包括齐国、楚国、鲁国等很多国。天下是不是安定,根本是这些国安不安定。"国之本在家",这个"家"严格来讲跟我们今天讲的家不完全一样。古代天子有天下,诸侯有国,大夫有家,我们经常讲"三家分晋",当时的"家"比我们今天讲的这个"家"要大,后来我们把这些概念用到我们这些小家上面。一个国家细胞是家庭,只有细胞是健康的,这个国家的机体才是健康的,所以"国之本在家"。而一个家的根本是在每一个人的自身。这个逻辑上是很清楚的,每个人要把自己做好,家才能好;家好了,国才好;国好了,天下才好。

那么一个人怎么样才能好?要通过教育,教育为立国之本。《礼记》里面有一篇叫《学记》,是中国最早的一篇关于教学理论的著作,里面有许多格言。

玉不琢,不成器;人不学,不知道。是故古之王者建国君民,教学为先。

——《礼记·学记》

《学记》说"玉不琢,不成器"。玉跟一般的石头是不同的,一般的石头怎么雕琢也是一个烂东西。玉的质料是非常好的,但是再好的材料,不去雕琢它,也成不了一件好的器。一个人如果不知道学习,就不懂得道理,不知道怎么立身、怎么持家、在社会上怎么行事。所以作为一个政府的领导,"古之王者",他要治理天下,从什么地方入手?要从教育入手。一个王者,一定负有教育引导人民向上的责任,不是说只有GDP就可以,人还要有思想、有精神家园。现在整个的社会风气怎么样,从某种意义上讲,是跟执政者的引导直接相关的。所以"建国君民，教学为先"，这是第一位的。下面我们来看看传统文化中一些已经成体系的教育理念。

一、家教关乎国祚长短

建立一个国家，政权能延续多少年，在古代来讲取决于帝王对自己的接班人太子的教育。对他的教育好，国运就长；对他的教育不好，国家很快要灭亡。

> 殷为天子三十余世而周受之，周为天子三十余世而秦受之，秦为天子二世而亡。人性非甚相远也，何殷周有道之长而秦无道之暴？其故可知也。
>
> ——《大戴礼记·保傅》

我们有一个经典叫《大戴礼记》，里面有一篇叫《保傅》，它里面讲先秦政权最长的是商和周，商又叫殷。夏商周根据《史记》的记载，夏朝的历史大概四百年，商朝是六百年，周朝是八百年。在整个中国历史上没有一个朝代能超过殷和周，清朝只有两百七十多年。所以《大戴礼记》说，殷的统治有三十一个王，这一点是《史记》记载的，也是被商朝的甲骨文所证明的。他传了三十一世，六百多年，失败了，周又上来了。周为天子三十余世——根据《史记》的记载传了三十九王，八百年，结果秦从他那里接过了政权。可是秦没有延续这样一个势头，出现了一个让所有人瞠目结舌的结果，秦为天子，二世而亡，传了两代，就完了。后来儒家就提出了问题，"何（为什么）殷周有道之长（他们传那么长）而秦无道之暴"？"暴"就是指很短促。原因是什么呢？他说，"其故可知也"，原因是可知道的。我们在《礼记》里面看到，王后怀孕，肚子里的宝宝将来是接班人，不得了，古代有所谓"胎教"。我这里提一个问题，现在我们学西方，生下来是零岁，然后从生下来那天开始,才往上数这个人多少岁,中国人的传统是生下来就是一岁。哪一个更合理?为什么?这个生命已经有十个月了。生下来才算,那前面叫什么?胎儿在母亲的身体里面是有知觉的,现在超声波可以显示,在他旁边放音乐,他的脑袋会在里面动,他会听音乐。在古代就知道这个生命已经存在了,而且母亲是能影响他的。所以在《礼记》里面看到,这个怀孕的妈妈想听那些乱七八糟的音乐,咱们调侃一点说,请乐师来一段摇滚。乐师一听这哪能行,这个音乐会对胎儿有不好的影响,马上把琴收起来说,抱歉得很,您要听的这段东西我没学过,不会弹,不能让您听。如果她要想吃那种特别不健康的食物,厨师也会委婉地拒绝说,对不住,你要吃的这道菜,我没学过,也就不让吃。听音乐要听舒缓、轻柔的,吃东西也要健康、营养。身份越高孩子越娇宠。

1. 成王幼年的教育

昔者,周成王幼,在襁褓之中,召公为太保,周公为太傅,太公为太师。保,保其身体;傅,傅之德义;师,导之教训。此三公之职也。于是为置三少,皆上大夫也,曰少保、少傅、少师,是与太子宴者也。故孩提,三公三少固明孝仁礼义,以导习之也。逐去邪人,不使见恶行。

周成王是周武王的儿子,周成王幼,但是社会上的信息非常混乱,有好的有不好的,这个时候对于他的教育要分外小心,所以派了三个当时国内最重要的大臣,一个叫召公,一个叫周公,一个叫太公。他们分别做太保、太傅及太师。三个人分工明确,国家大事再忙,这三个最重要的大臣也要来关注年幼的太子。太保,保其身体,这个孩子的身体不能出问题;傅,傅其德义,光身体好不行,还要有德义;师,是要导之教顺,要顺应。这是三公。三公要处理国家大事,很忙,怎么办?还要有三个助手叫三少,少保、少傅、少师,这三个人是上大夫，地位也很高。他们是生活里面"与太子宴者也"。这个"宴"大家不要理解成吃饭，宴居就是平时和太子一块，这个孩子要有人跟他玩，跟他讲话。所以在成王孩提时代，三公三少要让他"明孝仁礼义，以导习之也"，周围要逐去邪人，不让他见恶行。

不是有"孟母三迁"吗，一开始家住在坟地旁边，小孩早上一起来就看到出殡的吹吹打打，尽学这些东西对其成长不好。搬到城里去，周围全是商人，成天斤斤计较弄虚作假，孩子如果从小学这个，长大之后就完了。后来才迁到学宫，就是学校旁边。听到的是圣贤之语，看到的都是读书人，会有正面影响，这很重要。

2. 习与正人居，则不能不正

于是比选天下端士、孝悌闲博有道术者，以辅翼之，使之与太子居处出入，故太子乃目见正事，闻正言，行正道，左视右视，前后皆正人。夫习与正人居，不能不正也，犹生长于楚，"不能不楚言也"。

有三公三少还不够，要"比选天下端士"，"端"就是正。小太子出生了，他的好坏关系到国家的好坏、万民幸福与否，要在天下选行为端正之士，学问广博有道术者，来辅助三公三少，和太子一块进一块出。这样一来，太子看到的端士做的事情都是正的，听到的话都是正的，走的路都是正的，左视右视，前后都是正人。跟这样的人在一起，"不能不正也"；好比生长于楚，不能不楚言也。

讲到这里，我想到件很有意思的事情。我女儿小的时候，因为我们当时两个孩子，带不了，就把女儿送到她外公外婆那里去。外公外婆是湖南人，不会讲普通话，一口的湖南话。我们的孩子送去半年再回来，"不能不楚言矣"，一口那样的话。也不是刻意教她的，孩子学说话特别快，因为环境使然。所以我们一定不能让孩子跟那些一天到晚吸毒的、赌博的人在一起。正如家长总让孩子做功课，你却老在那打麻将，道理是一样的。

3. 太子学五义

> 及太子少长，知妃色，则入于小学。小者，所学之宫也。《学礼》曰：帝入东学，上亲而贵仁，则亲疏有序，如恩相及矣。帝入南学，上齿而贵信，则长幼有差，如民不诬矣。帝入西学，上贤而贵德，则圣智在位，而功不匮矣。帝入北学，上贵而尊爵，则贵贱有等，而下不逾矣。帝入太学，承师问道，退习而端于太傅，太傅罚其不则而达其不及，则德智长而理道得矣。此五义者既成于上，则百姓黎民化辑于下矣。学成治就，此殷周之所以长有道也。

到了太子年龄大一些，"知妃色"，有朦胧的性意识了，知道哪个宫女漂亮，哪个宫女不漂亮了。这个时候别让他在里面厮混，要转移他的注意力，要去读书，入小学。有一本书现在已经失传了，叫《学礼》，里边说道，帝要入东学、南学、西学、北学，最后到太学。这"五学"的内容是不一样的，因为时间关系，就不细讲了。他要很系统地学习将来治理国家、人民所需要的那些道德，这些道德首先要在自己身上体现出来。学五义，"此五义者既成于上"，"上"就是这个太子，他自己就是个道德高尚的人，"则百姓黎民化辑于下矣"。你做得好，大家都会学你，你不好，大家就不跟你走。所以他学成了，治也成就了。

4. 对太子的严格要求

> 及太子既冠成人，免于保傅之严，则有司过之史，有亏膳之宰。太子有过，史必书之。史之义不得不书过，不书过则死；过书而宰彻去膳，夫膳宰之义，不得不彻

膳,不彻膳则死。于是有进善之旌,有诽谤之木,有敢谏之鼓,瞽夜诵诗,工诵正谏,士传民语。习与智长,故切而不攘;化与心成,故中道若性,是殷周所以长有道也。

古代二十岁就算成年,行冠礼,成人。成年人要对自己的行为负责任,太子独立了,将来要去治天下的。这时候太师、太傅、太保不能一天到晚还陪着他,但是为了不让他犯错误,煞费苦心,在他周围安排两个人,一个是"司过之史","司"是管理,"司过"就是犯了错误,史官要把它如实地记载下来,因为太子的一言一行太重要了。"史之义不得不书过"。那么我要跟他套近乎,以后他要做皇帝,我讨好他,我不写,是对国家不负责任,"不书过则死"。他犯了这样的错误,你屡次不写,就是怂恿他,放纵他,是对国家的犯罪。让你做这个史官,你没有尽到责任,就要把你杀了。这个事情太重大了。还有一个官叫"亏膳之宰",做错事要承担责任,因为你是一个王储,打你不体面,打伤了更不好办。怎么办?要教育,亏膳之宰彻去膳,饿你一顿。当你极度饥饿的时候,就会想想我今天为什么会饿这一顿饭,下次可不能再犯错误了。如果套近乎,暗地里塞给他一个馒头,一个窝头,这也是在害他。国家对他规定这么严厉,是要保证他走正道。"不彻膳则死"。

这还不够,还要让他听到许多批评和规劝。有"进善之旌",一面旗子插在那里,谁有善言,往旗子下一站,他马上要跑过去,听你有什么善言教导。有"诽谤之木",这个诽谤是批评。有一个诽谤之木立在那里,有人站在那里,他必须要过去,接受批评。有"敢谏之鼓",在他住的外面有一面鼓,只要有人敲,他必须要出来听你有什么劝谏。"瞽夜诵诗",瞽是盲人,古代盲人的记性特别好,晚上要给太子诵诗。大家知道《诗经》里面有讽刺的,有歌颂的,晚上要诵这些诗。听一听在为政不清明的时候,老百姓怎样表达他们的怨恨;政治清明时候的士传民语,现在街头有什么民谣。你的习惯和和智慧一天天成长,"化与心成,中道若性",好像他天生是这样,而实际上是后天培养出来的。所以对孩子的教育很重要。

5. 胡亥所受之教

> 及秦不然,其俗固非贵辞让也,所尚者告得也;固非贵礼义也,所尚者刑罚也。故赵高傅胡亥,而教之狱,所习者,非斩劓人则夷人三族也。故今日即位,明日射人,忠谏者谓之诽谤,深为计者谓之訞诬,其视杀人若芟草菅然。岂胡亥之性恶哉?彼其所以习导非其治故也。

那么到秦不一样了,秦国的风俗不是贵辞让,而是讲利。"所尚者告得也",崇尚的是老百姓互相告发,获得奖励。也不贵礼义,而是崇尚刑法,相信刑法能够解决一切问题。胡亥是秦始皇的儿子,他小时候,赵高做他的老师,专门教"狱",打官司诉讼。他学习的"非斩劓人则夷人三族也",犯什么罪要斩,犯什么罪要把鼻子割掉,犯什么罪要把他满门抄斩,三代都杀光。所以这小子"今日即位,明日射人",他把人命看得像草一样。忠谏者,说你是诽谤,深为计者,从理论的角度和国家长治久安角度跟他好好地说,他说你是訞诬,他把杀人看做是除一棵草一样。所以是不是胡亥天生就是恶的?不是的,从小把他教坏了。

古人说殷周跟秦的不同,根本是在对孩子的教育上。国家是这样,家庭也是这样。现在为什么有富二代、星二代,"二世而亡",就是对孩子没有教育好。以前富不过三代,现在富不过二代,一开始是啃老啃爹,最后是坑爹,"我爸是李刚",完了,就把李刚坑了。"李某某"把一个那么优秀的歌唱家坑到家了,这都是教训。

二、《礼记》所见教育规范

刚才讲的是帝王家的教育,普通老百姓也是一样。有一本书在古代是稍微识一些字的人都会来读一读的,叫《礼记》,"不学礼无以立"。《礼记》里有大量的篇幅,是谈对子女的教育。后来在编《弟子规》时把里面的很多话都编进去了。这里列了几条:

> 凡为人子之礼,冬温而夏凊,昏定而晨省,在丑夷不争。

> 侍坐于先生,先生问焉,终则对。请业则起,请益则起。

> 父召无诺,先生召无诺,唯而起。

> 夫为人子者,出必告,反必面,所游必有常,所习必有业。

我只讲其中一条,比方第三条"父召无诺,先生召无诺,唯而起"。培养孩子应该注意很多细节。"召"是召唤,爸爸喊小孩过来,这个时候小孩子不能诺。我们经常讲"唯唯诺诺",唯跟诺不同,唯是很紧促的很短促的。他喊我,说小儿过来一下,我说哎,这叫唯。我马上把看的书放下了,把吃的东西放下了,跑过去问问什么事。老师召我,我也这样,我很在意他们叫我。可能有急事,可能有什么需要我帮忙,所以我很紧凑地回答,马上过去。什么叫诺? 诺是相反,拿腔拿调的。小儿过来一下,知道了,等会儿,我打游戏呢。如果儿子这么小就不把你的话当做一回事,长大了,他对你也不会太尊敬。什么叫尊老? 什么叫孝敬? 要体现在每一个细节上,"唯而起"。所以将来你们教育孩子,必须要求这点,不能懒洋洋地躺在沙发上,站都不站起来。这些规范是面向整个社会的。

三、家训之祖:《颜氏家训》

　　到了魏晋南北朝的时候,出现了第一本家庭内部教材,就是著名的《颜氏家训》。那时候中国的政局非常混乱,一个政权建立没多久,另一个政权就把它推翻了,一朝天子一朝臣,国家长期地处于分裂割据的局面。北齐有一个人叫颜之推——说颜之推,很多人可能比较陌生,他的一个后代是著名的书法家颜真卿,书法的颜体,封为鲁国公,人称颜鲁公;他的祖先往前推,可以推到孔子最得意的一个学生,叫颜回。颜之推在动荡的社会里面吃尽了苦头,因为时间关系,不再细讲,但是他依然有很高的成就。他在北齐的官位做到黄门侍郎,是一个正六品的官。在这样一个动荡的社会里,他亲眼看到许许多多的人一夜爆发,但是没过多久,又一夜暴亡满门抄斩,感到很痛心。他觉得要总结原因,一个家怎么样能够长治久安? 在这样一个混乱的环境里,他自己为什么还能有所成就? 他说"吾家风教,素为严密",他父亲死得比较早,他对他的兄长非常尊敬。古代规定,家不能没有主,父亲要是不在了,长兄就为父。他们是"晓夕温清,规行矩步,安辞定色,锵锵翼翼,若朝严君焉",家里有很多规矩。他的《颜氏家训》七卷二十篇,论治家、为人、治学之道,目的是"整齐门内,提撕子孙",家族之内,大家的理念、行为是整齐的。目的是要为颜氏家族垂范立训。颜氏一直到今天,有非常多的名人,因为他们有一个极好的传统。

　　《颜氏家训》是中国教育史上的里程碑之作,学者对它的赞誉,史不绝书。陈振孙《直斋书录解题》称"古今家训,以此为祖";王钺《读书丛残》赞其"篇篇药石,言言龟鉴,凡为人子弟者,可家置一册,奉为明训"。这本书不是特别好读的,中华书局出版过,王利器先生做了非常详细的注解,读这本书要有一点基础,里面有很多典故。袁衷《庭帏杂录》称:"六朝颜之推家法最正,相传最远。"

四、历代家教家训举要

在《颜氏家训》之后,从南北朝到隋唐,社会上慢慢地出现了士大夫重视家庭教育与礼仪规范的风气。在颜之推之后,比较早明确提到他们有家训的是《新唐书》里写到的穆宁,说他"居家严,事寡姊甚恭。尝撰《家令》训诸子,人一通"。从宋代起,由于知识精英的倡导,家教、家训大行于世,对于规范与端正社会风气,起到了非常正面的作用。以至于在我们小时候,如果一个孩子表现不好,旁边的人就会说:"谁家的孩子,有家教吗?"通过家庭教育一代又一代的传承,最后形成良好的门风。家里要是门风不好,十里八村都知道这一家没有家教,门风极坏,这孩子恐怕连媳妇都找不到。

1. 唐太宗《帝范》

我们下面来看一些比较重要的家教。第一个看唐太宗,他也意识到他跟周文王周成王关系是一样的,家里面不把规矩立起来,将来他这个朝代延续不了多久,所以贞观二十二年(648),他做了《帝范》,讲怎么成为一位皇帝,皇帝的风范是什么样。里面包含君体、建亲、求贤、审官、纳谏、去谗、诫盈、崇俭、赏罚、务农、阅武、崇文十二篇,纵论帝王亲政之道,其后以此赐予子女,作为遗训:"饬躬阐政之道,皆在其中,朕一旦不讳,更无所言。"我是怎么样做一个皇帝,这就相当于我的遗训,"朕一旦不讳",就是我一旦突然死了,没有别的可讲,希望你们传下去的东西尽在此书之中。

2. 司马光《家范》

司马光是北宋的宰相,封为温国公,有一部《司马温公家范》。这书写的非常详细,分为治家、祖、父、母、侄、兄、弟、夫、妻、妇、妾、乳母等篇。你想他费了多少心血,琢磨一个家庭每个不同的角色,责任是什么,应该注意什么。书里引了大量的文献,比如卷一引《易》《大学》《孝经》,论圣人以"家行隆美"为尚,总述治家之要,旨在"轨物范世""遗泽后世"。

司马光家三代都很了不起。司马池清正廉明,官至天章阁待制。司马光之子司马康不妄言笑,与人交谈,口不言财。我们现在社会不知道怎么搞的,都说要有亲和力,嘻嘻哈哈,正经不起来。"与人交谈,口不言财",正好跟我们现在相反。我对他特别崇拜。前两年我专门到他的家乡晋南,到他的墓前行礼。参观他的祠堂,心里面感慨万分。他的《家范》非常值得我们学习。

3. 康熙《庭训格言》

康熙皇帝在位六十一年,是清代十帝中在位时间最长的一位,文治武功都不得了。他念念不忘的也是对自己的家庭要有一个正确的教育。《庭训格言》所列七十八条格言,是康熙人生经历的总结与提炼;每条之下都有他结合经史百家以及自己身体力行而作的训解,娓娓道来,平易之中不乏深刻之处。

4. 朱柏庐《治家格言》

下面举到的是我们经常讲的朱子格言,很多人以为是朱熹,实际上不是的,其实是清代的朱柏庐。这本书非常有名,全是警句格言,朗朗上口。朱用纯,清代著名理学家、教育家,因仰慕晋人王裒"攀柏庐墓"之义,故自号柏庐。此书以修身、齐家为主旨,用格言警句的形式,教以为人处世之道,精炼明快,深受大众欢迎。

5. 曾国藩家训

最后说一下曾国藩。这两年对他的评价稍稍恢复了，以前因为他打过太平天国，对他的评价很低。曾国藩是中国近代政治家、军事家，与李鸿章、左宗棠、张之洞并称"晚清四大名臣"，官至武英殿大学士、两江总督，声名显赫，这个人一生中做的极其重要的事就是写信。他的文集里面真正的论文一类东西只有五卷，书信有十五卷，现在留下来的书信有上千，这还只是他一生所写书信总数的十分之一二。我们读他的传记，会觉得这个人我们根本比不上，他打仗那么忙，每天夜里十二点的时候，周围的人还听到他在谈工作，声若洪钟；睡了，到四五点钟就起来了，又是一整天的工作，精力过人。他每次写信，不管是对家人还是部下，一定是谆谆告诫，多方训导。他里面的一个主旋律，主张人要勤、简、廉、劳，不能居官自傲，要修身律己、以德求官、礼治为先、以忠谋政。很多道理讲得非常好，我们现在读到都觉得很受用。

五、家教、家训与民风、政风

家训看起来是一家一户的，实际上跟民风、政风是密切相关的，家教一经确立，代代相守，便可形成良好的家风。一村一县，家家风正气清，则民风必定良善。经过修身、齐家这样一种教育出来从政的官员，官风一定整肃。我们知道现在干部队伍难管，我想一个极其重要的原因就是从小没有良好的教育。所以要从根本上来解决现在这个社会状况，来达到天下大治，我觉得除了家家户户都来树立良好的家风家教之外，没有更好的办法。现在老是迷信法律，他没犯法你怎么办？家家户户无所事事，饱食终日，成天推麻将，这不犯法，可是社会不能在麻将声中进步吧？这个问题非常多，下面我们来看看家教里教我们一些什么东西，我把它略微做了一个归纳。

1. 勉学

"勉学"是《颜氏家训》里一篇文章的题名。勉是努力，《颜氏家训》说"若能常保数百卷书，千载终不为小人也"。如果你家里常保数百卷书，这些书都读过，你千年都不会做小人。书里面讲的都是道理，所谓小人就是没有道在指导他，他是"脚踩西瓜皮，滑到哪里是哪里"。一个人读书才能明理、明道。朱柏庐《治家格言》说"子孙虽愚，经书不可不读"。我们传统的文献，经书是中国人人生观价值观的载体，孟子讲仁义礼智这些道理都在经书里面，所以朱柏庐讲经书不可不读。《钱氏家训》讲"读经传则根柢深，看史鉴则议论伟。能文章则称述多，蓄道德则福报厚"。读书有什么好处？读经传，传是解释经的，你一生的学问根柢就很深。经常看史鉴——《史记》《资治通鉴》，你议论事情得失自然就雄伟，因为有广博的知识为基础。

（1）早学与晚学

> 人生小幼，精神专利，长成已后，思虑散逸，固须早教，勿失机也。吾七岁时，诵《灵光殿赋》，至于今日，十年一理，犹不遗忘。二十以外，所诵经书，一月废置，便至荒芜矣。然人有坎壈，失于盛年，犹当晚学，不可自弃。

小孩尤其要叫他读书，你说他还小，让他多玩几年吧，到他二十岁以后再好好读，晚了。此处讲人生下来年龄很小，这个时候孩子没有被污染，他的精神很专注，不是发散的，等到他年龄大了以后，他的思虑就散逸了。现在好多大学生听讲，诱惑太多，他的精神都飘散了。所以在小孩精神专注的时候要早教，勿失机也。颜真卿讲他七岁时就背诵《鲁灵光殿赋》，到现在十年后读它，还没有忘。二十岁以后再去读的东西，一个月不读就废了。当然人不一样，有各种各样的原因，"失于盛年"，最应该读书的那些年没好好读，没关系，"犹当晚学"，比不学好。不能自暴自弃，要给孩子做榜样。

（2）早迷而晚悟

> 魏武、袁遗，老而弥笃；此皆少学而至老不倦也。曾子十七乃学，名闻天下；荀卿五十始来游学，犹为硕儒；公孙弘四十余方读《春秋》，以此遂登丞相；朱云亦四十始学《易》《论语》；皇甫谧二十始受《孝经》《论语》，皆终成大儒；此并早迷而晚寤也。世人婚冠未学，便称迟暮，因循面墙，亦为愚耳。幼而学者，如日出之光；老而学者，如秉烛夜行，犹贤乎瞑目而无见者也。

这里面提到了魏武、袁遗，魏武就是曹操，曹操一生打仗，到哪里手上都有书，"少学而至老不倦也"，所以他成就很高。"曾子十七乃学"，在古代17岁读书就算晚的了，结果人家成了孔子的一个非常好的弟子，名闻天下。晚学没关系——荀子50岁才开始游学，最后是硕儒大儒；汉代公孙弘40多岁才开始读《春秋》，后来因为他《春秋》学得特别好，做了丞相。这里面提了很多。很多人到了结婚的年龄，还没有好好读书，自己就说太晚了，年龄大了。"因循面墙"，就是朝着一个墙自己不肯再念了，这是太蠢了。"幼而学者，如日出之光"，小孩七八岁开始读书，前途无量就像初升的太阳；"老而学者，如秉烛夜行"，老年人去学，好比手上还有一支蜡烛，拿着蜡烛去走夜路，还不会摔跤，这还要比把眼睛蒙起来了什么也看不见强。所以我们在座的每一位不论年龄大小都要读书。我是在文化大革命时自学的，当时有一次我跟我们单位一个领导讲，我们读书太晚了，他说这有什么晚的，苏老泉（苏洵）27岁才开始读书，丘吉尔也是到了30岁才发奋的，这一句话给了我无穷的力量。那个时候我没有读过《颜氏家训》，所以现在我再读这个，体会是很深的。什么时候读书都不晚。

2. 少年当慕贤

人在年少，神情未定，所与款狎，熏渍陶染，言笑举动，无心于学，潜移暗化，自然似之，何况操履艺能，较明易习者也！是以与善人居，如入芝兰之室，久而自芳也；与恶人居，如入鲍鱼之肆，久而自臭也。墨子悲于染丝，是之谓矣，君子必慎交游焉。

小孩都有偶像，人在年少的时候神情未定，这一辈子往哪个方向没定，"所与款狎，熏渍陶染"。他跟什么样的孩子在一起，虽然不是有意要学他，但是他的言笑举动，对他会潜移默化。所以与善人居，就好比入芝兰之室，里面都是灵芝兰草，久而久之，身上就是香的；与恶人居，好像入鲍鱼之肆，店里面卖得特别臭的鱼就是鲍鱼，到臭鱼店里去，身上也就臭了。故而"墨子悲于染丝"，丝是雪白的，墨子有一天看到人家染丝，雪白的丝放到染缸里去，再提出来变成黑的了，人不能往那种缸里面去。君子必慎交游，要交好朋友，要学好榜样。所以我经常跟清华的学生讲，我到你宿舍去看看你床头贴谁的照片，就知道你这个人出息有多大了。你的偶像是什么人？你虽然考上清华了，可是你格调不一定高。为什么我们现在培养不出大师？考上清华不等于你就是大师，你还有自己人生的偶像，有很多因素在影响你成长，要修身。

3. 修身

(1)《朱子格言》

人有喜庆，不可生妒忌心。

人有祸患，不可生喜幸心。

善欲人见，不是真善。

恶恐人知，便是大恶。

居身务期质朴，教子要有义方。

勿贪意外之财，勿饮过量之酒。

我们很多格言都是劝善。人家家有了喜庆了，千万不要妒忌，人家出了祸患了，不要幸灾乐祸。你做了一件善事，希望满天下的人都知道，这不是真善，你是想讨一个虚名。你做了坏事怕人家知道，那不得了，那就是大恶。"居身务期质朴，教子要有义方"，邓小平两个儿子，一个叫邓质方，一个叫邓朴方，起源盖出于此。一个人要朴实，不要满身的名牌。《三字经》里面，"窦燕山，有义方。教五子，名俱扬"，这个人了不起，教子教得好。不要贪意外之财，不要饮过量之酒。这些要求都是很容易做到的，是一个底线。

（2）《庭训格言》

法令之行，惟身先之

训曰：如朕为人上者，欲法令之行，惟身先之，而人自从。即如吃烟一节，虽不甚关系，然火烛之起多由此。然朕非不会吃烟，幼时在养母家，颇善于吃烟。今禁人而己用之，将何以服之？因而永不用也。

我们看看康熙皇帝，他有一条格言叫法令的实施，身先士卒。下面解释说，比方说我是万人之上的天子，要想法令能够推行，唯一的一条就是我自己要做到，那么人家自然就会跟从。这句话实际上是从《论语》里面来，孔子的学生问他怎么为政，他说了四个字"先之劳之"。你要做在前，做在前还不能是装模作样地作秀，要"劳之"，很辛劳地去做，比下级要做得早，要做得辛苦。学生说为政就这四个字，太简单了，能不能再讲一点？孔子又说了两个字"无倦"。不要做一天就完了，要不知疲倦地做。这就是说任何事情你要下面做，自己先做到了，人家自然就跟上来了。举个例子比方说抽烟,这看起来是个小事。但是清朝的时候发生很多火灾,康熙就要求大家不要抽烟。他说我小时候在养母家里面是很会抽烟的,现在我让所有的老百姓都不抽烟,但是我自己在抽,怎么服人? 所以我坚决把烟戒掉,永远不再抽。

少成若天性,习惯如自然

训曰:大凡贵人皆能久坐。朕自幼年登极以至于今日,与诸臣议论政事,或与文臣讲论书史,即与尔等家庭闲暇谈笑,率皆俨然端正。此皆朕自幼习成,素日涵养之所致。孔子云:"少成若天性,习惯如自然。"其信然乎!

他说孩子从小在家里,坐有个坐相,站有个站相,要有气象。我自幼年登极以至于今日,和诸臣议论政事,或与文臣讲论书史,甚至与尔等家庭闲暇谈笑,率皆俨然端正。他坐得很端正,即使最热的天他的龙袍穿得都很整齐,不能说这么热,我穿着坎肩,摇把扇子跟你们聊天,那气象就没有了,他一生都很端正。这是从小养成的习惯。所以一定要让我们的小孩坐有坐姿。

我前不久遇到一个香港朋友,他说香港有一个很有名的实业家,有一次做寿,大家都认为他已经超过李嘉诚了。很多人当他的面说,但他说不可能。他说李嘉诚这个人我是学不来的,我这一生都到不了他那个境界。他讲了李嘉诚的一件小事,这个其实在《庭训格言》里面。有一次他们到一个地方去,这位老总在进门以后,从镜子里面看到李嘉诚坐在那里,就喊了一句李先生,李先生听到不是扭过头来,康熙《庭训格言》讲的不回头扭头看人,他一听到喊他了,他马上站起来,转过去正面对着讲:"是哪位叫我啊?"这位老总讲这样的细节他做不到。为什么呢? 他没有这种教养。李嘉诚那么高的声望,那么谦和,所以喊他,他都会站起来。换了我们在座的人,恐怕都会扭头,这是内心缺乏恭敬心。所以这种习惯,都要从小去养成。

酒乱德性,不可不节

训曰:原夫酒之为用,所以祀神也,所以养老也,所以献宾也,所以合欢也。其用固不可少,然沉酣湎溺至不时不节,则不可。是故,先王因为酒礼,宾主交错,揖让升降,温温其恭,威仪反反,立监佐史,常以三爵为限,况敢多饮乎?此先王之所以戒酒失也。奈何今之人无故而醉,饮必醉而后已?

喝酒多了要乱性,所以他要求下面的大臣喝酒要有所节制。他说酒在古代是祭神的,年纪大了喝是养生的,或者是献给客人的,没有时间没有节制则不可。所以先王以喝三杯为限,他也不敢多饮。在这些事情上他都是先严格从自己身上做到,然后教训子孙。这也很值得我们学习。

朱柏庐治家格言

与肩挑贸易,毋占便宜。

见贫苦亲邻,须多温恤。

刻薄成家,理无久享。

伦常乖舛,立见消亡。

兄弟叔侄,需多分润寡。

长幼内外,宜法属辞严。

这里提到我们该怎样跟弱势群体相处。"与肩挑贸易,勿占便宜"。那些沿街叫卖的小贩不容易,我们不要老是去占他们的便宜。我小时候在我们家乡,经常看到有那种人年纪很大了,带个草帽,挎一个篮子,里面放一些葱、生姜、大蒜叶等等调料,沿街叫卖。"老头过来!"——很不恭的——"我买五分钱的姜!"他就买五分钱姜,再饶两根葱,非要占便宜。现在占便宜占到把飞机上面的套子、枕头塞到包里面。这不得了,很丢人啊。"见贫苦亲邻,须多温恤"。我们现在都是无情。"刻薄成家,理无久享。伦常乖舛,立见消亡"。这些话都说得非常平易。

乔家六不准

不准纳妾,不准虐仆,不准酗酒,不准赌博,不准吸毒,不准嫖妓。

我们到山西看乔家大院,很多人去都是看那么多套房子,觉得乔家有钱,或者是《大红灯笼高高挂》在哪间屋子拍的,看的全是这些。乔家能把生意做成那样,人家有很好的家风。除了一般的家教,他有六个不准:"不准纳妾,不准虐仆,不准酗酒,不准赌博,不准吸毒,不准嫖妓。"四兄弟严格执行。老二媳妇不会生,不能无后,不准纳妾,那怎么办?从老大家里过继一个来,做自己的儿子,不破这个规矩。据说这个家里找女佣人都找年龄大的,不找年轻漂亮的,对待那些仆人非常厚道。现在我们有些人家里对待保姆很不尊重,一板脸就说你是我花钱雇的,我要你怎么样你就得怎么样,这是不厚道的,以前人家都不允许这样。

4. 教子

无教而有爱,每不能然;饮食运为,恣其所欲,宜诫翻奖,应诃反笑,至有识知,谓法当尔。骄慢已习,方复制之,捶挞至死而无威,忿怒日隆而增怨,逮于成长,终为败德。俗谚曰:"教妇初来,教儿婴孩。"诚哉斯语!

怎么教儿子,非常有学问。我们现在只有爱没有教,要吃什么东西,"恣其所欲"。宜告诫他的地方你反过来还奖励他,应该呵斥他、批评他的,你反而还笑,"骄慢已习",最后他养成习惯了,你还觉得这个孩子怎么变成这样了。这才想到要去制约他,结果没用,晚了,"捶挞至死",你的威严立不起来,"忿怒日隆",大家只有怨恨。这孩子甚至私下里咬牙切齿,等我长大了,一定要怎么样。所以《颜氏家训》里讲到:"教妇初来,教儿婴孩。"这个"妇"是指家里的儿媳妇。儿媳妇一进门要把规矩告诉她,小孩要从婴孩的时候开始教起。"诚哉斯语",这句话真对!

（1）养不教,父之过

> 梁元帝时,有一学士,聪敏有才,为父所宠,失于教义:一言之是,遍于行路,终年誉之;一行之非,掩藏文饰,冀其自改。年登婚宦,暴慢日滋,竟以言语不择,为周逖抽肠衅鼓云。

《颜氏家训》里举的一些人的问题,我们现代人还有。"梁元帝时,有一学士,聪敏有才,为父所宠",但是失于教义,你爱他没有关系,但是不教了:"一言之是,遍于行路",这个小孩说了一句很出人意料的话,其实小孩都会说这种话,然后满大街的讲都知道了,"终年誉之"。"一行之非",做错了一件事情,"掩藏文饰",别去说他,他自己能改。后来这个家伙结婚做官了,"暴慢日滋",一天比一天傲慢,说话没有分寸。最后惹了祸了,被一个叫周逖的人把他肚子破开,肠子抽出来,用他的血拿来衅鼓。当然这个周逖很残暴,但是追究这个人一生走过的道路,如果他说话谨慎一点这种祸就不会临到他的头上。《颜氏家训》里面有很多这样的故事。

（2）严母魏夫人

> 王大司马母魏夫人,性甚严正。王在湓城时,为三千人将,年逾四十,少不如意,犹捶挞之,故能成其勋业。

相反一个家里面很严厉,孩子不仅犯不了错误,而且能有出息。有一个叫王僧辩的人,做到大司马,他的母亲魏夫人在他小的时候"性甚严正"。这个老太太很厉害:王大司马在湓城的时候,手下有三千人,他是将军,年纪也40多岁,这个妈妈还是管着他,"少不如意,犹捶挞之",就是揍他。说老实话大人打小孩真是很可怜,既不能打伤他,还要打疼他。想来想去有个地方最好,屁股里面没有内脏,一打就疼,但是过两天就好,要给他教训,选这里是最好的。爸爸妈妈下决心要把这个孩子打死,我想这是极个别极反常的,不是普遍现象。我小时候也被打过,我父亲打我很厉害的,我没有被打坏,相反我觉得我一生都是很警惕的。因为小时候打你的时候都是一边打一边说教,现在我们弄得都没有名堂了。前年国侨办让我到意大利去,意大利有一些华侨办的学校,我们一到那里,要跟学生讲讲话,那个老师就说:"彭教授,你要注意,不能批评。"我说:"孩子要是不好呢?""也不能批评只能表扬。"那我不会教。

(3)慈母败子

爱子,教之以义方,弗纳于邪。骄奢淫逸,所自邪也。四者之来,宠禄过也。古人有言曰:"慈母败子。"爱而不教,使沦于不肖,陷于大恶,入于刑辟,归于乱亡,非他人败之也,母败之也。

——《家范》

司马光反复谈到父母如何爱子女的问题。爱子,要教之以义方,不要纳于邪。有人掉到河里了不会游泳要死,这叫"溺死",这个"溺"是三点水。掉到爱里面弄不好也要死,这是溺爱,溺于爱。司马光说古人有句话:"慈母败子"。儿子最后失败了,往往是因为慈母。爱他但是不教,使他沦于不肖,陷于大恶,甚至入于刑辟,归于乱亡,非他人败之也,母败之也。用溺爱的方式让他不成器,甚至入于刑辟,好比今天我们讲被双规了。

(4)义利

司马光主张"以义方训其子,以礼法齐其家"。他说现在很多做长辈的多只知从物质上满足子孙,"今之为后世谋者,不过广营生计以遗之，田畴连阡陌，邸肆连坊曲，粟米盈囷仓，金帛充篋笥，慊慊然求之犹未足也，施施然自以为子子孙孙累世用之莫能尽也"，吃几辈子都吃不完，他认为这样做"适足以长子孙之恶，而为身祸也"，"子孙自幼及长，惟知有利，不知有义故也"。如果只知道有利不知道有义，几千万家产他到澳门去几次也就差不多了。

5. 勤俭

黎明即起，洒扫庭除。

一粥一饭，当思来处不易。

半丝半缕，恒念物力维艰。

器具质而洁，瓦缶胜金玉。

饮食约而精，园蔬胜珍馐。

——《朱子格言》

勤俭为本，自必丰亨（古同烹），

忠厚传家，乃能长久。

——《钱氏家训》

古人不管家里多有钱都要教育子孙要勤俭，勤是开源，俭是节流。只有勤，财富才会越来越多；只有俭，才能细水长流。所以人要学勤劳，怎么学？"黎明即起，洒扫庭除"。现在小孩早上睡到九点，下午睡到三点，不得了啊。故宫有勤政殿，皇帝天刚亮就要上朝了。什么叫"朝"，朝就是朝（zhāo）。以前官员天不亮就要上朝，都要到午门前面的两排草房里面等，那边城门打开了，大家把衣服穿好，鱼贯而入。这叫勤政。那么小孩的勤是黎明即起，起来做力所能及的家务，洒扫庭除。

"一粥一饭，当思来处不易。半丝半缕，恒念物力维艰"，一定要懂得珍惜财力、物力、人力，不要暴殄天物。家里面穷，这个不是丢人的事情，家里穷不一定就是我懒，可能我没

271

有机遇等等原因,所以家里穷要安贫乐道。我们"器具质而洁",哪怕瓦缶也比金玉的东西要好,"饮食约而精",吃点素菜也胜过珍馐。所以要勤俭为本,忠厚传家。人要老实,不要狡猾,狡猾的人可以得逞于一时,终究要摔跟头的。凡是狡猾的人,背后人家都讨厌他。忠厚的人,人家都愿意跟你亲近。这个道理要懂。

6. 嫁娶

　　嫁女择佳婿,毋索重聘。

　　娶媳求淑女,毋计厚奁。

——《朱子格言》

　　娶媳求淑女,勿计妆奁。

　　嫁女择佳婿,勿慕富贵。

——《钱氏家训》

　　嫁娶就是婚姻观。古代有家教的人是"嫁女择佳婿,毋索重聘","娶媳求淑女,毋计厚奁",这婚姻观很重要。你老是想攀高枝,最后会很惨。现在好多攀影视界大腕的,攀高官的,后来下场不好的很多。假如你是重他的品质,就会很好。我有一个很要好的朋友,河北人,逃荒到山西,没有地,就在人家村头搭了一个棚子,住在里面,就这样还怕村子里的人不肯接纳他们。所以村里面一有什么事,就主动跑进去帮忙,人家出殡了,抬那个棺材,一头重一头轻,都抢着抬那头重的。无论人家什么事都去帮忙,但是他没有地,家底非常薄,一直非常穷。后来我这个朋友要谈对象了,当地一个小学的校长有五个女儿,五朵金花,其中一个女儿到了年龄了,人家介绍那家不错。她就到家里去看,这个人家里怎么穷成这样,家里要找四张一样的凳子都找不出来,一套完整的餐具都没有。到村里打听是不是一个懒汉,结果村里面口碑非常好,说这家人穷是因为底子实在太薄,这家人是特别好的。后来这个朋友找了这个媳妇,现在非常好,事业成功,家道兴旺。这个比那些攀高枝的要好。

7. 礼教

君令而不违,臣共而不贰,父慈而教,子孝而箴,兄爱而友,弟敬而顺,夫和而义,妻柔而正,姑慈而从,妇听而婉,礼之善物也。治家莫如礼。

——《家范》

家里面一定要有礼。司马光将建立和谐的伦常关系视为治国的不二法门,认为礼是最好的工具。

8. 为官从政之道

心术不可得罪于天地,

言行皆当无愧于圣贤。

庙堂之上,以养正气为先。

海宇之内,以养元气为本。

执法如山,守身如玉。

爱民如子,去蠹如仇。

官肯着意一分,民受十分之惠。

上能吃苦一点,民沾万点之恩。

利在一身勿谋也,利在天下者必谋之;

利在一时固谋也,利在万世者更谋之。

——《钱氏家训》

一些有底蕴的大户人家都希望孩子好好读书,将来报效国家,去从政,但是从政不是为了私欲。心术不可得罪于天地,心术要正。你再怎么样,天知地知,你知我知,不能得罪天地,那要有报应。一言一行要合于圣贤之道。到了庙堂之上,要养正气为先。海宇之内,养元气为本。"执法如山,守身如玉",玉是干干净净的,白玉无瑕,一个人要把自己的清白之身守住。"爱民如子,去蠹如仇",做官要有这几条。"官肯着意一分,民受十分之惠。上能吃苦一点,民沾万点之恩",当官要处处让老百姓感受到恩和惠。现在我们有些官员家里有过亿的现金,不得了啊。"利在一身勿谋也,利在天下者必谋之",哪怕我赴汤蹈火粉身碎骨,我一定要去做。利在一时,当然也是一种谋,利在万世者更谋之。要有胸怀,要有眼光,为了天下万世。

9. 境界

有补于天地者曰功,

有益于世教者曰名,

有学问曰富,

有廉耻曰贵,

是谓功名富贵。

——乔家家训

教孩子要去从境界上去提升他,让他把人生的道理悟透了。比方说人都喜欢功名富贵,那么什么叫功名富贵?乔家大院写在一个石碑上的:"有补于天地者曰功,有益于世教者曰名,有学问曰富,有廉耻曰贵。"我们现在很多是反过来。

10. 道德文章

无欲曰德,

无为曰道,

无习于鄙陋曰文,

无近于暧昧曰章,

是谓道德文章。

有功名富贵固佳,

无道德文章则俗。

——乔家家训

什么叫道德文章?无欲(这个欲是私欲)就有德。无为叫道,这是老子的。无习于鄙陋是文,不要去接近于暧昧叫章,这是道德文章。一个人要把这些东西看透了看通了就好。

六、家风建设的现实意义

现在我们讲家风建设的现实意义。在我看来有这样三点，首先，重视家教和门风建设，这是中华民族的重要创举。中华文明五千年长盛不衰、绵延不绝是因为我们每一个家庭的建设是一个长期的普遍的过程，而且维持了我们社会的道德和文化的水准，形成了一种强大的社会氛围，所以今天再续家教传统，有助于在日常生活植根中华文化。

最近习近平同志多次讲话都提出了社会主义核心价值观，其中很多是来自于中华传统美德，这个价值观要植根于中华文化。那么怎样才能把传统文化不做虚了？我觉得重要一点就是要把这种好的东西在家庭里面恢复起来。这样才能在很短的时间里就能看到社会的变化，增强大众的文化自信、道路自信，以及文化认同。

第二点，在全社会倡导普遍的家教，是民众自己教育自己的最好形式。投资最少、成本低，但效果是最好的。如果每家每户都把自己的孩子管起来了，孩子都有底线有追求，就可以使我们所有的家庭福祉代代绵延。许多的恶性事件，都可以消灭在萌芽状态。解决现在的社会问题，最好的办法就是家家户户意识到自己的家庭要想可持续发展，离不开对子女的教育。通过家教来树立良好的家风，就能够影响到民风。

历史上有一些让我们很吃惊的家族。山西晋南闻喜县有一个村叫裴柏村，我专门去看过。有一句话叫"天下无二裴"，凡是姓裴的人都是从这个地方走出去的。这个家族可以说是我们中国历史上的一个楷模，裴氏家族出过59个宰相，所以这个村被称作"宰相村"。出过59位大将军。他们进入《二十四史》的有 600 多个。我们经常讲富不过三代,他是多少代? 据说胡耀邦当组织部长的时候,专门到这个地方去,而且有讲话。和他南北相互呼应的是福建莆田林氏,唐朝的时候就开始迁到那里去的,后来这一支非常繁盛。盛到什么程度? 这里有一个很详细的统计:从明洪武四年(1371)到清光绪三十年(1904)的 533 年间,殿试共 201 科,录取进士 51624 名,其中林姓进士 644 名,状元 15 名、榜眼 4 名、探花 6 名;同科金榜题名的林姓 10 位以上者有 6 科。所以民间有句话"无林不开榜,开榜必有林",什么林则徐,林徽因,不知道多少姓林的人都是这一支出来的。

另外在我的家乡无锡,无锡鸿山钱氏,先祖为吴越王钱镠。钱镠临终前向子孙提出遗训十条,即《武肃王遗训》。他们传到现在已经 30 多世了,长盛不衰,海内外有院士 100 余人,钱穆、钱伟长、钱临照、钱永健(2008 年诺贝尔化学奖得主),均出自这一脉。

这几张照片是我到安徽去,在绩溪看到了胡氏宗祠,胡锦涛家的祠堂。从唐以来四十八代,每一代祖先的名字都在册,都有排位。族规、族训一直到现在。甚至里面提到赌博的场所,看都不许看。无锡还有一个荣氏,出过一个国家副主席荣毅仁,这一家一直到现在,荣智健也是这个家的。人家家里有一本《人道须知》,讲的都是一些很平易的做人的基本要求。

第三点,有利于整肃政风、官风。现在的政风官风不尽如人意。原因是长期忽视道德的作用,在生活领域放任自流,使声色犬马、荒淫无耻之风在官二代身上集中爆发,政府的形象受到严重损害。解决之道,除了健全法制之外,领导干部要带头建立家教,通过自己的表率作用,管住自己的孩子与家人,培养良好的家风。我是一介草民,没有什么权力,但我建议组织部将来提拔干部的时候一定要问问,你们建立了家教没有,你怎么教孩子? 以前像做宰相的司马光,甚至是唐太宗、康熙皇帝,都是在这一方面很下工夫。

我们看看广正家风下面教育出来的人是什么样子的。

司马光这个人是孝友忠信,恭俭正直,传统的美德都在身上。另外动作有礼,居处有法。他父亲去世得早,他在洛阳的时候,要跑到陕西的夏县去扫墓,古代叫"展墓"。每次要经过他的哥哥司马旦那里,他哥哥快 80 岁了,他对他哥哥尊重到"奉之如严父,保之如婴儿"。司马光"自少至老语未尝妄",从来不乱说话。他说他自己没有过人的地方,但是平生所为,"未尝有不可对人言者耳"。这句话大家做得到吗?你做的每一件事情都可以摊在阳光底下,没有一句话是不敢对别人说的。阳光到这种程度,我们的领导干部不要说二分之一,能够十分之一做到这样,官风就会明显的好转。他这样做诚心自然,天下都尊敬他,"陕、洛间皆化其德",这么一个道德楷模使得老百姓都学习他仰慕他,把地方的民风都化了。有人做了不好的事情,就很不安地说了:"君实得无知之乎?"君实是司马光的字。做错了一件事情,司马光会不会知道? 要是知道了,我太丢人了。这是道德的力量。

辽、夏使至,必问光起居,敕其边吏曰:"中国相司马矣,毋轻生事,开边隙。"光自见言行计从,欲以身殉社稷,躬亲庶务,不舍昼夜。宾客见其体羸弱,举诸葛亮食少事烦以为戒,光曰:"死生,命也。"为之益力。病革,不复自觉,谆谆如梦中语,然皆朝廷天下事也。

——《宋史·司马光传》

他做官做到什么程度呢?那个时候宋朝边界上非常混乱,旁边有一个契丹人建立的辽,还有党项人建立的夏。他们经常派使节来,使节过来有一个很重要的事是打听司马光的起居,就是问他的身体现在状况怎么样?打听之后对他们的边吏说,现在中国让司马光这样一个人做相国,不要去挑衅。怕他怕到这种程度。司马光一看皇帝对自己言行计从,觉得我这一辈子遇上这么好的一个时代,所以要以身殉社稷,把一生献给国家,无论什么事情都亲身去处理,不舍昼夜。如此大量的透支使他的身体越来越弱,所以来的客人一看,怎么瘦成这样了?就说诸葛亮每天吃得很少而处理的事非常繁多,结果活得不长,你要引以为戒。但是司马光说:"死生,命也。"死生有命,后为之益力,就更加努力地去做。"病革",病很重了。"不复自觉",已经没有知觉了,说的胡话都是朝廷天下事。诸葛亮、司马光活得都不长,但是我们世世代代的人记住了他们,他们是不朽的。

是年(元祐)九月薨,年六十八。太皇太后闻之恸,与帝即临其丧,明堂礼成不贺,赠太师、温国公,归葬陕州。谥曰文正,赐碑曰"忠清粹德"。京师人罢市往吊,鬻衣以致奠,巷哭以过车。及葬,哭者如哭其私亲。岭南封州父老,亦相率具祭,都中及四方皆画像以祀,饮食必祝。

——《宋史·司马光传》

当时太皇太后听到很悲痛,和天子亲自去临丧,他们建了明堂,按道理要有贺礼的,国丧不贺,赠予他太师、温国公谥号，从洛阳要归到陕州去埋葬。给他的谥号是"文正"，司马文正，赐他一块碑叫"忠清粹德"。朝廷给他这么高的礼遇，我觉得还不是最可贵的，可贵的是他在老百姓心里的影响。"京师人罢市"，这个"罢市"不是我们今天想要闹事的罢市，商店都不工作了，大家都去吊唁，有的人把衣服卖了，要买一些供品，放在那里。丧车要过去，整条巷子老百姓都痛哭，"哭者如哭其私亲"，就好像哭他爹妈一样来哭司马光。岭南这个地方的父老都祭奠，都中及四方家家都画他的像来祭祀他，吃东西以前一定要先祝告。我们家里头要培养出这样一个人，或者我们自己能够成为这样一个人，那才是我们对社会最大的贡献，也是家族最大的荣耀。

> 家中要得兴旺，全靠出贤子弟。若子弟不贤不才，虽多积银积钱积谷积产积衣积书，总是枉然。子弟之贤否，六分本于天生，四分由于家教……子孙虽愚，亦必略有范围也。
>
> ——曾国藩家训

我们看看曾国藩怎么教育子孙。如果领导干部有一半把这个话听进去了，我们的政风就不一样了。曾国藩说家里要兴旺，都要靠出贤子弟。若子弟不贤不才，虽多积银积钱积谷积产积衣积书，总是枉然。那么子弟之贤否，六分本于天生，四分由于家教。下面这句话太好了，"子孙虽愚"，他再笨再蠢，对他一定要略有一个范围，出了叫出格。大家想想，我们对孩子画了这个范围没有？网吧不能去，打麻将的地方不能去，作业在家里好好做。你不能跟他去打架，否则现在那么多恶性新闻、案件出来，就是因为没有范围。

> 以奢为尚，败家气象。
>
> 余生平以大官之家买田起屋为可愧之事。
>
> 凡世家子弟，衣食起居无一不与寒士相同，庶可以

文津演讲录14

279

成大器。若沾染富贵气习，则难望有成。吾忝为将相，而所有衣服不值三百金。愿尔等常守此俭朴之风，亦惜福之道也。

——曾国藩家训

他说"以奢为尚，败家气象"。现在很多人，从官员到百姓，崇尚奢侈，是败家的气象。他说他"生平以大官之家买田起屋为可愧之事"。前天晚上我在网上看到山东有一个人在北京有 27 套房，不以为耻啊。现在有多少人做了官，要买田起房？曾国藩的官比他们大多了。"凡世家子弟，衣食起居无一不与寒士相同，庶就可以成大器"。庶是大概。想让你的孩子有出息吗，要让他跟普通人一样。如果沾染富贵气习，则难望有成。他说他自己忝为将相，这个"忝"是谦虚的说法。出将入相了，所有衣服不值三百金，穿得很朴素，"愿尔等常守此俭朴之风"，这是惜福之道。人不要嚣张。他当时在南京把太平军打败了，慈禧太后特别高兴，赐给他一栋豪宅。他就特别怕自己的子孙骄傲，马上写信回去说，越是这个时候，越是要低调，你们千万不能在人家面前显摆。他讲了一个道理。大家知不知道大概的"概"字是什么意思？这是一个像尺子一样的东西。我小的时候买米都到粮店里面，他有一个斗，我买一升米，他就倒到斗里面，倒到最后，米会扑出来，上面是尖的，店里会给它刮平了，这叫一升，那个刮的尺子叫概。刮的动作也叫概，意思是说你太满了，人就会来概了。所以曾国藩讲老天爷不会把所有的好东西都给我们一家，你家里的东西越来越多，周围妒忌你的人就会越多，这个时候还要很嚣张是自取灭亡。所以他说你家里的好事太多了，"天不概人概"，与其给别人概不如自己概，我自己把它刮平了，不要这么多。这是一个持家的哲理。

时间比较晚了，我就说这几点。谢谢大家。

讲 座 丛 书

张昭军

儒家文化在近代的失落与转生——以礼文化为例

　　张昭军,山东省淄博市人。历史学博士。北京师范大学历史学院教授、博士生导师,中国社会科学院研究生院博士生导师。日本学术振兴会外籍聘用研究员、东京大学客座教授。兼任教育部重点研究基地史学理论与史学史研究中心副主任、北京市历史学会常务理事。主要从事清代学术史和中国近现代文化史的教学和研究。著有《儒学近代之境——章太炎儒学思想研究》、《传统的张力——儒学思想与近代文化变革》、《清代理学史》(晚清卷)、《晚清民初的理学与经学》、《中国近代文化史》(主编之一)。

我报告的题目是《儒家文化在近代的失落与转生》。这里谨以儒家文化的核心之一——礼为例,讲述儒家文化的近代命运。

以儒学为核心的中国文化,为世界上人口最多的国度建立了精神家园。这一家园既现实又超越,有智慧,有人情,有理想。比如,《礼记·礼运》篇所提出的大同思想。

> 大道之行也,天下为公。选贤与能,讲信修睦。故人不独亲其亲,不独子其子。使老有所终,壮有所用,幼有所长。矜寡孤独废疾者,皆有所养。男有分,女有归。货恶其弃于地也,不必藏于己。力恶其不出于身也,不必为己。是故谋闭而不兴,盗窃乱贼而不作。故外户而不闭。是谓大同。

"大道之行也,天下为公",这是孔子的理想,也是孟子的追求。从孔夫子到孙中山,甚至直到今天,由"小康"进"大同",仍是一个美好而又迷人的梦想。最近有人在弘扬国学时,还将《礼运篇》谱上曲子,作为主题歌来演唱,可见儒家文化所具有的魅力。

《礼记·大学》说:"好而知其恶,恶而知其美。"纵观儒家文化的历史,它有精华亦有糟粕,有上升也有衰落。目前人们讲国学、讲儒学,比较重视上古的经典,不太重视近代的历史,似有"头重脚轻"之嫌。唯有叩其两端,才能执中用两。下面,就以礼为例,看看儒家文化在近代的衰落与转生。

一、天崩地解：礼秩的丧失

礼秩，即以礼为原则确立的社会秩序，涉及人与人、家与家、族与族、国与国之间的关系。这里以华夷关系为中心，从宏观方面来讲儒家的天下秩序在近代是如何解体的。

中国人长期奉行"天下"观念，是与儒家所建立的礼治秩序相统一的。中国在与西方接触之前，没有现代意义上的"世界"与"国家"概念。天下观念是中国古人关于世界秩序的核心观念，该观念至迟在周代就形成了。

对于前近代的中国人而言，"天下"就是中国人的世界，这个世界是一个整体，不可分割。它以京师、中原和中国为中心，逐渐向周边辐射，没有边际。从空间上说，这是一种中心—边缘的思维方式。以朝贡体制为例，它在形态上呈同心圆状态，"内中国而外诸夏，内诸夏而外夷狄"。夷狄又可分为内藩和外藩，内藩是归化的少数民族，外藩相当于今天意义上的周边国家。中国作为宗主国，与藩属国不是殖民与被殖民的关系。杨度在《金铁主义说》一文中曾指出："《春秋》之义，无论同姓之鲁、卫，异姓之齐、宋，非种之楚、越，中国可以退为夷狄，夷狄可以进为中国，专以礼教为标准，而无亲疏之别。"作为宗主国，中国统治者对待诸藩属国内政采取"王者不治夷狄"，来者不拒、去者不追的怀柔政策。为了显示"天朝上国"的富有、大度和友好，中国统治者总是本着"薄来厚往"的原则，尽可能给予朝贡者以赏赐，所以，各藩属国多是甘愿来华朝贡。而且，在藩属国处于危难之时，中国能够提供一定程度的保护和帮助。

当然，华夷双方不是对等的。儒家主张华夏中心主义，认为以中原为核心的华夏文明，与周边的蛮、狄、夷、戎比较，存在文明与野蛮之别。中国位居天下中心，代表了先进文明，唯我独尊。所以，历史上有"严华夷大防"之说，认为可以华变夷，而不能用夷变华。华夏中心主义实质上是儒家文化中心主义，它维持天下秩序的理论基础就是儒家的礼。

步入近代后，中国被迫融入世界，"天下"变为"列国"，中国人的礼治秩序和天下观念受到了前所未有的冲击。这种冲击来自于方方面面，在此谨以地理学知识为例予以说明。

客观地说，中国古代的天文、地理知识并不落后，但这些自然科学知识没有引起士大夫的足够重视，到清代中叶，这种状况无根本性改变。魏源被誉为近代中国"开眼看世界"的先进人物，客观地说，他仍然没有突破传统的华夷观念。比如，他提出的名言"师夷长技以制夷"，并不完全具备后来所说的"学习西方"的意义。因为，他"师夷长技"的根本目的不是为了提高自我、超越自我，而是为了"制夷"，仍是古代以夷攻夷的权宜之计。所以到了明治初年，日本著名学者和社会活动家重野安绎曾挖苦魏源说："近时有魏默深者，好论海防，能通天下之故，然其著书，题曰《海国图志》，是以五洲诸邦为海国也。夫大瀛环之，何往而不然？汉土亦一海国而已，何问大小哉？彼国虽大，而不过方数万里寝处乎？方数万里之内目不接海波，而自外来者皆帆于海，遂目以海国，而自称曰中土，是井底之蛙耳。默深以达识著称，犹局于索习而不自察，则其他可知已。"他认为魏源所秉持的依旧是华夏中心主义，而非现代意义的世界观。他非常具有讽刺性地点出了中国当时先进士大夫对世界的认识，仍然是相当落后的，"井底之蛙耳"！实际上，直到戊戌维新时期，中国士大夫的西方地理学知识仍相当贫乏。当时，康有为来北京参加科举考试，在琉璃厂买了一张世界地图，这在当时是新鲜事。

针对当时中国人缺乏近代地理常识，1898 年春，经学大师皮锡瑞之子皮嘉佑撰写了一首《醒世歌》，载于维新派所办的《湘报》。歌词写得很通俗："若把地图来参详，中国并不在中央。""地球本是浑圆物，谁是中央谁四傍？"它道出了一个基本事实，中国仅是世界的一部分，仅是"列国"之一，并非天下的中心。作者希望借此向国人普及近代科学常识。未料到，《醒世歌》刊出后，引起了守旧士大夫的强烈不满。大学者如叶德辉，不以《醒世歌》"中国并不在中央"的观点为然，严辞驳斥。在他看来，"天地开辟之初，隐与中人以中位"，中国是否在地球中央，不简单地是地理方位的问题，而是关乎中国的天下观念——儒家的华夷秩序问题。由此不难想见，西学输入后对于中国人观念世界和文化秩序冲击之大。"天不变，道亦不变"，近代中国则恰恰相反，不仅世道变了，而且天也变了。

　　较之于思想观念，现实要残酷得多。西方人借助铁与火的威力，通过侵略战争，搅得中国天下失序，礼秩失衡。中国人沿袭数千年的华夷秩序被摧毁。

　　借助清代的疆域形势图，我们可以直观地认识华夷秩序的解体过程。清鼎盛之时，藩属国东有朝鲜、琉球，南有安南（越南）、南掌（老挝）、暹罗（泰国）、缅甸，西南有廓尔喀（尼泊尔）、哲孟雄（锡金）、不丹，中亚西亚有浩罕、哈萨克、布鲁特，等等，达数十个之多。晚清几十年间，纷纷落入列强之手。最终，维系上千年的朝贡体系土崩瓦解。俄国、英国、法国、日本等国，通过历次侵略战争和不平等条约，鲸吞蚕食，至少割走了330万平方公里中国领土。德国、俄国、英国、法国等国，通过强占租界地和划分势力范围，割据中国领土，进行赤裸裸地瓜分和直接的殖民统治。而且，京师两次陷落于西方列强手中。从边缘到中心，所谓的华夷秩序已荡然无存。

西方人取代中国人自居于世界中心，天下不再是中国人的天下。即便治内之地，也无奈地任人宰割。甚至于，中国人连与西方人平起平坐的资格也没有了。1900 年夏，八国联军入侵北京，华夷纲秩被彻底倒置。慈禧太后携光绪皇帝仓皇出逃。曾接待过慈禧的怀来县令吴永在《庚子西狩丛谈》序中形容当时情形："纪纲坐是不振，阴阳如日将昏。"天朝的太后与天子竟然两日不得食，宿亦不能，两人共坐一板凳，仰望达旦。其狼狈不堪，尽失天朝威仪。而此时，来自西方的八国联军正在天朝的首善之区，烧杀抢掳，无恶不作。他们公然在代表天朝威严的紫禁城阅兵庆祝，联军头目还放肆地坐上了乾清宫皇帝的宝座。而乾隆帝接受大英使臣马戛尔尼的跪拜礼仿佛就在眼前。前后对比，仿佛隔世！白居易《长恨歌》曾以"九重城阙烟尘生，千乘万骑西南行"，"行宫见月伤心色，夜雨闻铃肠断声"，叙说唐代玄宗朝的凄凉景象。这种乱世的景象在中国历史上曾多次上演，但如今慈禧所面对的乱世，则是天崩地裂，亘古未有。因为她的对手，不再是文化上落后的蛮夷，而是以文明人自居的洋人。素有礼义之邦称呼的中国，被对方视作未开化的野蛮国家。从此，历史上的华夷文野之分，失去合法性。以礼为核心的儒家文化秩序和意义世界分崩离析，中国的礼治秩序失落了。

二、礼崩乐坏：礼教的衰败

"礼教"二字出自《列子·杨朱》："卫之君子多以礼教自持。"顾名思义，礼教即以礼为教、礼的教育。揆诸先秦历史，提倡礼教者不限于儒家，但以儒家最具影响。

清代著名学者凌廷堪说："圣人所以教，大贤所以学，皆礼也。""圣人之道，一礼而已矣。"(《复钱晓徵先生书》《复礼上》)新文化运动的领导者陈独秀也明确指出,"孔教之精华曰礼教,为吾国伦理政治之根本。"(《宪法与孔教》)可见礼教在中国文化中的地位。礼教的内容,因应时代而有所调整。孔子改变周代"礼不下庶人"的规则,主张把周礼运用到庶民阶层,"道之以德,齐之以礼",大大扩大了受教范围。他还提出"正名论","君君、臣臣、父父、子子",强化伦理观念。汉代尊崇儒术,明确提出三纲五常说,礼教走上细密化和程式化。此后,纲常学说长期被奉为礼教的基本规范。宋代以降,礼教与程朱理学紧密结合在一起,进一步巩固了它在社会政治生活中的地位,礼教之风大为流行。可以说,从孩提时代的《童子礼》《三字经》等启蒙读物,到身后的各类牌坊碑传,都是礼教的体现物。

以礼为教,彬彬有礼,初衷是使人由野蛮走向文明。《礼记·曲礼》说,为了让人"自别于禽兽",有圣人起,"为礼以教人,使人以有礼"。然而,物极必反。明清时期,礼教走上了极端,扭曲了人性,呈现出严重的病态。礼教之病态,至近世尤为惨烈。

礼教病态表现之一,单向化。从源头上说,所谓的君臣、父子、夫妇,对双方都有要求。《晏子春秋》说:"君令臣忠,父慈子孝,兄爱弟敬,夫和妻柔,姑慈妇听,礼之经也。君令而不违,臣忠而不二,父慈而教,子孝而箴,兄爱而友,弟敬而顺,夫和而义,妻柔而贞,姑慈而从,妇听而婉,礼之质也。"正是从原初义上,陈寅恪指出:"吾中国文化之定义,具于《白虎通》'三纲六纪'之说。"(《王观堂先生挽词并序》)然而,现实生活中,礼教却是君对臣、父对子、男对女的欺压工具,造成了君权、父权、夫权绝对化,严重加剧了社会的不平等。即便英君、名儒也不例外。康熙帝以"尊儒重道"著称,十分重视纲常教化,但他所看中的,仅是臣下的忠诚。雍正、乾隆等帝王也是一样,宽以待己,严以律人,对臣下要求甚严。父对子也是如此。曾国藩被尊为"一代儒宗",他所理解的纲常也是单向度的。他在家书中教导长子纪泽说:"君虽不仁,臣不可以不忠;父虽不慈,子不可以不孝;夫虽不贤,妻不可以不顺。"从上到下,他们普遍把三纲上升为最高道德原则,强调的则仅是臣、子、妻对君、父、夫的绝对服从。

礼教病态表现之二,愚民化。有什么样的文化就有什么样的国民。对于忠臣义士、孝子节妇来说,礼教代表了人生的意义,寄托了人生的信仰。他们甘愿为名教而献身,他们去世后,又进而成为他人宣传的教材和学习的榜样。近代社会动荡,战祸频仍,笃守旧道德的普通民众中甘为名教殉身者数目惊人。仅同治二年(1863)七月,安徽六安获准旌恤入祀的殉身绅、民、妇女就达 1887 名,山东莱州则有 3282 名。据同治朝《徐州府志》记载,从清初至同治年间,夫亡守节者达 4151 人,遇变捐躯者 1381 人,夫亡身殉者 918 人,未嫁殉烈守贞者 146 人。与明朝相比,清朝守节孀妇的绝对人数有相当大增长。礼教名目更是五花八门。安徽桐城为理学发达之地,妇女的贞节观念较重,入清以后节烈妇女增长速度惊人。桐城烈女祠建于明代,时祀有 93 人。进入清代,又先后建立节孝祠、"待旌"之室、"总旌"之室,至道光中叶,所祀节烈贞孝妇女已达 2774 人。浙江地区,不仅妻子要为亡夫"守节",而且未婚之妻要为未婚而亡之夫守节,名之"守清",甚且有人为得贞节之名,故意让女子缔婚于已死之男子,谓之"慕清"。据林纾《技击余闻》记载,福建地区的节烈观念也极其严重:"闽中少妇丧夫,不能存活,则遍告之亲戚,言将以某日自裁。而为之亲戚者,亦引以为荣,则鸠资为之治槽。前三日,彩舆鼓吹,为迎神人,少妇冠帔衮服,端坐舆中,游历坊市,观者如堵。有力者,设宴饮之。少妇手持鲜花一束,凡少年之未诞子者,则就其手中乞花,用为生子之兆。三日游宴既尽,当路结彩棚,悬绳其上,少妇辞别亲戚,慨然登台,履小凳,以颈就绳而殁。万众拍手称美。"诸如此类的记载,在《清实录》、地方志中不胜枚举。礼教已发展到灭绝人性、令人发指的地步,而多数民众身陷其中,浑然不觉。

完全可以说,至晚清,礼教已走到了极端,陷入了严重病态。病态不是礼教的发展,而是礼教的败落。败落的礼教是中国文化的负担,是中国文化腐朽、落后、愚昧的象征。

礼教一方面内生顽疾,病入膏肓,另一方面又受到了新思潮的大扫荡。无论是维新派、革命派,还是新文化派,均把纲常名教作为重点批判对象。

维新派首举义旗,向旧礼教发起了猛攻。他们把礼教比作阻碍中国社会进步的"桎梏""囹圄"和"网罗",力主破除礼教的束缚。康有为从个性解放出发,控诉礼教压制人性。他在《大同书》中说:"若夫名分之限禁,体制之迫压,托于义理以为桎梏,比之囚于囹圄尚有甚焉。"谭嗣同以激烈抨击纲常名教著称,所著《仁学》明确提出要"冲决网罗"。他指出,礼教并不是神圣永恒的"天理",而是统治者为了"钳制天下"而制造的"钳制之器",是君桎臣、官轭民、父压子、夫困妻的工具。他认为,在三纲五伦中,君臣一伦"尤为黑暗否塞":"二千年来君臣一伦,尤为黑暗否塞,无复人理,沿及今兹,方愈剧矣。夫彼君主犹是耳目手足,非有两头四目,而智力出于人人也,亦果何所恃以虐四万万之众哉? 则赖乎早有三纲五伦字样,能制人之身者,兼能制人之心。"在他们的著作中,包括他们设计的改革措施中,礼教都是被作为重点批判的对象。

20 世纪初,革命派对礼教的批判又前进了一步,认为礼教是野蛮时代的象征物。"礼者非人固有之物也,此野蛮时代圣人作之以权一时,后而大奸巨恶,欲夺天下之公权而私为己有,而又恐人之不我从也,于是借圣人制礼之名而推波助澜,妄立种种网罗,以范天下之人。背逆之事,孰逾于此!夫人所以为万物之灵者,非以其有特别高尚之质格欤?自由平等,是其质格中之最高尚者,所以异于禽兽者在此。而立上下贵贱之别,以丧其质格。而天下之人,犹动言礼教奉若神明而不敢渝,侈言古圣先王之大法而不敢犯,何其愚哉!"(《权利篇》)革命人士章士钊写了一篇文章《箴奴隶》,说中国人有一种奴性,这种奴性是从哪里来的呢,就是从礼教而来。在革命家口中,数千年来中国人津津乐道的礼教,变成了野蛮和罪恶的代名词。

新文化运动时期,陈独秀、李大钊、胡适、鲁迅、吴虞等向旧伦理旧道德发起了空前批判。启蒙思想家们把礼教与吃人联系在一起,揭击力度入木三分。鲁迅在《狂人日记》中写道:"我翻开历史一查,这历史每叶上都写着'仁义道德'几个字。仔细看了半夜,才从字缝里看出字来,满本都写着两个字,是'吃人'。"吴虞在《新青年》发表《吃人与礼教》,进一步发挥说:"孔二先生的礼教讲到极点,就非杀人吃人不成功,真是惨酷极了。一部历史里面,讲道德、说仁义的人,时机一到,他就直接间接的都会吃起人肉来了。就是现在的人,或者也有没做过吃人的事,但他们想吃人,想咬你几口出气的心,总未必打扫得干干净净!到了如今,我们应该觉悟:我们不是为君主而生的!不是为圣贤而生的!也不是为纲常礼教而生的!甚么'文节公'呀,'忠烈公'呀,都是那些吃人的人设的圈套来诳骗我们的!我们如今应该明白了!吃人的就是讲礼教的!讲礼教的就是吃人的呀!"他们把吃人和礼教画了等号,彻底改变了礼教在中国人心目中的形象。新文化运动之后的近百年中,反礼教运动愈演愈烈,以至于"礼教"变成了上上下下口诛笔伐的贬义词。实际上不限于"礼教",连同整个儒家文化,一起沦为了被批判的对象。

叶圣陶《倪焕之》指出:"被重新估定而贬损了价值的,要算往常号称'国粹'的纲常礼教了。"礼教是国粹,还是国渣?无论如何,20世纪初以来,中国的教育转而以民主和科学为指向,礼教在中国是败落了。

三、道不在兹:礼义的败落

唐代诗人刘禹锡作有《佛衣铭》,其中写道:"佛言不行,佛衣乃争。""俗不知佛,得衣为贵。坏色之衣,道不在兹。"大意是说,佛陀在世时,佛弟子遵师说行事,而在佛陀圆寂之后,争夺代表禅宗接法信物的衣钵,胜过了对佛法本身的研修。礼义的变迁亦出现了类似问题。人们将之凝固化、教条化,忘记了"礼,时为大"的原则,忽视以人为本,缺乏理论创新。

礼义,通俗地说,就是礼之"道",或者礼的理论根据。礼义是对礼本身所蕴含意义的阐释,内容相当丰富。《论语·先进》:"为国以礼。"《左传·僖公十一年》:"礼,国之干也。"《荀子·议兵》:"礼者,治辨之极也,强国之本也,威行之道也,功名之总也。"礼的核心在仁、义,即尊尊亲亲的人伦精神。《中庸》:"仁者人也,亲亲为大。义者宜也,尊贤为大。亲亲之杀,尊贤之等,礼所生也。"为国以礼,为政以礼,为人以礼,礼义涉及面何其广泛。

然而事实是,清代以来,包括理学、汉学在内的儒家各派对礼之大义无所发明,只是抱残守阙,导致礼义严重偏枯化。士为四民之道,负有转移天下风气之责,同时担负着学术研究和理论创新的使命。下面,我们借助清代士大夫之表现,来具体分析礼义学说的社会际遇。从与礼相关联的角度,在此把清代士大夫分为四种类型。

其一,假道学派。

儒学是修身的学问,要求做人襟怀坦荡,实学实行,知行合一。而假道学者,满嘴仁义道德,背地则为非作歹,甚至丧尽天良。我们不否认当时有一批表里如一的学者,但假道学、伪君子不在少数。

纪晓岚在《阅微草堂笔记》中载有这样一则故事:"有两塾师邻村居,皆以道学自任。一日,相邀会讲,生徒侍坐者十余人,方辩论性天,剖析理欲,严词正色,如对圣贤。忽微风飒然,吹片纸落阶下,旋舞不止,生徒拾视之,则二人谋夺一寡妇田,往来窭商之札也。"这两位塾师说一套做一套,言行不一,具有代表性。

晚清名士方宗诚长于程朱理学,著述等身。实际上,他是个假道学。据记载,他剽窃方东树"未刻之稿,游扬公卿间,坐是享大名。初客吴竹如方伯所,有逾墙窥室女事"。他担任枣强县令五年,敛财不下四十万金,由一介穷书生变成了大富豪。以至于他离任之日,乡民数万聚集城门,具粪秽以待。士大夫中,像方宗诚这样假公济私者大有人在。

同光年间的大学士徐桐也被人目为假道学,不过,他的情况有所不同。他官至吏部、礼部尚书,位高权重,却能洁身清廉,勤谨任劳,应当说是难得的忠臣和清官。问题出在他闭塞耳目,不识时务,逆违潮流。他嫉恶外国事务如仇,戊戌维新时期,极力反对变法。政变后,他力攻新派,与崇绮密议,献计慈禧设立储君,并担任皇储溥儁的师傅。义和拳起,禁咒召神,他信以为真,倚以为国之重器,鼓动朝廷对外宣战,主持了攻教堂、围使馆、杀洋人等排外事件。他自以为能灭洋人,靖国难,结果适得其反,京师陷落,大局糜烂,最终自缢以谢天下。徐桐素有理学清望,曾被选为同治师傅。但正是这样一位誉满天下的理学名臣,却被讥为"崇奉异端,贻毒海内"。人们有理由怀疑他的真才实学,故此,有人奉以"假道学"之名。与方宗诚等人相比,这类人的问题不在道德品质,而出在了思想的窳陋和僵化。

上述诸人,于礼义学说而言,他们不仅没有推进,反而抹黑了其形象。

其二,株守派。

清代还有"真理学"的说法。所谓"真理学",就是真心诚意崇奉程朱理学者。他们声称:"天不生尼父,万古矇其视。天不生紫阳,百代聋其声。"他们奉二程、朱子为神明,甘愿匍匐于脚下,亦步亦趋。这类人是礼教的产物,又是礼教在现实社会中的维护者和践行者。以士大夫为例,从清代前期的名臣李光地,到中期的陈宏谋,再到晚期的倭仁,均株守程朱之道,以宣传和践行纲常名教为职责。

李光地,人称"安溪李相国",系康、雍两朝共认的清官和理学名臣,累官至文渊阁大学士兼吏部尚书。康熙帝曾三次授予御匾,表彰其功,称他"谨慎清勤,始终一节,学问渊博"。李光地后来辅助雍正帝,雍正帝也对他欣赏有嘉,誉之"一代之完人"。李光地对于孔、孟、程、朱之学由衷服膺,他在康熙帝面前表示:"然臣之学,则仰体皇上之学也,近不敢背于程、朱,远不敢违于孔、孟,诵师说而守章句,佩服儒者,摒弃异端。"(《进读书笔记及论说序记杂文序》)陈宏谋,被尊为乾隆朝"理学名臣之冠"。他对理学也无所创新,只是株守前人成说。他宣称,"讲学人不必另寻题目,只将《四书》《六经》发明,得圣贤之道,精尽有心得,此心默契千古,便是真正学问。"(《陈榕门先生遗书补遗·语录》)倭仁,曾任同治帝师傅、翰林院掌院学士、户部尚书等要职,时人称他有圣贤气象。他对理学基本范畴和命题的诠释也完全是以程、朱为转移。或者说,他竭尽心力所做的,就是要对程朱理学做出合乎程朱的解释,以还其本来面目。他本人对此高度自觉,曾在日记中表示:"孔、孟大路,经程、朱辨明后,惟有敛心逊志,亦趋亦步,去知一字行一字,知一理行一理,是要务。""道理经程、朱阐发已无遗蕴,后人厌故喜新,于前人道理外更立一帜,此朱子所谓硬自立说,误一己而为害将来者也,可为深戒。"

值得注意的是,他们对理学的尊奉,并未停留在理论方法的认识层面,而是在日用伦常中身体力行,将思想信仰与道德实践切实结合起来。如倭仁,作为清廷重臣,他思路明确,即严格遵照程朱理学的道德要求来治理国家。他的名言"治国之道,尚礼义不尚权谋;根本之图,在人心不在技艺",后人据之为顽固派的证据,从理论渊源上说,这句话恰恰来自于中国传统,与《礼记》所载孔子所言"忠信为甲胄,礼义为干橹"一脉相承。

上述诸人对于前贤的道理可谓兢兢恪守,无比忠诚,故此派亦可称为"践行派"。但结果并没有改变儒家学说衰落的厄运。原因何在? 究其本原,就在于他们把儒学神圣化、实用化了。他们不求学理的创新,只是株守前人的成说。

其三,书斋派。

客观地说,有清一代,礼经研究成就突出,不仅官方编有《大清通礼》《三礼义疏》等重要典籍,而且涌现出一批专家学者。清代前期的徐乾学、李光地、方苞,中期的凌廷堪、阮元,均对礼经有较深入研究。清晚期,胡培翚著《仪礼正义》、黄以周著《礼书通故》、孙诒让著《周礼正义》等,更是礼经研究领域的重要著作。据此,有学者认为清代乃礼学复兴时期,但礼学在何种意义上"复兴",尚值得分析。因为,这些著述的学术风格偏于考据，内容主要表现为对前人研究成果的整理和总结，而不是思想理论的创新。即便有学者力图重释一些礼学命题，也并未带来根本性突破。且不说其中夹杂有较浓的门户之见和意气之争。

总体上说，汉学家的礼经研究学术性强，书斋味浓，与现实距离较远。正如钱穆所批评，"社会性的礼乐是该与时俱变的，专靠考据古礼，创兴不起今礼来。而且清代的政权，也不许当时的学者在实际上有所建树与作为，而中国思想之特质，又是除却人生实践，便很难有大推演。因此清儒在中国思想史里的贡献，终于会微薄的可怜。"（《中国思想之主流》）特别是在近代中西交通的大势下，与新派人物相比，汉学家往往缺乏一种宽阔的世界视野，他们难以回答时代所提出的重大课题，在所难免。

其四，记诵派。

此派又可称作考试派，人数最多。《礼》为五经之一，是科举考试必考的内容。读书人虽自小读圣贤之书，但主要是为博取功名。他们以记诵、科考见长，对礼义学说缺乏深刻认识，甚至把读书与做人判为两橛。清代中后期，士人中专注利禄之途而不问圣贤之道者大有人在，时人的文集、笔记留有大量记载。罗泽南描述湖南的情形说："近日之士以作文掇科为急务，语以身心性命之要，莫不以为迂而笑之。"（《贺彝斋传》，《罗山遗集》卷七）陕西学者贺瑞麟称，士人浸淫于举业，不讲正学，以致"一有守正之士，例遭指目，不诽笑，即诋毁"。（《答冯展云中丞书》，《清麓文集》卷十）以至于，倭仁在与友人书信中发出如此感叹："学之不讲久矣，求一跳出流俗，以圣贤为必可学而立志以求之者，殊不易得。"（《答费敬庐》，《倭文端公遗书》卷八）

世易时移，步入近代后，儒家文化因不能适应"中西大通之局",大势已去。到新文化运动,中国知识界的价值取向已发生根本性改变。陈独秀在《新青年》撰文绝决地表示:"要拥护那德先生,便不得不反对孔教、礼法、贞节、旧伦理、旧政治。"(《本志罪案之答辩书》,《新青年》6卷1期)无论是被迫还是主动,20世纪数以亿计的中国人都面对着一个共同的局面:包括礼在内的儒家文化已无可挽回地衰落了。

四、凤凰涅槃:礼的新生

儒家文化在近代遭遇了前所未有的危机,幸运的是,中国文化并没有灭亡,以儒家文化为核心的传统文化与外来的西方文化化合而形成了中国新文化。这种新文化无论精神,还是内容,都是崭新的,与固有文化大异其趣,体现出中国文化的断裂和新变。但不同之中又具有统一性,裂变之中寓有传承。因此,从绝对意义上说,中国现代新文化是中国传统文化凤凰涅槃的产物,是中国文化新陈代谢的结晶。它与传统文化是一种否定之否定的辩证关系,不能简单地把二者对立起来。兹举两例,也是值得思考的两个大问题。第一,关于民族国家形态,中国为什么没有走帝国主义道路?第二,关于社会制度,中国为什么没有选择资本主义?这两个选择均与中国的文化传统密切相关。

（1）关于民族国家形态

众所周知,民族(nation)是一个外来的概念。按照西方主流的理论,国家以民族自决为基础,采取单一民族建国的方式。以此运用于中国,会造成国家的分裂和种族的仇杀。在中国现代民族国家制度的创建过程中,梁启超、孙中山等发展了"中华民族"概念,并创造性地提出了"五族共和"思想。

所谓"中华民族"，辛亥革命时期主要用来指汉族。当时，梁启超反对"排满革命"，强调民族统一，提出了"大民族主义""小民族主义"的说法。他主张中国人要抛弃以汉族为本位的"小民族主义"，实行融合满、蒙等在内的"大民族主义"，"中华民族"不仅要包括汉族，而且要代表中国境内的其他各民族。孙中山专门指出，汉族当牺牲其自尊自大的"中华民族"称号，与其他各族人民平等相见，友好相处，共同铸造成一新的中华民族。经过现代转化，民族革命中狭义上的"排满"，变为了多民族融合；"中华民族"，由单一汉民族的称谓，化为了多元一体的共称。所谓"五族共和"，就是说，汉、满、蒙、回、藏等各民族要消除各自成见，不分地域，共享国民之自由，实现民族的大统一。1912 年元旦，孙中山就任临时大总统的宣言书明确说明："国家之本，在于人民。合汉、满、蒙、回、藏诸地为一国，即合汉、满、蒙、回、藏诸族为一人。是曰民族之统一。"（《临时大总统宣言书》，《孙中山全集》第 2 卷）民国肇建采取"五族共和"，超越了西方单一民族（种族）建国的模式，显示了中国人的智慧。在此过程中，儒学发挥了不可替代的作用。

　　前已有述，儒家以礼治国，在处理华夏民族与其他民族，或者说华夏与夷狄的关系时，所采取的不是种族主义的态度，而是从文化上进行礼义的教化，即"夷狄入中国，则中国之"。与此一致，儒家文化一直抱持"大一统"观念和"平天下"理想，拥有多民族团结、交好、和平共处的传统。它与西方的种族歧视和殖民主义，有着实质性不同。换言之，中国人自古就缺乏一种主权意义上的近代国家观念，也没有严格种族意义上的近代民族观念，有的是文化认同意义上的多民族融合的传统。清末，梁启超等主张把"中华民族"扩大到中国境内的各个民族，孙中山等主张实行"五族共和"，不能不说是对中国文化的继承和扬弃。同时,也是对西方现代民族国家理论弊病的有效规避和纠错。

在孙中山等人的努力下,辛亥革命最大程度上避免了种族仇杀,并为现代多民族国家的建立奠定了基础。孙中山的民族思想对于后来国共两党的民族政策产生了重大影响。今天,中国奉行的多民族平等、团结、互助政策,可以说与孙中山的思想一脉相承。而且,中华民族多元一体的观念,已融入到了广大普通民众心中,沉淀成了中国文化的重要组成部分。

对外,在处理国与国之间的关系时,孙中山等人同样继承了儒家文化的传统。

20 世纪初,在国际社会,民族—帝国主义曾演化为一股声势浩大的思潮,受此影响,中国最早走出国门的一批知识分子,一度认为帝国主义是民族主义的必然归宿。然而,最终他们并没有选择帝国主义的军事扩张道路。原因何在?一方面,他们通过第一次世界大战认识到了帝国主义的严重弊端,另一方面,侵略扩张不符合儒家的大同理想和仁爱精神。例如,1914 年 10 月 19 日,胡适在日记中写道:"己所不欲,勿施于人。所不欲施诸同国同种之人者,亦勿施诸异国异种之人。"此时胡适在美国留学,"强权即公理"的国家主义思潮在西方相当流行。胡适能免于国家主义思潮侵蚀,恰是儒学文化熏陶的结果。

作为政治领袖,孙中山在宣讲民族主义时,已充分注意到了进化论所说"优生劣败"的危险性。1924 年,他在广州国立高等师范学校礼堂的演讲中,把中国的民族主义定义为国族主义。他明确指出,国族主义是以中国人的家族观念和宗族观念为纽带团结而成,是建立在由于王道自然力结合而成的民族基础之上的,与英国等西方国家由于霸道人为力结合而成的国家基础上的民族主义有根本不同。他提出中国要行王道,跟周边国家建立亚洲联盟,走和平共处的发展道路。在论证过程中,他援引和发挥较多的也是"修、齐、治、平""天下为公""协和万邦"等儒家政治哲学。

总之,孙中山等新中国的缔造者选择走和平发展之路,与儒家文化基因有着直接的关系。

(2)关于社会制度

中国人选择社会主义制度,也与中国的文化传统有关。

近代的中国仁人志士,一直把"公天下"作为一种政治追求。从洪秀全、康有为到孙中山,都十分重视《礼记·礼运》篇关于"公天下"的描述,注意从中汲取思想养料。在洪秀全那里,太平天国欲实现的"皇上帝"领导下的理想社会,其原型就是《礼运》篇的大同社会。如他在《原道醒世训》提出:"天下多男人,尽是兄弟之辈,天下多女子,尽是姊妹之群,何得存此疆彼界之私,何可起尔吞我并之念? 是故孔丘曰:'大道之行也,天下为公……是谓大同'。"康有为也以大同社会为最高理想,尽管他的变法以实行资本主义为目标。他在《大同书》中,把大同社会设计为:大同社会,人人平等,无国界,无阶级,无家界,"凡人皆天生,不论男女,人人皆有天与之体,即有自主之权,人隶于天,人尽平等,无形体之异"。康有为还专门为《礼运》作注,阐发和表彰其中的"公天下"思想。在孙中山的学说中,大同社会是三民主义的归宿。1924年6月,他在黄埔军校开学典礼上的训词中明确地说:"三民主义,吾党所宗,以建民国,以进大同。"在民族主义方面,"我们要将来能够治国平天下,便先要恢复民族主义和民族地位。用固有的道德和平做基础,去统一世界,成一个大同之治,这便是我们四万万人的大责任。"(《三民主义》,《孙中山全集》第九卷)在民权主义方面,"我们这次把满清推翻,改革专制政体,变成共和,四万万人都有主权来管国家的大事,这便是古人所说的公天下。这公天下的道理,便是三民主义中第二项的民权主义。"(《在广州欢宴各军将领会上的演说》,《孙中山全集》第八卷)孙中山的民生主义与儒家大同思想的关系更为密切。

民生主义思想的核心内容为"平均地权,节制资本"。它是对中西历史和现实综合考察后的选择,一要规避中国古代社会土地高度集中的弊病,二要规避资本主义制度下财富过于集中、贫富分化严重的弊病。"平均地权"的思想源头,可追溯至儒家的大同思想。据冯自由《革命逸史》所载,1900年前后,孙中山曾多次与章太炎、梁启超、冯白由等讨论古今社会制度和土地问题,"如二代之井田、王莽之王田与禁奴、王安石之青苗、洪秀全之公仓,均在讨论之列"。孙中山的主张类似于古代的井田制或均田制,在废除土地私有制后实行耕者有其田。而三代之井田、王莽之王田乃至太平天国的公仓(圣库)制度,或出自《孟子》或与儒家的王道、仁政思想有关。关于"节制资本",孙中山认为,"外国因为大资本是归私人所有,便受资本的害,大多数人民都是很痛苦",民生主义"就是要全国人民都可以得安乐,都不致受财产分配不均的痛苦。要不受这种痛苦的意思,就是要共产。""人民对于国家不只是共产,一切事权都是要共的。这才是真正的民生主义,就是孔子所希望之大同世界。"(《三民主义》,《孙中山全集》第九卷)简言之,《礼记·礼运》篇所提出的"天下为公"、天下大同的梦想,已积淀为民族心理不可或缺的一部分。中国人不走资本主义,选择社会主义作为理想和方向,不能说与民族既有的文化传统没有密切关系。

儒家文化在近代总体上说是衰落了,但其基因却潜移默化地传给了新文化。这些基因有优根的,也有劣根的。这就提示我们，传承和复兴民族文化，必须坚持辩证发展的观点，始终保持清醒的批判意识和忧患意识。当下，中国传统文化又"热"了起来，我们该采取什么样的态度？是值得每一个中国人"冷"思考的。《大学》所说"好而知其恶，恶而知其美"，就是很好的答案。